DIÁLOGO COMPETITIVO

O REGIME DA LEI Nº 14.133/2021 E SUA APLICAÇÃO ÀS LICITAÇÕES DE CONTRATOS DE CONCESSÃO E PARCERIAS PÚBLICO-PRIVADAS

GUILHERME F. DIAS REISDORFER

Prefácio
Marçal Justen Filho

Apresentação
Fernando Menezes de Almeida

DIÁLOGO COMPETITIVO

O REGIME DA LEI Nº 14.133/2021 E SUA APLICAÇÃO ÀS LICITAÇÕES DE CONTRATOS DE CONCESSÃO E PARCERIAS PÚBLICO-PRIVADAS

2ª edição, revista, ampliada e atualizada

Belo Horizonte

FÓRUM
CONHECIMENTO JURÍDICO

2025

2025 2ª edição

FÓRUM
CONHECIMENTO JURÍDICO

Luís Cláudio Rodrigues Ferreira
Presidente e Editor

Coordenação editorial: Leonardo Eustáquio Siqueira Araújo
Thaynara Faleiro Malta
Revisão: Érico Barboza
Capa e projeto gráfico: Walter Santos
Diagramação: João Oliveira

Rua Paulo Ribeiro Bastos, 211 – Jardim Atlântico – CEP 31710-430
Belo Horizonte – Minas Gerais – Tel.: (31) 99412.0131
www.editoraforum.com.br – editoraforum@editoraforum.com.br

Técnica. Empenho. Zelo. Esses foram alguns dos cuidados aplicados na edição desta obra. No entanto, podem ocorrer erros de impressão, digitação ou mesmo restar alguma dúvida conceitual. Caso se constate algo assim, solicitamos a gentileza de nos comunicar através do *e-mail* editorial@editoraforum.com.br para que possamos esclarecer, no que couber. A sua contribuição é muito importante para mantermos a excelência editorial. A Editora Fórum agradece a sua contribuição.

Dados Internacionais de Catalogação na Publicação (CIP) de acordo com ISBD

R375d Reisdorfer, Guilherme F. Dias
Diálogo competitivo: o regime da Lei 14.133/21 e sua aplicação às licitações de contratos de concessão e parcerias público-privadas -- 2. ed. rev. ampl. e atual. -- / Guilherme F. Dias Reisdorfer. Belo Horizonte: Fórum, 2025.

228 p. 14,5x21,5cm
ISBN impresso 978-65-5518-793-9
ISBN digital 978-65-5518-801-1

1. Licitações públicas. 2. Contratos administrativos. 3. Lei 14.133/21. 4. Diálogo competitivo. 5. Concessões de serviço público. 6. Parcerias público-privadas. 7. Direito administrativo. I. Título.

CDD: 342
CDU: 342

Ficha catalográfica elaborada por Lissandra Ruas Lima – CRB/6 – 2851

Informação bibliográfica deste livro, conforme a NBR 6023:2018 da Associação Brasileira de Normas Técnicas (ABNT):

REISDORFER, Guilherme F. Dias. *Diálogo competitivo*: o regime da Lei 14.133/21 e sua aplicação às licitações de contratos de concessão e parcerias público-privadas. 2. ed. rev. ampl. e atual. Belo Horizonte: Fórum, 2025. 228 p. ISBN 978-65-5518-793-9.

À Renata, com todo o amor e gratidão.

À Alice, fonte de graça, inspiração e alegria, com todo o amor e carinho.

SUMÁRIO

PREFÁCIO

A legitimidade das comunicações e das interações entre Administração Pública e iniciativa privada reflete o reconhecimento da insuficiência da atuação isolada do setor público para a obtenção dos melhores resultados. A satisfação dos interesses públicos, a promoção dos direitos fundamentais, a defesa do meio ambiente, a ampliação do desenvolvimento nacional e muitos outros objetivos fundamentais da nação são tarefas que exigem a cooperação entre a Administração Pública e os agentes privados. Essa é uma afirmativa cuja procedência ultrapassa o cenário do Brasil. Em todos os países do mundo ocidental, existe essa forte tendência ao estabelecimento de parcerias entre o Estado e os particulares.

A concepção da parceria público-privada compreende não apenas o estágio contratual propriamente dito. A Lei nº 11.079/2004 dispôs sobre contratações qualificadas como parceria público-privada. Mas, rigorosamente e na experiência dos demais países, a expressão "parceria público-privada" apresenta uma dimensão muito mais ampla do que aqueles contratos típicos previstos na Lei brasileira.

Para ser mais preciso, a comunhão de esforços entre Administração Pública e iniciativa privada necessita efetivar-se de modo generalizado nas diversas manifestações dos esforços para satisfazer as necessidades coletivas. Isso envolve, inclusive, a própria concepção dos empreendimentos levados avante pelo Estado. Quanto maior a complexidade das tarefas, tanto maior é a insuficiência da atuação isolada da Administração Pública.

Em decorrência, as propostas de diálogo entre Administração e agentes privados interessados em executar os empreendimentos difundiram-se nos diversos países do Ocidente. Já há muitos anos, a União Europeia e os EUA vêm desenvolvendo soluções nesse sentido.

No entanto, o acolhimento pela Lei nº 14.133/2021 do "diálogo competitivo" exige avaliações mais aprofundadas, envolvendo não apenas as experiências estrangeiras, mas também o contexto do Direito e da burocracia brasileiros.

Por um lado, as soluções concretas adotadas em outros países devem ser examinadas com cautela. Inserem-se em contextos culturais, políticos, econômicos e jurídicos peculiares. Muito especificamente, existem no Brasil pré-concepções muito diversas daquelas verificadas em outros países quanto ao relacionamento entre Estado e iniciativa privada. E assim se passa tanto na dimensão da Administração como no tocante à iniciativa privada brasileira.

Nesse ponto, há um enorme desafio no Brasil, que não se relaciona exclusivamente com o texto literal das leis. Trata-se do enfoque conflituoso que entranha as posições da Administração e da iniciativa privada no tocante às contratações administrativas. As propostas de "parcerias", mesmo quando expressamente albergadas pelo Direito positivo, não conduzem à superação das concepções tradicionais que prevalecem tanto no âmbito estatal como no setor privado.

Enfim, qualquer prática de diálogo competitivo somente conduzirá a resultados satisfatórios na medida em que todos os atores envolvidos orientarem-se por uma concepção cooperativa, orientada pela boa-fé objetiva.

Mas a simples boa vontade dos envolvidos pode não ser suficiente para o atingimento dos fins buscados. A experiência estrangeira evidencia que, em muitas situações, a prática do diálogo competitivo não produziu os resultados esperados.

Nesse contexto, a obra de Guilherme Reisdorfer apresenta extraordinária relevância para o progresso do Direito brasileiro e para o aperfeiçoamento das práticas atinentes ao diálogo competitivo.

Em primeiro lugar, cabe destacar a experiência e o conhecimento pessoais de Guilherme relativamente à prática concreta das licitações e das contratações administrativas. Trata-se de um operador que conhece a realidade das circunstâncias da vida real brasileira. Isso propicia avaliações críticas muito pertinentes.

Em segundo lugar, Guilherme dedicou-se a examinar a experiência e as lições doutrinárias estrangeiras. O livro recorre largamente ao Direito comparado e propicia ao leitor informações sobre as concepções mais recentes adotadas nos demais países quanto a modelos similares.

Em terceiro lugar, o livro se preocupa em enquadrar o modelo teórico do diálogo competitivo no contexto normativo da legislação brasileira. Esse é um dos pontos mais complexos e difíceis da importação de institutos jurídicos do estrangeiro. É que a incorporação de uma figura concebida em outros países acarreta inovações e produz adaptações. Mesmo que, em grande parte, os dispositivos legais brasileiros atinentes ao diálogo competitivo reiterem, quase literalmente, normas vigentes na União Europeia, a simples integração dos dispositivos na Lei nº 14.133/2021 implica efeitos sistêmicos inafastáveis. Por isso, o diálogo competitivo consagrado no Brasil é muito diverso daquele adotado em outros países.

Em quarto lugar, a obra se preocupa em examinar a utilização do diálogo competitivo também para as contratações na área de concessões de serviço público. Esse é um aspecto que não pode ser esquecido. O diálogo competitivo pode revelar-se como um instrumento muito mais relevante no setor de concessões do que no âmbito dos contratos de colaboração disciplinados pela Lei nº 14.133/2021. E as peculiaridades dos contratos de concessão poderão resultar em atributos distintos e específicos do diálogo competitivo. Não será surpresa se a evolução concreta conduzir ao surgimento de duas variantes distintas da figura, conforme envolva os contratos de colaboração ou as concessões de serviço público.

Logo, as meditações desenvolvidas na presente obra são indispensáveis para todos os operadores do Direito que atuem em licitações e contratações públicas. Especialmente aqueles que enfrentam encargos muito árduos de conceber soluções para os problemas mais complexos e difíceis encontrarão no livro de Guilherme Dias Reisdorfer subsídios e orientações de valia incomparável.

Se é verdade que a Lei nº 14.133/2021 pode ser um instrumento de efetivo aperfeiçoamento para o Direito e para a Administração Pública brasileiros, é também inegável que esse resultado somente será atingido mediante o comprometimento individual de todos nós, agentes privados e públicos. Guilherme está cumprindo a parte que a ele incumbe, levantando problemas e formulando soluções para o enfrentamento de uma das mais significativas inovações da mencionada lei. O seu livro representa um importante avanço no estudo de uma das mais instigantes inovações da nova lei.

Marçal Justen Filho

Doutor em Direito.
Professor Titular da UFPR de 1986 a 2006.
Advogado e parecerista em Direito Público.

Guilherme Reisdorfer, com a excelência acadêmica e a precisão de análise jurídica que lhe são peculiares, traz aos estudiosos e aos aplicadores do direito, em especial aos dedicados ao tema das contratações públicas, uma obra de grande relevância sobre um instituto que constitui a principal novidade em matéria de licitações, prevista pela Lei nº 14.133/2021, abordando, ainda, sua extensão às leis de concessões (comuns e parcerias público-privadas).

Com efeito, por meio dessa decisão legislativa, o diálogo competitivo foi finalmente introduzido no direito brasileiro, a partir de experiências positivas acumuladas em outros países. Por certo não se trata de simples transposição de uma figura estrangeira, mas antes de uma adaptação desse mecanismo ao sistema jurídico brasileiro – de todo modo, admita-se, não sem implicar importantes desafios no tocante a necessárias mudanças na prática e na cultura da administração pública, e de seu controle, no Brasil.

O diálogo competitivo, por sua própria estrutura "dialógica", tem a virtude de introduzir, ainda na fase pré-contratual – no momento em que a administração pública está selecionando seu futuro parceiro contratual –, um instrumento de natureza que se poderia dizer, num neologismo, protonegocial.

Ou seja, não se trata ainda propriamente da busca de um acordo de vontades. Entretanto, o diálogo competitivo propicia que pontos de vista diversos sejam pública e isonomicamente debatidos entre interessados em contratar com a administração e a própria administração, influenciando, assim, a formação da vontade que pautará as partes no momento da efetiva celebração do contrato, no sentido de um potencial aprimoramento do planejamento da contratação e da modelagem do objeto contratual.

As pertinentes, criteriosas e equilibradas considerações de Guilherme Reisdorfer, produzidas nesta obra com grande maturidade para ponderar riscos e benefícios da medida, são fundamentais referências para propiciar a adequada compreensão e a segura aplicação dessa importante novidade no direito brasileiro.

Fernando Menezes de Almeida
Professor Titular da Faculdade de Direito da USP.

NOTA À 2ª EDIÇÃO

A reedição deste trabalho é apresentada com revisão, aprimoramento e ampliação do texto original, contemplando atualização doutrinária e aprofundamento de alguns dos argumentos apresentados na edição original. Foram incluídos comentários sobre regulamentos e orientações que pormenorizam a disciplina do diálogo competitivo, como as Instruções Normativas SEGES/MGI nº 73/2022, 96/2022 e 2/2023 e a Orientação Normativa nº 82/2024 da Advocacia-Geral da União, bem como sobre recomendações expedidas pelo Tribunal de Contas da União. Esta edição acrescenta, ainda, abordagem descritiva sobre casos práticos verificados em outros países, com o propósito de ilustrar de forma contextual e concreta a aplicação do diálogo competitivo. Parte das novidades foi extraída, com adaptações, de artigo publicado pelo autor com Nicole Mendes Müller.[1]

O autor agradece a confiança da Editora Fórum para realizar a reedição deste trabalho e espera que os esforços para aprimoramento do livro contribuam para o melhor entendimento acerca do diálogo competitivo e dos diversos aspectos relativos à sua operacionalização. Sugestões e críticas constituem elementos indispensáveis à evolução das ideias e soluções propostas e, bem por isso, são muito bem-vindas.

São Paulo, junho de 2024.

Guilherme F. Dias Reisdorfer
guilhermedreisdorfer@gmail.com

1 As hipóteses de cabimento do diálogo competitivo e o seu uso para contratação de projetos de infraestrutura. *In*: NIEBUHR, Karlin Olbertz; POMBO, Rodrigo Goulart de Freitas (org.). *Novas questões em licitações e contratos (Lei 14.133/2021)*. Rio de Janeiro: Lumen Juris, 2023.

O DIÁLOGO NO AMBIENTE DE CONTRATAÇÕES PÚBLICAS

As últimas décadas consolidaram a difusão de uso de instrumentos de diálogo entre Estado, mercado e sociedade para o desenvolvimento de tarefas públicas. Em trabalho publicado originalmente em 1995, Caio Tácito diagnosticava na experiência brasileira que o movimento pendular "que oscilara para o setor público torna, agora, para o setor privado", tendo como resultado a valorização da atuação conjunta do Estado e da iniciativa privada.[1] Desde então, o movimento só ganhou vigor.

Essa temática é usualmente examinada com base em duas premissas que justificariam o diálogo público-privado.

A primeira associa o nível de permeabilidade do Estado ao diálogo com agentes privados com maior ou menor eficácia ou maturidade do regime democrático.

A segunda aponta o diálogo público-privado como solução para ampliar a eficiência e a eficácia das ações estatais e possibilitar o financiamento de projetos públicos, particularmente em contextos de limitação orçamentária. Por esta última perspectiva, além de uma determinada realidade política mais propícia a interações público-privadas, o que está sempre presente é uma necessidade pragmática. A busca por eficiência e a necessidade de recursos exercem, de forma universal, o papel de fomentar a criação de

---

[1] TÁCITO, Caio. O retorno do pêndulo: serviço público e empresa privada. O exemplo brasileiro. *In*: TÁCITO, Caio. *Temas de Direito Público* (estudos e pareceres). Vol. 1. Rio de Janeiro: Renovar, 1997. p. 733.

novos instrumentos que permitam responder à multiplicidade de demandas públicas.

Sob a égide da Lei nº 8.666/1993, o espaço para o diálogo público-privado era restrito e residual. O modelo da Lei nº 8.666/1993 foi estruturado a partir do pressuposto de que o planejamento contratual constituiria tarefa essencialmente estatal e irrenunciável. Essa sistemática normativa se justificaria para propiciar o controle da atuação do particular contratante e, também, da própria atividade administrativa contratual. Sob a perspectiva da Administração Pública, a concepção tão completa quanto possível do contrato seria relevante para confirmar a viabilidade do objeto, proporcionar estabilidade e uma estimativa mais precisa dos gastos que deverão ser assumidos. Têm-se aí duas ideias-chave: por um lado, a "ideia de que as normas, se precisas, detalhistas, objetivas e bem-direcionadas, seriam capazes de gerar, quase que automaticamente, boas contratações";[2] por outro lado, a ideia de que essa perspectiva de atuação seria apta a combater a corrupção e evitar a "manipulação indevida no contrato"[3] por meio de alterações durante a sua execução.

Sob esse regime, salvo em hipóteses excepcionais, como o concurso, as prestações contratuais e as suas condições de execução são previamente definidas pela Administração à minúcia. Ao Estado cabe definir não apenas o que pretende contratar, mas também como deve ocorrer a execução do contrato. Isso não apenas em relação à definição dos direitos e deveres contratuais, mas também, em boa medida, no tocante à forma pela qual o particular contratante se desincumbe das obrigações por ele assumidas. Conforme a síntese de Carlos Ari Sundfeld, obteve-se como resultado "uma disciplina normativa exigindo rigidez no procedimento, objetividade absoluta no julgamento (em regra, feito pelo menor preço) e a definição prévia, pela Administração, de todos os detalhes das prestações do contratado".[4] Hipóteses excepcionais comportam a realização de audiências e consultas

---

[2] ROSILHO, André. *Licitação no Brasil*. São Paulo: Malheiros, 2013. p. 129.

[3] BRASIL. Tribunal de Contas da União, Acórdão 2.737/2009-Plenário, Rel. Min. Raimundo Carreiro, julgado em 18.11.2009.

[4] SUNDFELD, Carlos Ari. Guia jurídico das parcerias público-privadas. *In*: SUNDFELD, Carlos Ari (Coord.). *Parcerias público-privadas*. São Paulo: Malheiros, 2005. p. 20.

públicas (art. 39). Discussões para a construção de modelos contratuais são reservadas a contratações diretas, enquanto ambiente alheio à licitação propriamente dita.

A concepção geral da Lei nº 8.666/1993 foi objeto de críticas crescentes especialmente nos últimos anos. Isso tanto pela inviabilidade prática da ideia de um gestor público autossuficiente (para não dizer onisciente), que se revelou uma ficção,[5] quanto pela impossibilidade de reduzir a multifacetada atividade contratual do Estado a um modelo unitário e estrito, como aquele traduzido na Lei nº 8.666/1993.[6]

Assim é que as insuficiências estatais e a necessidade de soluções adequadas e eficientes abriram espaço para o surgimento de novas concepções e práticas contratuais. Sobretudo em mercados especializados e em situações nas quais seria excessivamente custoso, ou mesmo inviável, o Estado conceber por si só e isoladamente os empreendimentos que serão contratados, ganham protagonismo na prática administrativa os procedimentos que institucionalizam formas de diálogo público-privado prévio à contratação. A Administração Pública vale-se desses mecanismos para colher contributos dos agentes de mercado e da sociedade em geral para conceber os contratos que serão licitados posteriormente.

Esse movimento ganha força, inicialmente, pela ampliação do uso de consultas e audiências públicas. Passa pela disseminação dos procedimentos de manifestação de interesse (PMI), que surgem

---

5 Sobre o tema, é de se fazer referência ao fato de que significativa parcela do trabalho desenvolvido pelos órgãos de controle (notadamente, os Tribunais de Contas) diz respeito a discussões em torno do planejamento dos contratos administrativos e dos problemas que daí surgem, identificados ainda antes da contratação ou depois dela. Conforme levantamento de 2019: "Em complemento a análise do banco de dados do PAC, considerando que as categorias utilizadas no sistema são bastante genéricas, a equipe aplicou questionários aos gestores e vistoriou 84 obras no território nacional com o apoio das secretarias regionais. Ao fim, a SeinfraUrbana apontou três principais causas: contratação com base em projeto básico deficiente; insuficiência de recursos financeiros de contrapartida; e dificuldade dos entes subnacionais em gerir os recursos recebidos. A primeira das causas é velha conhecida desta Corte Contas. De acordo com o processo consolidador do Fiscobras 2018, de relatoria do Exmo. Ministro Bruno Dantas, em um universo de 1.688 fiscalizações realizadas durante o período de dez anos, foram constatados 1.158 achados com o título de "Projeto básico deficiente, inexistente ou desatualizado". Trata-se da segunda constatação mais frequente nas auditorias de obra do TCU" (Acórdão 1.079/2019-Plenário, Rel. Min. Vital do Rêgo, julgado em 15.05.2019).

6 MARQUES NETO, Floriano de Azevedo. Do contrato administrativo à Administração contratual. *Revista do Advogado*, n. 107, AASP, dez./2019. p. 77.

originalmente como nova prática procedimental para promover a concepção e o planejamento dos contratos de concessão em geral. Dentro dessa tendência, ganham relevância práticas inovadoras em face da legislação (ainda que já consolidadas na prática), como as sondagens de mercado (*market sounding*), para a realização de licitações de projetos de maior complexidade. As sondagens têm sido utilizadas por diversos entes, como agências reguladoras e o BNDES. O Estado de São Paulo, inclusive, regulamentou o desenvolvimento do diálogo com o mercado para promover o "levantamento dos aspectos fundamentais a serem levados em consideração, tais como os principais riscos, barreiras à entrada, pontos críticos à financiabilidade, restrições regulatórias, inovações ou alternativas técnicas".[7]

Podem ser citadas, ainda, a sistemática de prévia consulta a possíveis interessados para definir encomenda tecnológica a ser contratada, conforme prevê o art. 27, §4º, do Decreto nº 9.283/2018, e as disciplinas regulamentares para alienação de ativos pelas sociedades de economia mista federais (Decreto nº 9.188/2017) e cessão de direitos de exploração, desenvolvimento e produção de petróleo, gás natural e outros hidrocarbonetos fluidos pela Petrobras (Decreto nº 9.355/2018). As sistemáticas estruturadas nesses decretos, que serão objeto de análise no tópico 1.6, a seguir, revelam amplo espaço para aperfeiçoamento de aspectos técnicos, econômicos e jurídicos dos contratos administrativos a serem celebrados. A mesma lógica é encontrada na realização de estudos técnicos para subsidiar a relicitação de contratos de parceria, que podem ser desenvolvidos com consultas formais aos financiadores do projeto para colheita de contribuições (art. 17, §§3º e 4º, da Lei nº 13.448/2017).[8]

---

7 Regulamento disponível em: http://www.parcerias.sp.gov.br/Parcerias/docs/Regulamento_Sondagem_SP _19.pdf. Acesso em: 9 out. 2021.

8 "Art. 17. O órgão ou a entidade competente promoverá o estudo técnico necessário de forma precisa, clara e suficiente para subsidiar a relicitação dos contratos de parceria, visando a assegurar sua viabilidade econômico-financeira e operacional. [...] §3º Sem prejuízo das disposições do contrato de parceria, o órgão ou a entidade competente poderá consultar os financiadores do contratado sobre possíveis contribuições para os estudos relacionados à relicitação do empreendimento. §4º Quando as condições de financiamento se mostrarem vantajosas para o poder público e viáveis para os financiadores, o órgão ou a entidade competente poderá, consultados os financiadores, exigir a assunção, pela futura SPE, das dívidas adquiridas pelo anterior contratado, nos termos estabelecidos pelo edital".

Outro exemplo, este já superveniente à Lei nº 14.133/2021, é a solução adotada pela Lei Complementar nº 182/2021, que instituiu o marco legal das startups, de contratação de "teste de soluções inovadoras" desenvolvidas ou a serem desenvolvidas pelos interessados (art. 13). Essa sistemática admite negociação, posterior à elaboração das propostas, acerca das condições econômicas e dos próprios "critérios de remuneração que serão adotados" (art. 13, §9º).

A Lei nº 14.133/2021 abre um novo capítulo de implementação de mecanismos de participação de particulares na estruturação de projetos de relevância pública. Além da previsão de figuras previamente existentes, o diploma incorpora o diálogo competitivo, enquanto modalidade licitatória cujo diferencial fundamental consiste em propiciar o diálogo público-privado prévio à concepção definitiva dos contratos licitados.

A lógica e o modo de funcionamento próprios do diálogo competitivo, que serão aprofundados no decorrer deste trabalho, não constituem propriamente uma inovação no direito brasileiro, se forem consideradas as sistemáticas já previstas nos Decretos nº 9.283/2018, nº 9.188/1017 e nº 9.355/2018, referidos acima. Ainda antes da edição da Lei nº 14.133/2021, a doutrina aludia à possibilidade de emprego da lógica do diálogo competitivo em contratações de parceiros privados estratégicos por empresas estatais.[9]

A efetiva novidade consiste na internalização do diálogo público-privado em uma modalidade geral de licitação. Trata-se de forma de introduzir no processo licitatório discussões que antes só eram possíveis em situações restritas, como as acima indicadas, e no âmbito de contratações diretas. A adoção da nova modalidade licitatória pode ser justificada (1) pelo reconhecimento de que há espaço para inovação no desenvolvimento dos processos de licitação para produzir contratações mais eficientes, (2) pela inaptidão de modelos rígidos de planejamento contratual e licitação para

[9] "Em outros casos, haverá elementos subjetivos que serão incompatíveis com uma licitação em sentido estrito, demandando um *diálogo concorrencial* entre a administração pública e os potenciais parceiros privados, no âmbito do qual será construída em conjunto a proposta mais vantajosa. Nessa hipótese, não há uma licitação, mas um processo competitivo em que a Administração Pública avalia um conjunto de condições subjetivas para definir qual o melhor parceiro privado" (SCHIRATO, Vitor Rhein. *As empresas estatais no direito administrativo econômico atual*, São Paulo: Saraiva, 2016. p. 203-204).

capturar aperfeiçoamentos que se tornam possíveis com apoio do mercado e (3) como forma de buscar neutralizar, em certas hipóteses, os problemas crônicos de planejamento não solucionados pelos mecanismos tradicionalmente aplicados[10] – devendo-se ressalvar, no entanto, que o diálogo competitivo não constitui uma forma de delegação ou renúncia do planejamento contratual, muito menos uma solução suficiente, abrangente ou definitiva para a ampla e complexa problemática em torno do planejamento dos contratos administrativos.

O tema é da maior relevância e suscita dificuldades que não são de menor importância. Ao mesmo tempo em que se reconhece que as informações disponíveis no mercado e pelo mercado são indispensáveis para a boa estruturação de contratos, há dificuldades decorrentes da desconfiança que recai sobre a interação entre Estado e mercado. A cultura da desconfiança constrange tanto a admissão quanto a implantação desse relacionamento na prática – o que, como aponta a doutrina estrangeira, não é uma exclusividade da realidade brasileira.[11]

---

[10] "Este problema assume contornos dramáticos no Brasil. Em minha amostra de obras civis, manutenções e reformas contratadas pelo governo federal e registradas no ComprasNet (contratos assinados entre 2002 e 2007), pude notar que 10% dos contratos foram aditados num intervalo de tempo (medido entre a data do início da vigência do primeiro aditamento de valor de acréscimo e a data de assinatura do contrato) menor ou igual a 8,4% do período inicial do contrato (medido como a diferença entre a data de final da vigência original do contrato e a data de assinatura do contrato). Pior: esses contratos representaram mais de 20% do valor inicial contratado da amostra (distribuição ponderada) [...]. Além disso, 20% dos contratos são aditados com menos de um terço do período original do contrato decorrido. Isso quer dizer que cerca de 10% dos contratos são aditados com menos de 10% do período contratual decorrido, e 20% com menos de um terço decorrido" (FIUZA, Eduardo P. S. Licitações e Governança de Contratos: a Visão dos Economistas. *In*: SALGADO, Lucia Helena e FIUZA, Eduardo (Org.). *Marcos Regulatórios no Brasil: é tempo de rever regras?* Rio de Janeiro: Ipea, 2009. p. 247).

[11] "One of the more difficult areas in procurement is in delimiting what types of communications between procuring entities and firm officials are appropriate. On the one hand, information from firms is vital to the need of a procuring entity to be able to draft specifications, conduct market research, develop requirements and prepare bidding documents. Manufacturers and providers generally are the best source of information on products and services in the Marketplace. On the other hand, procuring entities are concerned with undue influence that some suppliers may have over their officials and the procurement process, and contacts between government and private agents offer opportunities for corruption. [...] A steadfast rule in many procurement systems is that discussions or communications of a substantive nature between tenderers and the procuring entity are prohibited. [...] A major policy rationale underlying this rule is that if tendering is the appropriate method of procurement, there is no need for discussions. [...] Either a tender complies with the procurement documentation or it does not. [...] The argument continues that discussions would threaten the integrity of the procurement process – tenderers would not have the confidence in the system to submit

Um primeiro grande desafio consiste em compatibilizar os objetivos de política normativa em torno das licitações públicas, admitindo-se lógicas distintas de licitação conforme as características de cada contrato.

Contratações mais simples demandam padronização e objetividade para fins de eficiência nos diversos estágios de atuação estatal – seja no âmbito administrativo, seja na fase de controle dos atos praticados.

Em contraponto, contratações mais complexas consomem elevado grau de recursos e sujeitam todos os envolvidos a maiores riscos. Nessa condição, tendem a demandar maior flexibilidade para a atuação administrativa e espaços decisórios mais amplos no decorrer do procedimento para lidar com os problemas em concreto. Especialmente nesses casos, supor a autossuficiência do gestor público e impedir interações com o mercado tende a ser um receituário artificial e irrealista[12], que acaba por ampliar os riscos ao próprio Estado em relação à obtenção de contratações insatisfatórias.

Ao recepcionar a figura do diálogo competitivo, tal como ela tem sido empregada em outros países, a Lei nº 14.133/2021 evidencia política legislativa de licitações públicas mais diversificada e abrangente do que a existente na Lei nº 8.666/1993. Tal evolução legislativa não afasta a diretriz de objetividade aplicável à generalidade das contratações, mas admite que essa lógica, particularmente propícia para a aquisições simples e cotidianas, não pode ser aplicada de forma rigorosa e sem adaptações para contratações mais complexas, com características que suscitam providências e métodos distintos. É para esse tipo de contratação que o diálogo competitivo se revela vocacionado.

Daí se seguem implicações de ordem *material* (definição do escopo da licitação), *procedimental* (definição da forma de

---

their best tenders, knowing that the may be subject to pressure in post-tender negotiations" (LINARELLI, John. Methods of Procurement. *In*: ARROWSMITH, Sue *et al*. *Regulating Public Procurement*. The Hage: Kluwer Law International, 2000. p. 488-489).

[12] "É uma distorção – e é irrealista em termos de gestão pública – querer reduzir tudo à absoluta objetividade, limitando a discricionariedade de todos os processos decisórios administrativos, vendo como imorais as negociações e as interações diretas entre administração e particulares etc." (SUNDFELD, Carlos Ari; MONTEIRO, Vera; ROSILHO, André. A estruturação das concessões por meio de parceria com particulares autorizados (art. 21 da Lei nº 8.987/1995). *RDA – Revista de Direito Administrativo*, Rio de Janeiro, v. 275, p. 41-66, maio/agosto 2017. p. 53).

desenvolvimento da licitação) e em nível *organizacional* (há de se formar equipe capacitada e efetivamente disponível para o desenvolvimento de licitações complexas, que demandarão capacidades criativas e de gestão peculiares ao longo do processo, e não simples operações de aplicação automática do edital). Os aspectos circunstanciais e institucionais são decisivos para a produção da decisão administrativa.[13]

Em outras palavras, está em pauta discussão em torno do método de atuação administrativa em relação às contratações públicas. Está em pauta, também, o debate em torno do controle sobre essa atuação administrativa. Como apontado pela doutrina, a disciplina da Lei nº 8.666/1993 "é marcada pela enorme rigidez, pela formalização excessiva [...] e pela aversão ao risco".[14] O diálogo competitivo, por sua vez, é incompatível com o nível de rigidez que permeava o modelo legal anterior. Seu emprego recomenda uma postura de formalismo moderado e apresenta como característica inerente níveis mais amplos de risco, decorrentes das incertezas que justificam a própria escolha do diálogo competitivo como modalidade adequada para contratar. A ampliação dos riscos existentes impacta o modo de controle, em consonância com o art. 22 da LINDB – este tema será abordado no capítulo 10.

O objetivo deste estudo é abordar aspectos conceituais e práticos relativamente à aplicação do diálogo competitivo. Para tanto, são examinados os dispositivos legais que regem a nova modalidade licitatória, estabelecendo-se paralelos com a experiência

---

[13] Apesar disso, a dogmática administrativista ainda muito focada no ato (decisão final) e não nos aspectos procedimentais, com os quais as questões organizacionais se entrelaçam, parece não levar em consideração de forma efetiva o impacto destas últimas sobre o exercício das funções administrativas, limitando-se a considerar as questões organizacionais sob uma perspectiva estática, sem reconhecer a sua influência na dinâmica das funções administrativas. Nessa perspectiva, "what got lost in administrative scholarship was the administration itself. Administrative procedure, new or unconventional regulatory approaches and arrangements, and all those factors that could influence the decision-making process and its outcome, but which were for various reasons excluded from judicial control (such as organization, personnel, fiscal resources), played only a marginal role" (VOßKUHLE, Andreas; WISCHMEYER, Thomas. The 'Neue Verwaltungsrechtswissenschaft' against the backdrop of traditional administrative law scholarship in Germany. *In*: ROSE-ACKERMAN, Susan *et al.* (Ed.). *Comparative administrative law*. 2. ed. Cheltenham: Edward Elgar, 2019. p. 87-88.

[14] RAUEN, André Tortato. Racionalidade e primeiros resultados das Políticas de Inovação que atuam pelo lado da demanda no Brasil. *In*: RAUEN, André Tortato (Org.). *Políticas de inovação pelo lado da demanda no Brasil*. Brasília: Ipea, 2017. p. 35.

internacional, com a tentativa de se antecipar possíveis problemas práticos não endereçados pela disciplina legal.

A exposição está organizada em três temáticas principais, desdobradas em nove capítulos, que abordam, nesta ordem: (1) a noção e as funções do diálogo competitivo, considerando-se as possíveis vantagens, desvantagens e riscos do instituto, (2) as hipóteses legais de cabimento do diálogo competitivo e as possibilidades de interpretação dessas previsões e (3) a estruturação e a condução do processo licitatório propriamente dito, considerando as três fases principais do diálogo (pré-seleção, diálogo propriamente dito e fase competitiva).

Ao final, são apresentadas considerações pontuais sobre a perspectiva do controle incidente em torno da aplicação do diálogo competitivo.

CAPÍTULO 1

A NOÇÃO DE DIÁLOGO COMPETITIVO

1.1 Um conceito inicial

A compreensão da noção de diálogo competitivo passa, inicialmente, pelo exame da definição proposta pela Lei nº 14.133/2021. O art. 6º, inc. XLII, conceitua o diálogo competitivo como "modalidade de licitação para contratação de obras, serviços e compras em que a Administração Pública realiza diálogos com licitantes previamente selecionados mediante critérios objetivos, com o intuito de desenvolver uma ou mais alternativas capazes de atender às suas necessidades, devendo os licitantes apresentar proposta final após o encerramento dos diálogos".

O diálogo competitivo corresponde, assim, a uma das cinco modalidades de licitação previstas no art. 28 da Lei nº 14.133/2021. Observando o conceito legal, o diálogo competitivo se distingue das demais modalidades por constituir processo de contratação pública que apresenta uma fase específica dedicada à discussão, ao desenvolvimento e à definição, junto aos interessados em contratar, de soluções técnicas, econômicas e/ou jurídicas. Essa fase constitui pressuposto para promover a disputa e a adjudicação de contrato, uma vez que este será estruturado a partir das soluções discutidas e definidas no decorrer da licitação. Trata-se de forma processual vocacionada a atender particularmente a demandas complexas, cuja concepção envolve a tomada de decisões em ambientes de incerteza acentuada e com grau mais elevado de riscos.

1.2 Breve nota sobre a experiência de soluções similares em outros países

A utilização de modelos de licitação baseados na troca de informações e em espaços de negociação entre os interessados tem sido disseminada na experiência internacional pelo menos desde a década de 1990. Um dos pontos de partida para utilização da sistemática de diálogo competitivo foi verificado no Reino Unido para estruturar processos de desestatização que culminaram em parcerias público-privadas naquele país.[15]

Ato contínuo, e de forma mais ampla, a utilização de modelos flexíveis e abertos de contratação passou a constar da pauta de discussão no âmbito da Comunidade Europeia. O diálogo competitivo foi originalmente cogitado como medida com potencial para ampliar a eficiência e a competição dentro do mercado comum europeu. Em um primeiro momento, o seu uso foi pautado pelas regras da Diretiva 2004/18/CE. Essa diretiva veio a ser sucedida pela Diretiva 2014/24/EU, que manteve a figura do diálogo competitivo e aprimorou a sua disciplina. Em seguida, foi editada a Diretiva 2014/25/UE, que incorpora disciplina a respeito do diálogo competitivo para contratos públicos celebrados pelas entidades que operam nos setores da água, da energia, dos transportes e dos serviços postais.

Desde então, a figura passou a ser incorporada aos ordenamentos de diversos países da União Europeia. É o que se vê, por exemplo, em Portugal, tendo aquele país adotado a denominação

---

[15] "The negotiated procedure gained popularity towards the end of the 1990s. Increasing complexity and changing government roles had led to a strong desire for cooperation. Especially in the construction industry, it was shown that cooperation had been problematic in the past. To come to an understanding about project details, the division of responsibilities and risks and the terms for cooperation, both contracting authorities and contractors felt the need to have discussions before a contract was signed. Except with the negotiated procedure, direct communication was simply not possible in the existing procurement procedures. The open and the restricted procedures included a system of 'notes of information'. Those notes were questions, sent in writing from the contractors to the contracting authority. The answers to those notes were also in written form, with the disadvantage that much interpretation of questions and answers took place, often leading to misunderstandings. The negotiated procedure had the advantage of direct communication: contracting authorities could consult contractors of their choice and negotiate contractual terms with one or more of them" (HOEZEN, Mieke; VOORDIJK, Hans; DEWULF, Geert. Contracting dynamics in the competitive dialogue procedure. *In*: *Built Environment Project and Asset Management*, v. 2, n. 1, Emerald Group, p. 6-24, 2012. p. 7-8).

"diálogo concorrencial" (Código dos Contratos Públicos, arts. 204 e ss.), na Espanha (*Ley 9/2017 de Contratos del Sector Público* – arts. 172 e ss.), na França (onde o diálogo, inicialmente previsto no *Code des Marchés Publics*, é hoje regido pelo *Code de la commande publique* – esp. arts. R2161-24 a 31) e no Reino Unido, onde o diálogo competitivo também conta com regras gerais para sua aplicação (*Public Contracts Regulations*, item 30). A experiência acumulada pelos países europeus tem evidenciado vantagens e desafios na aplicação prática do diálogo competitivo, que serão abordados de forma mais específica na sequência, conforme se relacionem com os temas tratados.

Do outro lado do Atlântico, os Estados Unidos incorporaram em sua *Federal Acquisition Regulation* (FAR) autorização geral para o uso de diálogo prévio ao recebimento de propostas. Não se estabelece um modelo único de interação com agentes privados. Como se infere, em particular, do Capítulo 15 da FAR, há verdadeira recomendação geral para que os processos de contratação sejam precedidos de "trocas de informação sobre contratação públicas" junto ao setor privado, em formatos não necessariamente equivalentes ao do diálogo competitivo, mas com função análoga. Essa troca de informações pode abranger a discussão sobre o tipo contratual mais adequado em vista das necessidades estatais a serem satisfeitas, a disciplina contratual e os aspectos do planejamento relacionados não apenas à execução do contrato, mas à própria formatação do processo de contratação. Preveem-se diversas técnicas para obtenção de informações e negociação entre os envolvidos como via para estruturar e preparar as contratações governamentais naquele país.[16]

---

[16] O item 15.201 do FAR disciplina as interações com o mercado prévias ao recebimento de propostas, prevendo que trocas de informação entre todos os envolvidos, desde os estágios iniciais de planejamento até o recebimento das propostas são incentivas: "(a) Exchanges of information among all interested parties, from the earliest identification of a requirement through receipt of proposals, are encouraged. Any exchange of information must be consistent with procurement integrity requirements (see 3.104). Interested parties include potential offerors, end users, Government acquisition and supporting personnel, and others involved in the conduct or outcome of the acquisition. [...] (c) Agencies are encouraged to promote early exchanges of information about future acquisitions. An early exchange of information among industry and the program manager, contracting officer, and other participants in the acquisition process can identify and resolve concerns regarding the acquisition strategy, including proposed contract type, terms and conditions, and acquisition planning schedules; the feasibility of the requirement, including performance requirements, statements of work, and data requirements; the suitability of the proposal instructions and evaluation criteria, including the approach for

1.3 Razões que explicam a introdução do diálogo competitivo no direito brasileiro

Por razões similares às invocadas para a utilização do diálogo competitivo no direito comparado, também no direito brasileiro a doutrina diagnosticou a necessidade de instrumentos mais flexíveis de contratação pública. Maria Sylvia Zanella Di Pietro, por exemplo, observava em trabalho publicado em 2015 que "uma das grandes tendências que se verifica atualmente em matéria de licitações é a de fuga do regime jurídico da Lei nº 8.666/1993".[17] De forma específica, Di Pietro apontava que essa tendência constituía resultado de falhas e insuficiências da Lei nº 8.666/1993, como "o excesso de formalismo, com um procedimento excessivamente rígido" e, especificamente, "a ausência de previsão de negociação entre a Administração Pública e os licitantes".[18] Disso se seguiu um movimento de criação de regimes jurídicos diversos, mais ajustados a tipos peculiares de contratação pública.

Por outro lado, deve-se aludir, em específico, às necessidades e às possibilidades de planejamento das contratações públicas, que não são homogêneas. Se contratos públicos cotidianos, firmados em série, demandam um tipo de racionalização específica que comporta e até mesmo recomenda planejamento simplificado, padronizado e em alguma medida centralizado (instrumentalizado pelos procedimentos auxiliares previstos no art. 78 da Lei nº 14.133/2021, p. ex.), contratos públicos envolvendo objetos únicos, dotados de características e complexidade peculiares, demandam capacidade e estrutura de planejamento singulares, de que a Administração Pública muitas vezes não dispõe.

Diz-se isso não para apontar um defeito de estrutura ou capacitação administrativa: há situações em que seria mesmo

---

assessing past performance information; the availability of reference documents; and any other industry concerns or questions".

[17] DI PIETRO, Maria Sylvia Zanella. O regime das licitações para os contratos de concessão. *In*: SUNDFELD, Carlos Ari; JURKSAITIS, Guilherme Jardim. *Contratos Públicos e Direito Administrativo*. São Paulo: Malheiros, 2015. p. 114.

[18] DI PIETRO, Maria Sylvia Zanella. O regime das licitações para os contratos de concessão. *In*: SUNDFELD, Carlos Ari; JURKSAITIS, Guilherme Jardim (Org.). *Contratos Públicos e Direito Administrativo*. São Paulo: Malheiros, 2015. p. 115.

inoportuno e ineficiente manter um corpo técnico de alta especialização para conceber contratações diversas e esporádicas de elevada complexidade e risco. Ambientes dessa natureza são particularmente característicos de empresas estatais, mas não da Administração Pública em geral. E mesmo o corpo técnico de empresas estatais especializadas pode não ter condições de planejar por conta própria determinadas contratações. Cabe recorrer aqui à lógica econômica: o custo de mobilizar recursos fixos para a produção autônoma, isolada e autossuficiente de determinados contratos pelo Estado pode ser mais elevado do que os custos de transação emergentes da tarefa de coletar informações e interagir com o mercado para compor o planejamento contratual caso a caso. Há de se considerar e dimensionar "o custo dos procedimentos – custos em sentido amplo, não apenas o financeiro, mas também o do tempo, o de pessoal e o diretamente associado ao procedimento".[19] Trata-se de fator relevante para a Administração decidir se e em que medida se estruturará para conceber contratações complexas por conta própria.

Desse modo, cabe definir não de forma abstrata ou generalizante, mas em concreto, conforme a situação real verificada, qual via de planejamento – mais ou menos autocentrada ou baseada em interações com interessados em contratar – é mais adequada considerando os custos de produção do contrato pretendido.

O diálogo competitivo surge relacionado com essa problemática. A sua introdução no direito brasileiro constitui um movimento de certo modo inverso ao de "fuga da licitação", na medida em que internaliza no processo licitatório formas flexíveis de interação com o mercado para planejamento da contratação que eram inconciliáveis com o paradigma de licitação da Lei nº 8.666/1993.

Trata-se de uma entre outras vias possíveis de desenvolvimento de planejamento contratual interativo, ao lado de mecanismos como a contrataçao de consultorias, parcerias de cooperação com agências e financiadores, realização de consultas e audiências públicas e de procedimentos de manifestação de interesse. O acolhimento do diálogo competitivo no direito positivo constitui uma das propostas

---

[19] SUNDFELD, Carlos Ari. Como reformar as licitações? *In*: SUNDFELD, Carlos Ari (Org.). *Contratações Públicas e seu Controle*. São Paulo: Malheiros, 2013. p. 268.

mais marcantes incorporadas pela nova legislação para responder à demanda por um espaço decisório que, diante de situações de elevada assimetria de informações, permita ao gestor público ser informado por interações estabelecidas com o mercado interessado na contratação, sempre com a perspectiva pressuposta de obter ganhos relevantes de eficiência no planejamento contratual que não atingiria isoladamente – ou atingiria, eventualmente, sob elevados custos.

1.4 Um panorama das modalidades de licitação na Lei nº 14.133/2021 e as características distintivas do diálogo competitivo

De modo geral, a Lei nº 14.133/2021 consolida boa parte das regras e das práticas preexistentes a propósito das modalidades licitatórias.

O art. 29 prevê que "concorrência e o pregão seguem o rito procedimental comum a que se refere o art. 17 desta Lei". Cabe utilizar a concorrência para licitar "bens e serviços especiais e de obras e serviços comuns e especiais de engenharia" delimitados no edital (art. 6º, inc. XXXVIII), enquanto o pregão deverá ser utilizado quando "o objeto possuir padrões de desempenho e qualidade que possam ser objetivamente definidos pelo edital, por meio de especificações usuais de mercado" (art. 29).

Conforme o art. 30 da Lei nº 14.133/2021, o concurso deve ser lançado igualmente com objeto e requisitos bem-definidos, ainda que as características do objeto a ser selecionado, pela sua própria natureza (trabalhos técnicos, artísticos ou científicos – art. 6º, XXXIX), não possam ser integralmente antecipadas.[20] O leilão, por sua vez, é processado com o critério de maior lance (art. 33, inc. V). O seu edital deve veicular todas as informações necessárias para a elaboração das propostas sobre o bem a ser alienado.[21]

---

[20] "Art. 30. O concurso observará as regras e condições previstas em edital, que indicará: I – a qualificação exigida dos participantes; II – as diretrizes e formas de apresentação do trabalho; III – as condições de realização e o prêmio ou remuneração a ser concedida ao vencedor."

[21] Art. 31, §2º: "O leilão será precedido da divulgação do edital em sítio eletrônico oficial, que conterá: I – a descrição do bem, com suas características, e, no caso de imóvel, sua situação e suas divisas, com remissão à matrícula e aos registros; II – o valor pelo qual o bem foi

1.4.1 As peculiaridades do diálogo competitivo

O diálogo competitivo se diferencia das demais modalidades em razão do próprio pressuposto para sua utilização, consistente na *indeterminação relativa do objeto a ser licitado* no momento de publicação do edital, e do modo como essa indeterminação é resolvida, o que se dá no curso da própria licitação. Diferentemente do que ocorre nas demais modalidades licitatórias, o lançamento do diálogo competitivo não é realizado com base em um planejamento pronto e acabado do objeto a contratar. Há uma indeterminação inicial que, não sendo absoluta, deve ser passível de ser resolvida durante a licitação mediante contribuições dos licitantes, sempre observando necessidades e premissas gerais e finalidades previamente definidas pela Administração.

Ou seja: de forma distinta do que ocorre com as outras modalidades previstas no art. 28, não há um modelo de contratação já definido no edital que lança o diálogo competitivo, mas sim um *projeto de contratação em construção*, que ainda se encontrará em aberto e sujeito a desenvolvimento quando da publicação do ato convocatório. Daí a definição legal prever que a Administração Pública terá por objetivo "desenvolver uma ou mais alternativas" de contratação no curso do próprio processo de licitação.

Com o diálogo competitivo, a Administração Pública compartilha uma parcela da "fase preparatória" (que não pode mais ser corretamente chamada, ao menos não para esta hipótese, como "fase interna") da contratação com terceiros, abrindo espaço para a discussão de aspectos técnicos, econômicos e até mesmo jurídicos do futuro contrato. Como será aprofundado a seguir, a solução dessa indeterminação é remetida ao diálogo competitivo porque seria inviável a Administração Pública atingi-la de forma satisfatória isoladamente.

---

avaliado, o preço mínimo pelo qual poderá ser alienado, as condições de pagamento e, se for o caso, a comissão do leiloeiro designado; III – a indicação do lugar onde estiverem os móveis, os veículos e os semoventes; IV – o sítio da internet e o período em que ocorrerá o leilão, salvo se excepcionalmente for realizado sob a forma presencial por comprovada inviabilidade técnica ou desvantagem para a Administração, hipótese em que serão indicados o local, o dia e a hora de sua realização; V – a especificação de eventuais ônus, gravames ou pendências existentes sobre os bens a serem leiloados.".

Nesses casos, a Administração poderá identificar o diálogo a ser realizado com os "licitantes previamente selecionados" (art. 6º, inc. XLII) como o melhor mecanismo para permitir a delimitação do objeto propriamente dito, o que então dará passagem para a possibilidade de efetiva competição em torno de um objeto licitado certo e definitivo. Desse modo, será apenas na etapa derradeira do certame que surgirão as definições imprescindíveis para que os interessados possam apresentar propostas para disputar a contratação. As propostas serão concebidas com base no conjunto de premissas, necessidades e especificações que, a essa altura, deverá estar suficientemente detalhado para possibilitar a precificação do futuro contrato pelos interessados e o cotejo objetivo das propostas apresentadas por parte da Administração.

Pode-se aqui estabelecer um paralelo entre diálogo competitivo e o concurso para ilustrar a diferença entre essas modalidades. É certo que no concurso o objeto contratado também não se encontra pronto e acabado no edital. O edital deve definir o objeto imediato do contrato (isto é, a sua concepção jurídica e os efeitos jurídicos dele resultantes), mas não o mediato, que consistirá na prestação propriamente dita, ou seja: o trabalho técnico, artístico ou científico propriamente dito.[22] A diferença em relação ao diálogo competitivo reside em que no concurso o objeto mediato não será concebido nem pela Administração Pública nem em conjunto com ela, mas exclusivamente pelo sujeito contratado, sempre observando "as diretrizes e formas de apresentação do trabalho" (art. 30, inc. II) e demais requisitos que venham a ser definidos no edital. Já o diálogo competitivo comportará a discussão de todos os aspectos contratuais possíveis – até mesmo a concepção jurídica do contrato, o que não ocorre no concurso –, mas o seu objeto restará invariavelmente definido pela Administração, a quem caberá filtrar e selecionar as contribuições colhidas no decorrer do diálogo, ainda que espaços significativos de autonomia possam ser atribuídos ao contratado para a execução do contrato.

---

[22] Trata-se da distinção entre "a) Objecto imediato ou conteúdo – efeitos jurídicos a que o negócio tende. b) Objecto mediato ou objecto stricto sensu – [que] consiste no *quid* sobre que incidem os efeitos do negócio" (MOTA PINTO, Carlos Alberto. *Teoria Geral do Direito Civil* (atual. António Pinto Monteiro e Paulo Mota Pinto). 4. ed. Coimbra: Coimbra Editora, 2012. p. 553).

1.4.2 O resultado das peculiaridades: a necessidade de adequar a aplicação das regras gerais – o exemplo das regras de planejamento previstas no art. 18 da Lei nº 14.133/2021

As características acima descritas apontam para outra peculiaridade do diálogo competitivo, consistente na impossibilidade de a identificação do objeto a ser licitado, contida no edital, contar com todos os requisitos previstos no art. 18 da Lei nº 14.133/2021. Essa conclusão se coloca de forma mais clara para as licitações via diálogo competitivo promovidas com base na Lei nº 8.987/1995 e na Lei nº 11.079/2004, uma vez que esses diplomas contemplam disciplina especial sobre o conteúdo do edital (arts. 18 e 11, respectivamente), mas também se aplica aos diálogos competitivos regidos exclusivamente pela Lei nº 14.133/2021, em que não será possível atender aos requisitos do art. 18 em sua integralidade e na mesma densidade devida para outras modalidades.

No caso do diálogo competitivo, a aplicação do art. 18 revelará, por um lado, requisitos que deverão ser atendidos de forma plena, como aquele previsto no inc. I: "a descrição da necessidade da contratação fundamentada em estudo técnico preliminar que caracterize o interesse público envolvido". Caberá a esse estudo preliminar refletir as razões que justificam o próprio cabimento do diálogo competitivo no caso concreto, bem como os elementos (necessidades e exigências já definidas) que constituirão o núcleo mínimo de elementos necessário para viabilizar o processamento do diálogo balizado por pautas objetivas predefinidas.

Por outro lado, conforme as características e indefinições relativas a cada procedimento de diálogo, alguns requisitos não serão exigíveis em sua forma pronta e acabada como condição para lançamento do edital de diálogo competitivo. O próprio objeto a ser licitado poderá ser identificado de forma reflexa e parcial, fundamentalmente a partir da descrição das necessidades a serem atendidas e dos requisitos já identificados como imprescindíveis para selecionar os candidatos a participar do certame. É o que dita o art. 32, §1º, inc. I, segundo o qual "a Administração apresentará, por ocasião da divulgação do edital em sítio eletrônico oficial, suas necessidades e as exigências já definidas". Ao mesmo tempo, o edital deverá dispor sobre "os critérios empregados para pré-seleção dos licitantes", como condição necessária para viabilizar o julgamento objetivo e a observância da isonomia (art. 31, §2º, inc. II).

Outro exemplo de requisito prejudicado corresponde à confecção de "orçamento estimado" definitivo (inc. IV), na medida em que o objeto contratual a que se refere o orçamento ainda estará em construção. Em certos casos, a "elaboração [integral] da minuta do contrato" (inc. V) poderá restar impossibilitada – é o que ocorrerá quando aspectos relativos à própria modelagem contratual forem objeto do diálogo. Do mesmo modo, a exigência de estudo técnico preliminar, embora seja em si imprescindível para o diálogo competitivo, tem de ser compreendida conforme a lógica dessa modalidade licitatória e terá os seus requisitos, tal como definidos no §1º do art. 18, modulados em função da indeterminação existente quanto à composição do objeto licitado.[23] Observe-se que o §2º do art. 18 estabelece – e isso não apenas para

[23] "§2º O estudo técnico preliminar deverá conter ao menos os elementos previstos nos incisos I, IV, VI, VIII e XIII do §1º deste artigo e, quando não contemplar os demais elementos previstos no referido parágrafo, apresentar as devidas justificativas". Os requisitos são assim arrolados no §1º: "§1º O estudo técnico preliminar a que se refere o inciso I do caput deste artigo deverá evidenciar o problema a ser resolvido e a sua melhor solução, de modo a permitir a avaliação da viabilidade técnica e econômica da contratação, e conterá os seguintes elementos: I – descrição da necessidade da contratação, considerado o problema a ser resolvido sob a perspectiva do interesse público; II – demonstração da previsão da contratação no plano de contratações anual, sempre que elaborado, de modo a indicar o seu alinhamento com o planejamento da Administração; III – requisitos da contratação; IV – estimativas das quantidades para a contratação, acompanhadas das memórias de cálculo e dos documentos que lhes dão suporte, que considerem interdependências com outras contratações, de modo a possibilitar economia de escala; V – levantamento de mercado, que consiste na análise das alternativas possíveis, e justificativa técnica e econômica da escolha do tipo de solução a contratar; VI – estimativa do valor da contratação, acompanhada dos preços unitários referenciais, das memórias de cálculo e dos documentos que lhe dão suporte, que poderão constar de anexo classificado, se a Administração optar por preservar o seu sigilo até a conclusão da licitação; VII – descrição da solução como um todo, inclusive das exigências relacionadas à manutenção e à assistência técnica, quando for o caso; VIII – justificativas para o parcelamento ou não da contratação; IX – demonstrativo dos resultados pretendidos em termos de economicidade e de melhor aproveitamento dos recursos humanos, materiais e financeiros disponíveis; X – providências a serem adotadas pela Administração previamente à celebração do contrato, inclusive quanto à capacitação de servidores ou de empregados para fiscalização e gestão contratual; XI – contratações correlatas e/ou interdependentes; XII – descrição de possíveis impactos ambientais e respectivas medidas mitigadoras, incluídos requisitos de baixo consumo de energia e de outros recursos, bem como logística reversa para desfazimento e reciclagem de bens e refugos, quando aplicável; XIII – posicionamento conclusivo sobre a adequação da contratação para o atendimento da necessidade a que se destina."

o diálogo competitivo – requisitos do estudo técnico preliminar que poderão deixar de ser contemplados, sempre mediante a devida e suficiente justificativa.

Disso não decorre uma pura e automática exoneração do dever da Administração Pública em relação aos requisitos legais de preparação e instrução do processo licitatório previstos no art. 18 da Lei nº 14.133/2021. Persistirá o dever de atender aos requisitos de planejamento em relação a todos os aspectos e as matérias que não demandem submissão ao diálogo. Assim, como ilustração, a impossibilidade de elaborar um orçamento não afastará a necessidade prévia de análise da compatibilidade do contrato com o planejamento estratégico e as leis orçamentárias a que o ente contratante se sujeita (art. 11, parágrafo único, da Lei nº 14.133/2021).

Em síntese, o diálogo competitivo evidencia o afastamento da noção de vinculação estrita e irrestrita ao edital, tantas vezes reiterada sob a vigência da Lei nº 8.666/1993 como característica pretensamente universal e inerente às licitações públicas. No diálogo competitivo, a Administração exercerá verdadeira criação colaborativa do contrato durante o certame. A lei autoriza que, por meio do diálogo competitivo, o processo de contratação seja instaurado com o seu objeto (o contrato a ser licitado) definido em nível macro, sem todas as especificações imprescindíveis para que se proceda à escolha de uma dada proposta e à consequente contratação. O detalhamento necessário para o lançamento do diálogo competitivo é insuficiente para a contratação, embora deva ser sempre suficiente para estabelecer bases objetivas para o diálogo que evoluirá em torno das alternativas disponíveis para a contratação.

1.5 A distinção entre diálogo competitivo e procedimentos de manifestação de interesse

O diálogo competitivo também se diferencia dos procedimentos de manifestação de interesse, agora disciplinados no art. 81 da Lei nº 14.133/2021 e sujeitos à regulamentação a ser editada. A lógica das duas figuras é similar: consiste em oportunizar à Administração Pública a coleta de subsídios para compor uma determinada contratação. Mas essas figuras são inconfundíveis, tanto do ponto de vista procedimental quanto no tocante aos efeitos jurídicos produzidos.

A diferença crucial é que o PMI não constitui um processo de contratação, mas um instrumento prévio e auxiliar de futuro processo de contratação, conforme definido no art. 78, inc. III, da Lei nº 14.133/2021.

O PMI consiste em instrumento dotado de ampla flexibilidade, por meio do qual a Administração Pública fomenta a apresentação de subsídios em torno de "questões de relevância pública" (*caput* do art. 81). Há ampla autonomia para o ente estatal definir o escopo e a densidade das contribuições a serem apresentadas em cada PMI, as quais podem envolver desde simples levantamentos e investigações preliminares a "projetos de soluções inovadoras" aptos a embasar futura contratação (art. 81, *caput* e §1º).

Mas o PMI, mesmo se bem-sucedido, não necessariamente resultará em uma contratação. As contribuições aceitas podem dizer respeito a aspectos meramente parciais de uma determinada solução contratual e, portanto, podem não ser suficientes para compor a integralidade do planejamento de uma futura contratação. Assim é que o processamento do PMI nem sequer obriga a realização de futura licitação (art. 81, §2º, inc. II). Desse modo, os participantes do PMI somente serão remunerados de forma eventual. A remuneração é subordinada à condição de que tenham as suas contribuições aceitas e elas venham a ser efetivamente aproveitadas em licitação exitosa. Nessa hipótese, o futuro contratado será o responsável por remunerar a contribuição feita no âmbito do PMI (na letra do §1º do art. 81, o futuro contratado deverá "ressarcir os dispêndios" incorridos para a elaboração da contribuição). Portanto, há um grau muito amplo de incerteza e riscos envolvidos na participação em PMI.

O diálogo competitivo também é caracterizado por elevada incerteza, mas em nível menor do que ocorre em um PMI. Isso porque a contratação não é um produto ocasional e eventual, como ocorre no PMI, mas o resultado normal que se espera do diálogo competitivo. É verdade que o diálogo competitivo envolve incertezas maiores do que as existentes em outras formas de contratação e pode restar frustrado (tal como as outras modalidades licitatórias). No entanto, atingir uma determinada contratação bem-sucedida constitui a própria razão de ser do diálogo competitivo.

De outra parte, tal como se dá no PMI, as contribuições serão apresentadas também em um ambiente de incerteza, mas a Lei nº 14.133/2021 não abrigou a perspectiva de serem remuneradas ou ressarcidas, caso aceitas pelo ente estatal na composição do contrato licitado – a admissibilidade dessa eventual remuneração (ou ressarcimento) será abordada no item 5.2.5, a seguir. As contribuições serão avaliadas e incorporadas ou não pelo ente contratante no contrato – e este, uma vez definido, constituirá o objeto da fase final do diálogo, na qual os licitantes apresentarão propostas tal como ocorre em qualquer outra licitação.

Justamente porque o propósito do diálogo competitivo consiste em alcançar uma contratação bem-sucedida para a execução das prestações pretendidas pela Administração, verifica-se outra diferença significativa em relação ao PMI: o diálogo pressupõe a participação de autores habilitados a fornecer soluções e executá-las. O espectro de interessados no PMI é mais amplo, pois alcança todos os agentes em tese aptos a elaborar soluções, incluindo aqueles não capacitados ou não interessados na posterior implementação do projeto.

Dadas as funções similares do PMI e do diálogo competitivo, pode-se dizer que há um espaço de intersecção nos campos de aplicação dessas figuras. Ambas são vocacionadas a proporcionar o contato da Administração Pública com soluções inovadoras e permitir o cotejo de alternativas aptas a atender de forma mais satisfatória a necessidades públicas. É possível dizer que, em diversos casos, será inviável estabelecer *a priori* qual desses mecanismos será o mais adequado. Considerando as incertezas e as dificuldades relacionadas à concepção de um determinado contrato, haverá situações em que a Administração Pública terá a oportunidade de escolher, sempre motivadamente, entre uma ou outra figura. No entanto, uma vez escolhida a via, a relativa equivalência funcional das figuras dará lugar a regimes jurídicos inconfundíveis entre si, inclusive no que diz respeito ao compromisso de alcançar uma contratação bem-sucedida, que é inerente ao diálogo competitivo.

1.6 Paralelos com outras figuras do direito brasileiro

Podem-se estabelecer paralelos entre o diálogo competitivo tal como regulado pela Lei nº 14.133/2021 e outras figuras preexistentes no ordenamento.

Uma primeira sistemática a ser mencionada é a da contratação de encomenda tecnológica, disciplinada pela Lei nº 10.973/2004 e regulamentada pelo Decreto nº 9.283/2018. O processo de contratação envolve uma etapa preliminar de coleta de informações e de negociação entre a Administração e os interessados. A coleta de informações é disciplinada no art. 27, §4º, do Decreto nº 9.283/2018. Essa norma prevê que, "na fase prévia à celebração do contrato, o órgão ou a entidade da administração pública deverá consultar potenciais contratados para obter informações necessárias à definição da encomenda [...]". A negociação propriamente dita é objeto do §8º do art. 27 e comporta conversações não apenas sobre o preço, mas sobre o projeto aceito para ser contratado, o qual "poderá ser objeto de negociação com o contratante, permitido ao contratado, durante a elaboração do projeto, consultar os gestores públicos responsáveis pela contratação e, se houver, o comitê técnico de especialistas" (inc. III). Em vista dessa disciplina, a doutrina aponta para a possibilidade de discussão dos diversos elementos relativos ao contrato, inclusive a sua disciplina jurídica.[24]

---

[24] "Na encomenda, a negociação não se restringe à redução de preço ofertado. Trata-se do modo mais adequado para definir a disciplina do contrato, em diversos aspectos. Se nas contratações públicas mais comuns o contrato é elaborado unilateralmente pelo Estado, na encomenda tecnológica há a necessidade de instaurar uma etapa pré-contratual, para a negociação destinada à formação do contrato. [...] Na União Europeia, as parceiras para inovação preveem uma etapa de negociação como regra. Há forte semelhança com o procedimento por negociação e com o diálogo concorrencial, que igualmente primam pelo diálogo como forma de aperfeiçoar o objeto do contrato e as condições para a sua execução. A distinção essencial da parceria para inovação reside no fato de que o objeto pretendido não apenas não pode ser identificado pelo contratante, mas não existe ou não está disponível no mercado. Portanto, parece haver um consenso de que, nesses casos, não apenas a definição da solução técnica, mas também a de aspectos financeiros e jurídicos do contrato demandam a instalação de um diálogo prévio com os potenciais contratados. [...] Essa negociação deve ser orientada a produzir a disciplina contratual mais eficiente – aquela que melhor traduza o modo de lidar com o risco tecnológico. Deve-se reconhecer que até se admite a negociação como forma de estabelecer o conteúdo essencial da avença, mas sob o pressuposto de se produzir a disciplina ótima" (POMBO, Rodrigo Goulart de Freitas. *Contratos Públicos na Lei de Inovação: transferência de tecnologia, acordo de parceria e encomenda tecnológica*. Rio de Janeiro: Lumen Juris Direito, 2020. p. 167-169).

Outros modelos correspondem às operações de desinvestimento tendo por objeto a alienação de ativos pelas sociedades de economia mista federais, tal como disciplinada pelo Decreto nº 9.188/2017, e a cessão de direitos de exploração, desenvolvimento e produção de petróleo, gás natural e outros hidrocarbonetos fluidos pela Petrobras, sendo esta última hipótese regulamentada pelo Decreto nº 9.355/2018.

O Decreto nº 9.188/2017 enuncia como seus fundamentos legais o art. 28, §3º, inc. II, da Lei nº 13.303/2013, que dispensa a exigência de licitação "nos casos em que a escolha do parceiro esteja associada a suas características particulares, vinculada a oportunidades de negócio definidas e específicas, justificada a inviabilidade de procedimento competitivo", e o art. 29, *caput*, inc. XVIII, do mesmo diploma, que prevê a dispensa de licitação para "compra e venda de ações, de títulos de crédito e de dívida e de bens que produzam ou comercializem".

Não obstante as alusões legais à dispensa de licitação, o Decreto nº 9.188/2017 prevê a realização de um processo competitivo para alienação de ativos. Para o que importa ao exame aqui desenvolvido, tal processo competitivo revela uma estrutura procedimental desenhada para comportar diálogo relativamente ao conteúdo do contrato que será celebrado. Após realizada a "preparação" do procedimento (art. 15, inc. I), promove-se consulta de interesse do mercado, que se dá "por meio de instrumento de divulgação da oportunidade" (art. 21). A isso se segue a apresentação de "propostas preliminares" por aqueles que manifestaram interesse em participar do procedimento (art. 24), o que dá lugar ao exame dessas propostas (art. 25) e a uma fase subsequente de apresentação de "propostas firmes" e vinculantes (arts. 29 e 31).

Especificamente no que diz respeito à discussão dos aspectos contratuais, o art. 30, parágrafo único, do Decreto nº 9.188/2017, prevê que "as propostas poderão conter sugestões de alteração dos termos das minutas dos instrumentos jurídicos negociais, as quais serão avaliadas conforme o interesse da sociedade de economia mista". Já o art. 35, parágrafo único, dispõe sobre um momento posterior da negociação, que pode ser promovida com o interessado mais bem-classificado ou, sucessivamente, com os demais interessados classificados na sequência, ao indicar que a negociação "poderá contemplar condições econômicas, comerciais, contratuais, além de outras consideradas relevantes à alienação" (art. 35, parágrafo único).

O Decreto nº 9.355/2018 tem disciplina procedimental praticamente idêntica, especialmente no tocante às possibilidades de negociação (arts. 27, parágrafo único, e 32, parágrafo único, do Decreto nº 9.355/2018).

Deve-se observar que as sistemáticas instituídas nos decretos examinados vão além do que o diálogo competitivo da Lei nº 14.133/2021 comporta. Além de comportarem amplo espaço de diálogo relativamente à concepção contratual, a partir da recepção de sugestões que podem ser formuladas em conjunto com as propostas, os decretos preveem espaço de negociação após a classificação das propostas. Esse último espaço negocial é mais amplo do que o comportado na Lei nº 14.133/2021. São figuras que de certo modo vão além das possibilidades de interlocução do diálogo competitivo, tal como disciplinado na Lei nº 14.133/2021, e evidenciam que o diálogo competitivo não é uma figura isolada ou excepcional, visto que outros tipos de contratação pública já eram operacionalizados por métodos flexíveis e relativamente abertos de interação com os agentes de mercado interessados, previstos nos instrumentos normativos referidos acima, em regulamentos específicos de empresas estatais, como Eletrobras e BNDES, e em práticas esparsas. Nesse sentido, pode-se aludir à utilização de mecanismos como *request for information* (RFI) e *request for proposal* (RFP), que vêm sendo objeto de atenção por parte da doutrina,[25] aparecem incorporados a regulamentos de empresas estatais[26] e já

---

[25] Sobre o uso de RFI e RPF, remete-se a VIEIRA, André Luís. Inovação tecnológica e contratos de interesse da defesa nacional: convergência de políticas públicas. *In*: CORRÊA, Lenilton Duran Pinto; MARINHO, Bruno Costa; VIEIRA, André Luís (org.). *Inovação e Contratos de Tecnologia*: temas de interesse da defesa nacional. Rio de Janeiro: Lumen Juris, 2019. p. 160 e seguintes; e SCHIEFLER, Gustavo Henrique Carvalho. *Diálogos Público-Privados*. Rio de Janeiro: Lumen Juris, 2018. p. 293 e ss.

[26] Entre outras formas de diálogo com agentes econômicos, o regulamento de licitações da Eletrobras incorpora a lógica do *request for proposal* ("solicitação de propostas") "para solicitar a agentes econômicos previamente identificados como potenciais licitantes, orçamentos prévios e informações técnicas escritas sobre minutas de documentos técnicos, como termo de referência, anteprojeto, projeto básico e matriz de risco, a fim de consolidá-los para versão definitiva" (art. 17.1, "f"). Disponível em: https://eletrobras.com/pt/GestaoeGorvernancaCorporativa/Estatutos_politicas_manuais/Regulamento_de_Licitacoes_e_Contratos.pdf. Acesso em: 10

foram reconhecidos como viáveis pelo Tribunal de Contas da União, a despeito da ausência de disciplina legal específica.[27]

1.7 A viabilidade de processos competitivos negociais segundo o Supremo Tribunal Federal

A referência aos conjuntos normativos acima referidos permite colocar em perspectiva a aplicação do diálogo competitivo, inclusive, porque o Supremo Tribunal Federal confirmou a constitucionalidade dos Decretos nº 9.188/2017 e nº 9.355/2018, o que constitui indicativo

---

out. 2021. No âmbito do BNDES, a Resolução DIR nº 3.685/2020 disciplina "as contratações relativas à estruturação de projetos e de medidas de desestatização" (art. 1º) e prevê a alternativa da "Solicitação de Propostas – *Request for proposal* (RFP): documento pelo qual o BNDES convoca interessados para a participação no processo seletivo previsto neste Regulamento e que apresenta as Especificações Técnicas ou sua representação resumida, bem como regula o procedimento a ser realizado, estabelecendo condições de participação e seleção, bem como a minuta do contrato a ser celebrado entre as partes" (art. 3º, inc. XIV). Disponível em: https://www.bndes.gov.br/wps/wcm/connect/site/f21c8291-b686-47c3-8961-b0ad220646d5/ResDir-3685-2020.pdf?MOD=AJPERES&CVID=nlngWKi. Acesso em: 10 mar. 2022. Esse procedimento comporta soluções flexíveis, com "detalhamento ou correção das propostas, inclusive mediante a juntada de documentos novos" (art. 23) e que, "caso seja identificada a necessidade de alteração das especificações técnicas ou em outro documento que altere a substância das propostas, deverá ser aberta oportunidade para os participantes apresentarem as respectivas alterações, em prazo considerado razoável pela CAT, que pode ser inferior ao prazo inicial para apresentação das propostas" (art. 24). Sobre as inovações nos processos de contratação do BNDES, remete-se à descrição feita por Marcos Nóbrega e Romero Paes Barreto de Albuquerque (*O BNDES e as inovações nas contratações públicas*: como mudar incentivos pode maximizar a eficiência. Disponível em: https://www.jota.info/opiniao-e-analise/artigos/bndes-inovacoes-contratacoes-publicas-05032022. Acesso em: 10 mar. 2022).

[27] Exemplo que pode ser referido é o de aquisição de equipamentos militares de alta complexidade tecnológica (corvetas) pela Marinha. O TCU examinou procedimento que envolveu, para tal finalidade, "a utilização dos mecanismos Request for Proposal - RFP (solicitação de proposta) e a Best and Final Offer – BAFO (seleção da melhor oferta), os quais têm a peculiaridade de permitir que os solicitantes tomem decisões com base nas informações fornecidas pelas proponentes e, também, com base em negociações realizadas pelas partes durante o processo de seleção". Na ocasião, o Tribunal admitiu a continuidade do procedimento, concluindo que, "por se tratar de contratação complexa e sensível à segurança nacional, é louvável consultas diretas aos fornecedores, como o *Request for Proposal*, a fim de se estimar com melhor precisão o valor a ser contratado, a forma de cumprimento do objeto, as tecnologias incorporadas, as garantias e manutenções necessárias, entre outros requisitos necessários à vantajosa contratação, de forma a evidenciar para os proponentes os riscos do negócio e reduzir a probabilidade de solução de continuidade do eventual contrato [...]. Neste sentido, apesar da RFP não se tratar de procedimento licitatório, à luz dos princípios da eficiência e da busca pela proposta mais vantajosa, tal procedimento contribui para que a contratação do fornecimento dos aludidos navios de guerra, diga-se de passagem, dispensada na forma da lei, seja bem-sucedida, tanto no aspecto técnico-operacional quanto sob o viés econômico-financeiro" (TCU, Acórdão 2.853/2019-Plenário, Rel. Ministro Augusto Sherman Cavalcanti, julgado em 27.11.2019).

relevante sobre o possível tratamento a ser atribuído ao diálogo competitivo.

O voto do Min. Alexandre de Moraes na ADI 5942, que tinha por objeto o Decreto nº 9.355/2018, retoma as razões prevalentes no julgamento da ADI 5624, que teve por objeto o Decreto nº 9.188/2017, para concluir pela validade da disciplina desses processos competitivos via decreto, com o apontamento de que, do ponto de vista material, as regras instituídas, inclusive as que preveem "consulta de interesses, apresentação de propostas preliminares, apresentação de propostas firmes, negociação", determinam a condução dos desinvestimentos de acordo com práticas de mercado sem que isso resulte em incompatibilidade com os princípios do art. 37 da Constituição Federal.[28]

É emblemático que a Lei nº 13.303/2016 tenha recorrido à solução de dispensa de licitação em situações que, na realidade, comportam um processo competitivo e negociado de alienação de ativos. A constatação autoriza concluir que o problema não está propriamente na impossibilidade de concorrência, mas na inaptidão ou na inconveniência dos regimes de licitação existentes

[28] "Mostra-se evidente que a negociação de direitos de exploração de petróleo em conformidade com as práticas de mercado, na linha da jurisprudência da Corte já referida, é uma exceção ao dever constitucional de licitar. O decreto impugnado visou, mesmo ausente esse dever de licitar, a padronizar e compatibilizar essa prática com os princípios constitucionais da Administração Pública; seu conteúdo é significativamente convergente com a disciplina da Lei nº 13.303/2016, feitas adaptações relacionadas a simplificação das fases do procedimento. [...] Assim, em que pese o inciso XVIII do artigo 29 da Lei nº 13.303/2016 estabelecer hipótese excepcional de dispensa licitatória, com base no §1º do art. 173 e no inciso XXI do artigo 37, ambos da CF, o Decreto 9188/2017, em seus artigos 17, 21, 24, 31, 35 e 36, estabeleceu a necessidade de realização de procedimento visando à efetividade dos princípios da legalidade, impessoalidade, moralidade, publicidade e eficiência, previstos no caput do citado artigo 37, com as seguintes etapas: preparação, consulta de interesses, apresentação de propostas preliminares, apresentação de propostas firmes, negociação e resultado e assinatura do contrato. Na mesma linha, o Decreto nº 9.355/2018, impugnado nesta ADI 5942, também visou ao estabelecimento de 'regras de governança, transparência e boas práticas de mercado para a cessão de direitos de exploração', no mesmo contexto de esforços da Petrobras em prol do desinvestimento e adequação de seus procedimentos às normas e práticas do mercado em que atua. A padronização de regras para a cessão de direitos de exploração também atendeu à mesma recomendação do Tribunal de Contas da União acima referida (Acórdão 442/2017-Plenário). Por esses motivos, não me parece que o Decreto nº 9.355/2018 tenha criado um 'microssistema licitatório', subvertendo o regramento da Lei nº 13.303/2016, usurpando a competência do Congresso Nacional e vulnerando o dever constitucional de licitar. A partir da não incidência da regra geral da Lei nº 13.303/2016, essa norma veio também para regulamentar a questão e a excepcionalidade permaneceu no ordenamento jurídico" (ADI 5.942, Plenário, Relator para acórdão Min. Luiz Fux, julgado em 13.10.2020).

para viabilizar tais contratações de forma satisfatória. Na ADI 5.942, o Supremo concluiu que o Decreto nº 9.355/2018 não criou "um 'microssistema licitatório', subvertendo o regramento da Lei nº 13.303/2016, usurpando a competência do Congresso Nacional e vulnerando o dever constitucional de licitar".

A parcela dessa discussão relacionada à necessidade de disciplina legal fica superada, como se vê, com a Lei nº 14.133/2021 e a instituição do diálogo competitivo, mas as premissas fixadas nas decisões acima referidas evidenciam a compatibilidade da lógica da modalidade licitatória aqui tratada com o sistema constitucional brasileiro.

CAPÍTULO 2

AS FUNÇÕES DO DIÁLOGO, VANTAGENS, LIMITES E RISCOS

Em comparação com as demais modalidades licitatórias, a consagração do diálogo competitivo se justifica em razão do potencial de agregar diversas vantagens ao processo de contratação. Em contrapartida, há limites e riscos que recomendam a adoção de cautelas específicas.

2.1 A vantagem primordial pretendida: flexibilidade para eficiência

A função primordial do diálogo competitivo é proporcionar ao gestor público espaço de flexibilidade na forma de composição do planejamento contratual e na própria condução do processo de licitação. Como regra, o diálogo é reservado a contratações essencialmente complexas. Trata-se de situações em que, mais do que eventual insuficiência dos corpos técnicos do ente contratante, está em jogo indefinição objetiva sobre qual pode vir a constituir a solução mais adequada a ser contratada, o que demanda postura ativa e responsiva (dialógica) da Administração frente ao mercado.

A flexibilidade que o diálogo competitivo oferece ao gestor público para estruturar contratações complexas é apontada como uma das grandes vantagens dessa forma de contratar no direito comunitário europeu[29] e por instituições como a UNCITRAL.[30] A mesma conclusão se coloca no direito americano a propósito das contratações de objetos envolvendo tecnologia sofisticada, especialmente no setor de defesa, que tendem a demandar espaços discricionários para a condução do processo de contratação do gestor em meio a conversações multilaterais com o mercado. Admite-se que uma vinculação estrita no curso do certame poderia resultar na supressão da capacidade dos agentes públicos de considerar e ponderar soluções inovadoras. Daí se dizer que, "embora seja tentador vincular o agente público responsável a uma fórmula predeterminada [de licitar] de modo a reduzir o risco de corrupção, privar esse funcionário de toda a discricionariedade na avaliação irá, em essência, retirar grande parte das condições de avaliação da competição".[31]

---

29 Segundo o Considerando 42 da Diretiva 2014/24/UE, "é muito importante que as autoridades adjudicantes disponham de maior flexibilidade para escolher um procedimento de contratação que preveja a negociação. A maior utilização desses procedimentos deverá também intensificar o comércio transfronteiras, pois a avaliação demonstrou que os contratos adjudicados através de um procedimento por negociação, com publicação prévia de anúncio, apresentam uma taxa de sucesso particularmente elevada das propostas transfronteiras. Os Estados-Membros deverão poder prever o recurso ao procedimento concorrencial com negociação ou ao diálogo concorrencial nas situações em que um concurso aberto ou limitado sem negociação não seja passível de gerar resultados satisfatórios na ótica da contratação pública.
Importa recordar que o recurso ao diálogo concorrencial aumentou significativamente, em termos de valores dos contratos, nos últimos anos. Revelou-se útil nos casos em que as autoridades adjudicantes não conseguem definir as formas de satisfazer as suas necessidades ou avaliar o que o mercado pode oferecer em termos de soluções técnicas, financeiras ou jurídicas. Tal pode, nomeadamente, verificar-se quando se trata de projetos inovadores, da execução de projetos de infraestruturas de transportes integrados em larga escala, de grandes redes informáticas ou de projetos que obriguem a financiamentos complexos e estruturados".

30 "While some elements of structured competition that exist in traditional procurement methods may be usefully applied, a number of adaptations are needed to take into account the particular needs of privately financed infrastructure projects, such as a clearly defined pre-selection phase, flexibility in the formulation of requests for proposals, special evaluation criteria and some scope for negotiations with bidders" (*UNCITRAL Model Legislative Provisions on Privately Financed Infrastructure Projects*. New York: United Nations, 2004. p. 7).

31 "This shift to competitive negotiations reflected the federal government's increasing reliance on the private sector for cutting-edge technology, for example in weapons and information technology systems. To ensure access to the latest technology, the government shifted from sealed bidding – which might give the government the lowest price, but on a solution specified by the government – to multilateral negotiations which allowed different vendors to compete by presenting diverse solutions, and which allowed the government to interrogate vendors on the merits of their respective solutions. [...] As in other systems, the U.S. rule structure leaves the procuring federal agency with flexibility in weighing the various factors during the evaluation process. This flexibility presumably comes because if contracting officials' discretion is bound too tightly by the solicitation's evaluation factors –

A flexibilidade do diálogo não se confunde, no entanto, com uma negociação. Não resulta no compartilhamento de decisões propriamente ditas com os licitantes, voltada a estabelecer um acordo propriamente dito. Embora seja natural e esperado que técnicas de negociação sejam empregadas para a troca de informações, tal não se dá com vistas a estabelecer algum vínculo baseado nas informações transmitidas.

A Administração não assume um compromisso perante os concorrentes em relação às soluções por eles apresentadas, nem mesmo quando incorpora essas soluções à concepção do contrato a ser licitado. O diálogo compreende a troca de informações para subsidiar a decisão autônoma da Administração em relação ao planejamento do contrato. Do mesmo modo, serve para basear as decisões igualmente autônomas dos licitantes em relação à formulação de suas respectivas propostas para a contratação, tal como esta venha a ser definida pela Administração após o desfecho do diálogo.

Em outras palavras, a definição da solução contratual não se dá de forma bilateral, mediante concordância entre o ente contratante e o licitante que apresentou a solução, mas a partir da decisão administrativa fundamentada que venha a adotar uma determinada concepção – ou uma combinação de concepções – em detrimento de outras. Assim é que o procedimento de diálogo pode ser modulado (simplificado ou aprofundado) conforme a extensão e as características das soluções que venham a ser apresentadas pelos interessados e a maior ou menor necessidade de tempo para maturação do projeto contratual por parte da Administração.

---

if, for example, award in a competitive negotiation must be based upon a rigid formula, as is sometimes suggested in other procurement regimes – that rigid loss of discretion would rob officials' of their ability to consider, and weigh, new and innovative solutions put forward by offerors. The GAO has said that an agency's source selection authority (the deciding official, in the U.S. system) may not make an award decision based solely upon a mechanical formula set forth in the solicitation. These GAO rulings, part of a pattern of bid challenge decisions, offered an important lesson: although it is tempting to bind the awarding official to a predetermined formula so as to reduce the risk of corruption, robbing that official of all discretion in the evaluation will, in essence, strip the competitive evaluation of much of its value, and return the agency to the days of sealed bidding/open tendering when award was made based upon rigid criteria defined before the government entered the rich diversity of the marketplace" (YUKINS, Christopher R. The U.S. Federal Procurement System: An Introduction. *GWU Law School Public Law Research*. Paper No. 2017-75. Disponível em: https://ssrn.com/abstract=3063559. Acesso em: 10 out. 2021. p. 81, 84).

Dito isso, valendo-se de um modelo flexível e dialógico de licitação, a eficiência no diálogo competitivo é obtida basicamente a partir de dois fatores: (1) redução da assimetria de informações e (2) aproveitamento e fomento da competição.

2.1.1 A redução da assimetria de informações em favor da Administração

A redução da assimetria de informações entre o ente contratante e o mercado propicia ao ente público melhores condições de identificar o formato e o conteúdo mais adequados para a contratação.

A assimetria de informações constitui exemplo típico de falha de mercado. Como sintetizado pela doutrina, pode decorrer de "(i) ignorância sobre aspectos técnicos envolvidos, (ii) falta de experiência, (iii) [falta de] capacidade individual de processamento de alguns tipos de informação ou, até mesmo, (iii) sonegação de informações por alguma das partes envolvidas com finalidade estratégica".[32] Essas circunstâncias criam incentivo à busca de *rendas informacionais*, que, em particular no tocante às licitações públicas, geram o problema de seleção adversa (*screening*).[33]

O acesso a informações constitui o objetivo por excelência do diálogo competitivo. Em outras palavras, como será aprofundado na sequência, a assimetria de informações é mesmo um pressuposto justificador do recurso ao diálogo. Nas palavras de Mark Kirkby, "o diálogo concorrencial é especialmente adequado (e nasce para acudir a essa preocupação) para as situações em que existem défices de informação por parte da entidade adjudicante relativamente àquilo que o mercado tem para oferecer para satisfazer as suas necessidades de *procurement*".[34]

Valendo-se do diálogo, o ente contratante pode, em primeiro lugar, compreender de forma mais precisa as variações e os potenciais

---

[32] BINENBOJM, Gustavo. *Poder de polícia, ordenação, regulação*. Transformações político-jurídicas, econômicas e institucionais do direito administrativo sancionador. Belo Horizonte: Fórum, 2016. p. 183.

[33] Idem, p. 184-185.

[34] KIRKBY, Mark. O diálogo concorrencial. *In*: GONÇALVES, Pedro (Org.). *Estudos de Contratação Pública*. Vol. 1. Coimbra: Coimbra Editora, 2008. p. 291.

do objeto que busca contratar para atender às suas necessidades. Ao propiciar conhecimento mais preciso acerca das soluções disponíveis no mercado, o diálogo permite não só identificar a existência de soluções inovadoras, que não seriam facilmente acessíveis, como também ter acesso a informações privilegiadas dos respectivos detentores, que, na medida em que necessárias para a compreensão da vantagem das soluções apresentadas, serão compartilhadas com a Administração, de modo a produzir soluções contratuais mais eficientes.[35] Daí, aliás, a garantia de sigilo consagrada no diálogo competitivo em relação às soluções e informações sensíveis disponibilizadas por um dado competidor em face dos demais (art. 32, §1º, inc. IV, da Lei 14.133/2021), tema esse que será aprofundado no tópico 9.7, a seguir.

Em segundo lugar, o diálogo possibilita ao gestor público melhor compreensão sobre as características do próprio mercado. Permite um primeiro contato mais abrangente, com os diversos agentes habilitados a participar do diálogo, ao qual se segue um afunilamento progressivo a ser modulado pela Administração na medida em que o diálogo se desenvolve, de forma mais ou menos promissora, com os interessados. Desse modo, a partir de um diálogo bem conduzido, o gestor público terá condições de melhor discernir quais especificações ou condições podem ser necessárias ou mesmo constituir barreiras de entrada e fatores dificultadores da competição. Além disso, é possível tomar maior conhecimento até mesmo sobre os próprios processos de formação de preço. No caso de contratações complexas, é possível que as soluções pretendidas envolvam quantificações ainda desconhecidas ou orçamentação pouco compatível com o enquadramento em tabelas referenciais e preços padronizados. Cada mercado e cada prestação apresentam características e variáveis distintas. É razoável considerar a possibilidade de a Administração Pública não dispor de informações

[35] "While some studies from e.g. the Netherlands report that competitive dialogue have stimulated innovation, others from e.g. UK and Denmark report a tendency towards applying competitive dialogue to achieve efficiency gains rather than stimulating innovation. Hence, more studies on the particular relationship between the choice of procurement procedure and its effect on innovation are needed." (HAUGBØLLE, K.; PIHL, D.; GOTTLIEB, S. C. *Competitive dialogue*: Driving innovation through procurement? *In*: *Procedia Economics and Finance*, n. 21, 2015. p. 562).

suficientemente abrangentes e precisas sobre a realidade verificada em todos os diversos casos que enfrentará.

Por esse prisma, o diálogo competitivo apresenta vantagens potenciais em comparação a mecanismos que circunscrevem a interação da Administração a um único agente de mercado desde um primeiro momento, como a contratação de consultoria específica para realização de estudos e análises a fim de estruturar um projeto contratual. Nesse caso, a Administração foca a sua interação desde um primeiro momento com um único agente de mercado. Se, por um lado, essa solução proporciona maior confiança e estabilidade e pode revelar-se menos complexa e mais facilmente gerenciável (porque viabilizada por meio de contrato específico para tal fim), por outro lado, ela apresenta limites. Além de poder prevalecer o viés específico do agente contratado pela Administração, será menos provável que esse formato permita o acesso a informações de acesso restrito dos agentes do mercado potencialmente interessados em executar o projeto pretendido.[36]

Em terceiro lugar, a Administração pode usar o diálogo para testar a própria viabilidade de opções por ela pretendidas e as chances de êxito da contratação. Alude-se a teste aqui não para equiparar o diálogo competitivo a um movimento especulativo da Administração. Isso não teria cabimento, dada a pressuposta seriedade da atuação administrativa e a já aludida vocação do diálogo a produzir uma contratação. Refere-se a teste para considerar a utilização dessa modalidade licitatória com o propósito sério e firme de avaliar a convicção que a Administração já tenha formado sobre determinadas características e exigências relativas à futura contratação. É possível que a Administração possa colocar tais convicções à prova para que possam ser eventualmente revistas. Isso desde que, com esse exercício, a Administração não afete o conjunto de informações e premissas indispensáveis para nortear o interesse dos potenciais interessados na licitação, assim como o desenvolvimento objetivo do diálogo.

Assim, por exemplo, um determinado arranjo jurídico cogitado pela Administração pode ser discutido com os diversos interessados, para medir o seu nível de aceitação e eventuais alternativas com

---

[36] Nesse sentido: KIRKBY, Mark. O diálogo concorrencial. *In*: GONÇALVES, Pedro (org.). *Estudos de Contratação Pública*. v. 1. Coimbra: Coimbra Editora, 2008. p. 280.

maior potencial. Pense-se na delimitação de uma matriz de riscos (arts. 22 e 92, inc. IX, da Lei nº 14.133/2021) para a construção de obras em condições incertas e desafiadoras. Eventualmente, o risco geológico ou relativo à escolha de determinadas metodologias poderá gerar incerteza tal que impeça ou torne excessivamente arriscada a modelagem adequada do contrato isoladamente pela Administração, por mais que esta tenha uma compreensão prévia sobre o arranjo jurídico possivelmente mais adequado. Em situações como essa, o diálogo permitirá ao ente contratante antecipar a reação do mercado e compreender qual é a melhor forma de modelar a contratação e, nos termos do art. 22, §1º, da Lei nº 14.133/2021, promover "a alocação [mais] eficiente dos riscos", para então incorporar as conclusões extraídas do diálogo no contrato em elaboração. Dadas as implicações para a eficiência do projeto, entender como o mercado funciona e em que medida ele se interessa pelo contrato não é tanto ou apenas uma faculdade, mas uma necessidade e dever do ente contratante a partir do diálogo.

2.1.2 A redução da assimetria de informações para os licitantes

De outra parte, o diálogo competitivo funciona como veículo de redução de assimetria de informações também para os licitantes.

Nos modelos rígidos de licitação, não é raro que o ente contratante adote postura pouco receptiva às solicitações de informações por parte dos interessados. Isso se explica por conta do receio do ente contratante em assumir riscos adicionais com os esclarecimentos que venha a apresentar (e que o vincularão).[37]

---

[37] "Quanto ao caráter vinculante dos esclarecimentos prestados, ressalta o doutrinador Marçal Justen Filho que 'é prática usual, fomentada pelo próprio art. 40, inc. VIII, que a Administração forneça esclarecimentos sobre as regras editalícias. A resposta formulada administrativamente apresenta cunho vinculante para todos os envolvidos, sendo impossível invocar o princípio da vinculação ao edital para negar eficácia à resposta apresentada pela própria Administração'. Acrescenta, ainda, que 'a força vinculante da resposta ao pedido de esclarecimento envolve as hipóteses de interpretação do edital. Ou seja, aplica-se quando há diversas interpretações possíveis em face do ato convocatório. Se a Administração escolhe uma ou algumas dessas interpretações possíveis e exclui outras (ou todas as outras), haverá vinculação' ('Comentários à Lei de Licitações e Contratos Administrativos'. 11. ed. São Paulo: Dialética, 2005. p. 402-403). Sobre o assunto, já se

Há também o receio de que os esclarecimentos abram espaço para litígios e produzam a necessidade de modificação do edital e sua republicação, com consequentes atrasos para o desenvolvimento do projeto (art. 55, §1º, Lei nº 14.133/2021). Não seria excessivo dizer que esse modelo não se revela incentivador para que a Administração adote postura mais franca e aberta de comunicação após a divulgação do ato convocatório.

Sobretudo no diálogo competitivo, seria problemática a adoção de postura vaga ou retraída por parte do ente contratante em relação aos esclarecimentos que lhe sejam solicitados. Existe um ambiente de incerteza não apenas para o ente contratante, mas também para os interessados, que estão despendendo recursos para participar do diálogo. Na generalidade das situações, embora não disponha de condições de delimitar sozinha o objeto a ser contratado, a Administração Pública estará em posição privilegiada em relação ao entendimento da situação relativa à contratação, sobretudo no que diz respeito à origem dos problemas a serem solucionados, às necessidades a serem atendidas e nas finalidades públicas perseguidas. Pense-se na reforma ou no melhoramento de estruturas preexistentes. A transparência administrativa é relevante tanto para que os licitantes possam eventualmente identificar inconsistências, riscos ou problemas não percebidos pela Administração Pública em seus dados e especificações, quanto para que as soluções apresentadas sejam mais exatas e aderentes à realidade a ser enfrentada.

Por essas razões e mesmo por uma questão de definição, a noção de *diálogo* não corresponde a um instrumento unilateral, em que apenas a Administração Pública colhe contributos. A flexibilidade do diálogo deve ser utilizada também como via para subsidiar os licitantes da melhor forma possível, para que tanto mais eficientes e competitivas sejam as propostas obtidas.[38] O dever de instaurar

---

manifestou o Superior Tribunal de Justiça, no sentido de que 'a resposta de consulta a respeito de cláusula de edital de concorrência pública é vinculante; desde que a regra assim explicitada tenha sido comunicada a todos os interessados, ela adere ao edital'." (REsp 198.665/RJ, 2ª Turma, Rel. Min. Ari Pargendler, DJ de 3.5.1999) (Superior Tribunal de Justiça, mandado de segurança 13.005/DF, Rel. Ministra DENISE ARRUDA, 1ª Seção, julgado em 10/10/2007, DJe 17/11/2008).

[38] "Before closing negotiations, the contracting authorities need to be certain that the tenderers possess sufficient information to be able to submit a fully developed final offer" (FARLEY, Martin. Directive 2004/18/EC and the Competitive Dialogue Procedure: A

o diálogo competitivo com informações suficientes para fomentar o interesse de potenciais licitantes não afasta a possibilidade de complementar e clarificar quaisquer informações relevantes no curso do diálogo. A sinalização favorável à mais ampla compreensão do projeto pretendido é imprescindível para a compreensão mútua e a redução das incertezas de ambos os polos, permitindo, sucessivamente, (1) atrair interessados, (2) estimular o seu compromisso a participar do diálogo de forma séria e produtiva e (3) fomentar a apresentação de propostas precisas e viáveis para atingir contratação bem-sucedida.

2.1.3 "Sintetizar tecnologia" sob o crivo da competição; "benchmarking dinâmico"

Uma definição peculiar em torno do resultado esperado do diálogo competitivo é proposta por Fred Amonya, quando afirma que o diálogo competitivo corresponde a uma forma de *sintetizar tecnologia*. Essa afirmação não deixa de guardar paralelo com a concepção de processo administrativo proposta por Carlos Ari Sundfeld, considerado como "veículo para criação de utilidade pública".[39]

De acordo com Amonya, o diálogo tem cabimento quando (1) as definições de objetivos e necessidades pretendidos pelo ente contratante não podem ser por ele traduzidos em especificações suficientes para contratar, (2) identifica-se que o setor privado tem condições de contribuir de forma significativa com o desenvolvimento do projeto contratual e (3) a Administração Pública dispõe de condições efetivas para fomentar a competição entre agentes privados para delimitar o objeto contratual.[40]

Case Study on the Application of the Competitive Dialogue Procedure to NHS LIFT. *In*: *European procurement & public private partnership law review*, n. 60, 2007. p. 67).

[39] SUNDFELD, Carlos Ari. Processo Administrativo: um diálogo necessário entre o Estado e cidadão. *Revista de Direito Administrativo & Constitucional – A&C*, Belo Horizonte, n. 23, p. 39-51, 2006.

[40] "Competitive Dialogue is a synthesis of technology. It was developed by the European Commission (EC) and presented first in Directive 2004/18/EC of 2004 (see Burnett 2009 and Hoezen et al. 2012 for this history). The tool (CD) was devised for situations where policy objective cannot be translated into service specification. In these situations, the

Embora possa soar excessiva uma interpretação literal da expressão "sintetizar tecnologia" no curso de uma licitação, visto que não serão produzidas prestações propriamente ditas durante o diálogo, pode-se dizer que uma das vantagens creditadas ao diálogo competitivo na experiência internacional reside na utilização da *pressão da concorrência* ("*idea competition*") como método para ampliar a eficiência na definição do contrato. Na medida em que o diálogo seja bem aplicado para funcionar como meio indutor de contribuições, a Administração utiliza a concorrência como trunfo para obtenção de mais dados e soluções melhores, ao tempo em que se abre à interlocução para ser convencida pelos interessados. Trata-se de modalidade licitatória apta a permitir acesso a soluções inovadoras de acesso restrito – cuja eficiência poderá, ao menos em certa medida, ser verificada ou estimada previamente pela Administração –, de modo a possibilitar a estruturação de contratos potencialmente mais vantajosos. As reuniões feitas de forma individualizada permitem alcançar os benefícios potenciais do dilema do prisioneiro.[41]

Evidentemente, os concorrentes não atuarão de forma desinteressada. Apresentarão as soluções que entendam apropriadas à licitação e que, ao mesmo tempo, lhes sejam as mais convenientes. Pautados pelos seus interesses específicos, os concorrentes se esforçarão para convencer a Administração sobre as vantagens correspondentes à sua própria alternativa em detrimento das demais, de modo a influenciar a definição das especificações contratuais,[42] ao mesmo tempo em que adotam cautela em promover o aporte de

---

requisite technology (both management and engineering) is not clear. Therefore, CD seeks to synthesize technology. [...] Consequently, CD is built on two premises. First, the private sector can contribute significantly to the synthesis of the technology. Secondly, the state as structure provides an adequate platform for managing the competition amongst private actors in the lead to the service specification" (AMONYA, Fred. Parsing Competitive Dialogue in Public-Private Partnerships: Emergence of Capability Search. *In*: *Transportation Research Procedia*, n. 25, p. 5293, 5295, 5302, 2017).

[41] "Ou seja, duas pessoas trancadas em salas separadas que não sabem o que o outro está negociando – de modo a criar incentivos para que os desenhos sejam os melhores possíveis" (CYRINO, André; TOLEDO, Renato. *Desenhos de mercado, licitações e três apostas da Lei n.º 14.133/2021, cit.*, p. 18).

[42] TELLES, Pedro; BUTLER, Luke. Public Procurement Award Procedures in Directive 2014/24/EU (May 29, 2014). LICHÈRE, F. *et al. Novelties in the 2014 Directive on Public Procurement*. Copenhagen: Djof Publishing, 2014. p. 14. Disponível em SSRN: https://ssrn.com/abstract=2443438. Acesso em: 17 out. 2021.

informações confidenciais ou estratégicas. Tem-se aí situação substancialmente diversa daquela em que a Administração opta por se valer de *expertise* própria ou contrata uma determinada consultoria. Daí se afirmar que o diálogo "possibilita 'um benchmarking dinâmico entre as ofertas' favorecendo a optimização de cada uma por referência às demais"[43] para que a Administração possa estruturar o melhor projeto contratual.

Em resumo, o diálogo proporciona à Administração a oportunidade de ajustar as suas convicções originais, quando necessário, e definir as medidas mais favoráveis à competição no curso da própria licitação, ainda que já restrita aos candidatos qualificados a ingressar no diálogo. Há um espaço de manobra não só para agregar elementos ao projeto contratual, mas também para aprimorar e, eventualmente, corrigir aspectos que já tenham sido considerados pela Administração. Isso, evidentemente, observando os limites decorrentes do princípio da isonomia, dentre os quais se encontra a impossibilidade de subverter no curso do diálogo as condições fixadas no edital da licitação – esse tema será retomado no item 7.3, adiante.

2.2 A institucionalização da relação público-privada: a transparência agregada pelo diálogo

Já se observou no âmbito europeu que, ao disponibilizar um número grande de informações originado de diversas

[43] SOUSA, Luís Verde de. *A Negociação nos Procedimentos de Adjudicação*. Uma Análise do Código dos Contratos Públicos. Coimbra: Almedina, 2011. p. 68. Uma pesquisa desenvolvida pelo European PPP Expertise Centre junto aos seus membros em diversos países da Europa enumera os resultados cogitados em torno da aplicação do diálogo competitivo: "A number of positive aspects of the procedure have been reported. Better projects. The majority of the respondents believe that competitive dialogue provides better outcomes compared to alternative procurement procedures in terms of each of the following features: (Out of a sample of 9 to 10 responses): - Meeting the contracting authority's needs (6 positive responses); - Design and innovative solutions (9 positive responses); - Contract terms (9 positive responses); - Value for money (7 positive responses). This could be the result of a more open communication between the contracting authority and the bidders, combined with the fact that competitive dialogue forces the private sector to come up with solutions while there is still a competitive pressure" (*European PPP Expertise Centre* – EPEC. *Procurement of PPP and the use of Competitive Dialogue in Europe*. A review of public sector practices across the EU. Disponível em: http://www. https://www.eib.org/attachments/epec/epec_procurement_ppp_competitive_dialogue_en.pdf, 2010. Acesso em: 10 out. 2021. p. 11).

fontes, o diálogo competitivo provoca a Administração Pública a decidir sobre a solução mais apropriada com maiores níveis de transparência.[44]

Um dos desafios na estruturação de projetos consiste não apenas na verificação de que uma determinada solução é adequada, mas também na confirmação e na demonstração de que tal solução é melhor do que as suas alternativas. Essa é uma decorrência lógica do princípio da eficiência e da observância da proporcionalidade no processo decisório estatal, inferível tanto do art. 2º, parágrafo único inc. VI, da Lei nº 9.784/1999,[45] quanto do parágrafo único do art. 20 da Lei de Introdução às Normas do Direito Brasileiro.[46] Essa diretriz foi positivada de forma específica a propósito do planejamento das contratações no art. 18 da Lei nº 14.133/2021, segundo o qual a preparação do processo licitatório deve "abordar todas as considerações técnicas, mercadológicas e de gestão que podem interferir na contratação".

Embora o art. 18 trate especificamente da "fase preparatória" da licitação (que é situada anteriormente à divulgação do edital – art. 53 da Lei nº 14.133/2021), é a lógica nele prevista que permeia o desenvolvimento do diálogo competitivo. Essa modalidade de licitação ao mesmo tempo propicia a identificação mais abrangente das diversas soluções disponíveis e facilita o controle sobre a análise comparativa entre elas. As interações com os licitantes devem ser rigorosamente formalizadas (art. 32, §1º, inc. IV) e o exame das diversas contribuições deve ser transparente, o que exige a escolha de uma ou mais soluções finais de forma devidamente fundamentada, sempre à luz de todas as alternativas cogitadas no âmbito do diálogo (art. 32, §1º, inc. V).

---

[44] "In addition, there are good reasons to believe that, if properly implemented, the structure of the procedure itself allows achievement of greater transparency of the procurement process and helps secure a level playing field for all bidders" (*European PPP Expertise Centre* - EPEC. *Procurement of PPP and the use of Competitive Dialogue in Europe.* A review of public sector practices across the EU. Disponível em: http://www. https://www.eib.org/attachments/epec/epec_procurement_ppp_competitive_dialogue_en.pdf, 2010. Acesso em: 10 out. 2021. p. 11).

[45] "Parágrafo único. Nos processos administrativos serão observados, entre outros, os critérios de: [...] VI - adequação entre meios e fins, vedada a imposição de obrigações, restrições e sanções em medida superior àquelas estritamente necessárias ao atendimento do interesse público."

[46] "Parágrafo único. A motivação demonstrará a necessidade e a adequação da medida imposta ou da invalidação de ato, contrato, ajuste, processo ou norma administrativa, inclusive em face das possíveis alternativas."

2.3 O outro lado da moeda: possíveis desvantagens e riscos

Ao mesmo tempo, o diálogo competitivo abre margem para riscos que não podem ser desprezados. Alguns desses pontos serão mais bem-detalhados no decorrer do trabalho, mas é útil traçar um panorama geral deles desde logo.

A questão preliminar a ser formulada é: a flexibilidade sempre produz eficiência? Isso pressupõe examinar os recursos que precisam ser aplicados no diálogo e os riscos assumidos pela Administração. Especificamente, a indagação abre espaço para contrapontos às vantagens acima referidas, considerando os custos e os riscos associados à eventual insuficiência administrativa e à eventual restrição à competição.

Como regra, o diálogo competitivo tende a ser a modalidade licitatória que demandará mais recursos da Administração, inclusive em termos temporais. Na experiência internacional, há registros de que o tempo médio necessário para maturação da solução tida como mais adequada e conclusão do processo licitatório pode alcançar 18 meses.[47] Pesquisa feita a propósito do uso do diálogo competitivo na França apontou que, na amostra então examinada, um período de quatro a doze meses tem sido em geral reservado apenas à fase do diálogo propriamente dito.[48]

Diante disso, cabe, antes de tudo, a indagação sobre se o diálogo será compatível com o ciclo político-eleitoral e com as vicissitudes da Administração Pública brasileira em relação ao seu planejamento de médio e longo prazo. Haverá visão, no momento de instauração do processo, sobre a viabilidade de conclusão do diálogo? E quanto à conclusão da licitação e à efetiva contratação?

No que diz respeito aos recursos a serem investidos, diversos levantamentos apontam que o diálogo competitivo resulta em custos

---

[47] BANCO MUNDIAL. *Competitive Dialogue*: How to undertake a Competitive Dialogue Procurement Process. 2017. Disponível em: https://thedocs.worldbank.org/en/doc/412401507743078456-0290022017/original/CompetitiveDialogueGuidance2017.pdf. Acesso em: 10 out. 2021.

[48] BURGER, Philippe; HAWKESWORTH, Ian. How To Attain Value for Money: Comparing PPP and Traditional Infrastructure Public Procurement. *OECD Journal on Budgeting*, v. 11, n. 1, 2011, p. 27.

mais elevados para todos os envolvidos.[49] Para a Administração, esses custos serão multiplicados conforme o número de interessados que venham a ser selecionados para dialogar.[50] Ademais, como ocorre na generalidade das contratações, os custos suportados pelo licitante vencedor serão internalizados em sua proposta e transferidos à Administração. Assim o serão como típicos custos de transação, apontados pela literatura econômica como não desprezíveis mesmo em relação a modalidades mais simples de compras públicas.[51] No Reino Unido, um guia conjunto publicado

---

[49] É o que publicação do Tesouro Britânico aponta a propósito do uso do diálogo competitivo no Reino Unido: "1.15 Overall the procurement costs under the Competitive Dialogue procedure are likely to be higher for both Contracting Authorities and for bidders than under the negotiated procedure, as more bidders will usually be involved in detailed discussions and the submission of detailed bids. The bidder community has highlighted the higher costs incurred by those bidders who complete the dialogue but are ultimately unsuccessful, whereas the costs for a successful bidder may be comparable to those under the negotiated procedure" (OFFICE OF GOVERNMENT COMMERCE - HM TREASURY. *Competitive Dialogue in 2008*: OGC/HMT joint guidance on using the procedure. Reino Unido: 2008. p. 5. Disponível em: https://assets.publishing.service.gov.uk/government/uploads/system/uploads/attachment_data/file/225317/02_competitive_dialogue_procedure.pdf. Acesso em: 10 out. 2021).

[50] "The transaction costs of the CD [diálogo competitivo] process are enormous. This is because the process is time-consuming and labour-intensive for both contracting authorities and economic operators (Van den Berg and Stelling 2007). Contracting authorities have to conduct several separate dialogues, to judge the dialogue products of the economic operators, and they have to document the dialogue process because of the required transparency. Next to that, the contenders work out their dialogue products in a detailed manner, which costs a lot as well (Wedekind 2005). The problem becomes compounded by the fact that the contracting authority and the economic operators have differing working flows" (HOEZEN, Mieke; HILLIG, Jan-Bertram. The Competitive Dialogue Procedure: Advantages, Disadvantages, and its Implementation into English and Dutch Law. *In*: *Proceedings COBRA RICS Construction and Building Research Conference*, Dublin Set./2008, p. 10. Disponível em: https://www.irbnet.de/daten/iconda/CIB14508.pdf. Acesso em: 10 out. 2021).

[51] De acordo Eduardo Fiuza, levantamentos feitos pelo Ministério do Planejamento em 2007 permitiriam as seguintes conclusões: "Os custos de transação associados à licitação são vários: todos os custos econômicos (incluindo custos de oportunidade) diretos e indiretos de recursos materiais (papel, computadores, meios de comunicação, serviços gráficos) e de alocação de pessoas-horas envolvidas nos trâmites burocráticos (recepção, fiscalização etc.), incorridos pela própria Administração, que devem ser somados ao preço de aquisição, taxas, seguros e fretes da aquisição direta dos bens e serviços transacionados. Uma estimativa feita para o MPOG 2007a) levou em conta gastos como pessoal (inclusive encargos e aposentadorias), passagens, uso do espaço físico, conservação do prédio, material de consumo, equipamentos, recursos de informática e capacitação. Os resultados apurados situaram-se num intervalor de 0,12% a 73,49% do valor final da compra, numa amostra de compras de 14 Unidades Gestoras federais para o ano de 2006. Mas, além dos custos de transação incorridos diretamente pelo órgão comprador, vale notar que há também os incorridos pelos fornecedores, os quais são repassados aos preços praticados, segundo o mesmo estudo. São custos com cadastramentos, obtenção de certidões, realização de ensaios, produção de amostras, interposição de recursos judiciais, necessidades de deslocamento de pessoal. Quanto mais trâmites burocráticos e quanto maior a incerteza sobre a conclusão do

pelo *Office of Government Commerce* e pelo *HM Treasury* a propósito da aplicação do diálogo competitivo ressalta a recomendação para que as autoridades contratantes considerem os custos resultantes de suas decisões no tocante ao desenvolvimento do diálogo.[52]

Outro contraponto diz respeito aos riscos de insucesso em razão de insuficiências administrativas.

Por um lado, relatos no direito comparado dão conta de que licitantes têm adotado cautelas mais relevantes em face de licitações por diálogo competitivo, para, antes de ingresso no certame, aferir a capacidade administrativa de lidar com a complexidade desse tipo de processo licitatório e a própria seriedade do propósito de contratar, dados os custos que o engajamento nesse tipo de licitação envolve.[53]

Por outro lado, é possível que a Administração não consiga resolver de forma satisfatória o problema de assimetria de informações que justificou o recurso ao diálogo competitivo. É evidente que as soluções apresentadas aos agentes, por mais que sejam compatíveis com os interesses públicos cogitados, também serão aderentes aos interesses dos respectivos proponentes. É possível que eventuais vieses que favoreçam os proponentes embutidos nas respectivas

---

processo de compra, maiores ficam sendo os custos das firmas participantes da licitação" (FIUZA, Eduardo P. S. Licitações e Governança de Contratos: a Visão dos Economistas. *In*: SALGADO, Lucia Helena; FIUZA, Eduardo (Org.). *Marcos Regulatórios no Brasil*: é tempo de rever regras? Rio de Janeiro: Ipea, 2009. p. 241).

52 "5.1.7 To establish and maintain competitive pressure it is in Contracting Authorities' interests to do as much as they can to attract bidders to take part in the procurement and keep them involved during the process. Managing bid costs will be key to achieving this. Furthermore, bid costs are generally charged back to the Contracting Authority through payments made under the resulting contract, so there are strong financial incentives for Contracting Authorities to minimise bid costs" (OFFICE OF GOVERNMENT COMMERCE - HM TREASURY. *Competitive Dialogue in 2008*: OGC/HMT joint guidance on using the procedure. Reino Unido: 2008. p. 14. Disponível em: https://assets.publishing.service.gov.uk/government/uploads/system/uploads/attachment_data/file/225317/02_competitive_dialogue_procedure.pdf. Acesso em: 10 out. 2021).

53 "3.14 Larger, more experienced companies are also pausing for thought before bidding on Competitive Dialogue procurement, regardless of how substantial the end contract may be. Bidders are increasingly likely to undertake extensive due diligence on the contracting authority to understand the resources being devoted to the process, the experience and expertise of the procurement team and depth of preparation undertaken by the contracting authority and may forgo the opportunity where inexperience and/or lack of preparation is evident. This increases the responsibility on the contracting authority to prepare properly for bids so as to ensure high levels of competition" (HM Treasury. *HM Treasury Review of Competitive Dialogue*. Reino Unido, 2010, p. 18. Disponível em: https://assets.publishing.service.gov.uk/government/uploads/system/uploads/attachment_data/file/225318/03_ppp_competitive_dialogue.pdf. Acesso em: 10 out. 2021).

soluções não sejam detectados por ocasião do exame das contribuições apresentadas. Se isso ocorrer, o acolhimento de uma determinada solução pode eventualmente resultar em desvantagem competitiva aos demais licitantes na fase subsequente do certame.

Por fim, ainda no Reino Unido, constatou-se a tendência de os diálogos competitivos serem concentrados em grandes empresas, capazes de suportar os maiores riscos e custos envolvidos nesse tipo de licitação. Ou seja: em última análise, o diálogo constituiria um tipo de processo licitatório com perfil tendencialmente mais restritivo.[54]

Uma das soluções para atenuar os riscos dos interessados e evitar que o diálogo competitivo constitua uma barreira de entrada *per se* consiste na previsão de mecanismos de remuneração dos licitantes ou de ressarcimento pelos custos por eles arcados. Esta é a solução padrão adotada na União Europeia, conforme o item 8 do art. 30º da Diretiva de 2014. Ela comporta variações, de modo a alcançar todos os licitantes com soluções aceitas ou apenas aqueles mais bem-classificados. Como já acima referido, essa sistemática não foi veiculada pela Lei nº 14.133/2021, mas isso não significa que ela seja incompatível com o regime legal – o tema é retomado no item 5.2.5, a seguir.

2.4 Balanço final das possíveis vantagens e desvantagens: a necessária análise circunstancial

Elaborar um prognóstico mais específico sobre como será a prática do diálogo competitivo no direito brasileiro antes do

---

[54] "2.16 The skills and capacity required to manage Competitive Dialogue procurements can generally be found only in larger suppliers and/or those working in a market with a programme of delivery which brings opportunities to engage in repeat procurements. 2.17 Small and medium sized enterprises may lack the skills and knowledge to use Competitive Dialogue effectively and may lack the depth of resources (including financial) to undertake such procurements. Many perceive the use of Competitive Dialogue as a barrier to entry into supplying the public sector. [...] 3.10 HM Treasury was keen to explore the reality behind the perception that Competitive Dialogue is stifling competition by excluding all but the largest and most experienced private sector providers. 3.11 Roundtable discussions with bidders and advisers to both the public and private sectors suggested that the perception of high bid costs, lengthy time-frames and convoluted processes, does seem to be discouraging some bidders, particularly small to medium sized companies" (HM Treasury. *HM Treasury Review of Competitive Dialogue.* Reino Unido, 2010. p. 8, 14. Disponível em: https://assets.publishing.service.gov.uk/government/uploads/system/uploads/attachment_data/file/225318/03_ppp_competitive_dialogue.pdf. Acesso em: 10 out. 2021).

seu efetivo uso em alguma escala constituiria um exercício de especulação. O que cabe observar é que vantagens, desvantagens e riscos envolvidos estarão estritamente relacionados com a forma de condução do processo de contratação caso a caso. Poderão ser ampliados ou mitigados conforme a postura e providências adotadas pela Administração. E deverão ser vistos com a devida perspectiva.

Assim, ainda no que diz respeito ao tempo e aos demais recursos investidos, veja-se que esses elementos não representam uma desvantagem em si do diálogo competitivo. Na realidade, investimentos mais amplos são uma consequência natural e esperada para contratações complexas. Ao optar pelo diálogo, a Administração aloca parte relevante dos gastos de planejamento no próprio processo licitatório e nas interações com os licitantes em substituição ou complementação a outras ferramentas de planejamento que igualmente demandariam recursos antes mesmo do lançamento da licitação. Portanto, tais custos devem ser sempre considerados de forma relativa, comparativamente às demais providências de planejamento que teriam de ser adotadas se o diálogo competitivo não fosse implementado.

Ademais, os custos e tempo gastos devem ser considerados em vista do resultado afinal alcançado. Considerando esse aspecto, Pedro Telles fez levantamento de diálogos competitivos processados na Espanha que apontou para duas conclusões: o diálogo competitivo mostrou-se, de fato, mais caro do que outras modalidades licitatórias, mas ao mesmo tempo propiciou vantagens que superaram os custos adicionais incorridos em comparação às demais modalidades.[55] Logo, seria uma crítica meramente abstrata e inconclusiva apontar automaticamente que, sendo os custos do diálogo competitivo mais amplos, também a contratação será mais cara ou menos eficiente.

---

[55] "Nine respondents argued that competitive dialogue makes for a better contract in the end, that is, a contract more attuned to the authority's needs. [...] Six interviewees said the contract they tendered through a competitive dialogue had been cheaper than anticipated in their own internal calculations and what they could reasonably expect to achieve in an open or restricted procedure. [...] Four respondents have stated that their competitive dialogue procedure was more expensive. Of this group three pointed out that *in reality* the extra financial costs were offset by a better and/or cheaper contract in the end. In the words of one of these respondents 'it was a small cost when compared with the benefits reaped'" (TELLES, Pedro. Competitive dialogue in Portugal and Spain. Tese de Doutorado. Nottingham: University of Nottingham, 2011. p. 272-273, 285).

Quanto aos riscos decorrentes da insuficiência de capacitação administrativa e de assimetria de informações, esses elementos foram ponderados no contexto europeu como fatores não impeditivos ao uso do diálogo. A Comissão Europeia, na condição de oferecer soluções de modernização da regulação de licitações públicas, reconheceu a existência desses riscos, ao tempo em que apontou que eles podem ser mitigados com a adoção de boas práticas na condução da licitação. Tais práticas envolvem não apenas a adequada estruturação e condução do processo em si, mas também, em particular, a capacitação e a adoção de regras de isenção para a equipe técnica que será encarregada do diálogo.[56]

No que diz respeito aos receios de corrupção associados ao espaço para escolhas discricionárias inerente ao processo decisório relativo ao diálogo, cabe observar que é falsa a correlação vinculação-isenção, assim como o é a correlação discricionariedade-corrupção.

A experiência brasileira demonstrou que a lisura dos processos de contratação não é uma decorrência necessária da supressão da discricionariedade administrativa. O modelo rígido de licitação da Lei nº 8.666/1993 circunscreveu de forma intensa a discricionariedade administrativa, mas não impediu a ocorrência de práticas de corrupção.

Na realidade, a lisura não é suprimida quando se abrem espaços de flexibilidade e negociação nas licitações. Como Luís Verde de Sousa escreveu a propósito do direito português, em passagem pertinente para a experiência brasileira, "uma adequada disciplina do diálogo negocial não será suficiente para afastar os problemas decorrentes de uma negociação malconduzida. Só que esses riscos,

---

[56] "As eventuais vantagens da maior flexibilidade e da simplificação potencial devem ser ponderadas à luz dos riscos acrescidos de favorecimento e, de uma forma geral, de tomada de decisões demasiado subjectivas decorrente do maior poder discricionário de que as entidades adjudicantes gozarão no âmbito do procedimento por negociação. Por seu lado, este grau de subjectividade tornará mais difícil mostrar que o contrato que daí resulta não envolve auxílios estatais. Além disso, a maior margem de manobra concedida às entidades adjudicantes só dará resultados úteis se estas dispuserem da especialização técnica, conhecimento do mercado e competências necessárias para negociar um bom acordo com os fornecedores" (COMISSÃO EUROPEIA. *Livro Verde sobre a modernização da política de contratos públicos da UE*. Para um mercado dos contratos públicos mais eficiente na Europa. Bruxelas: 2011. p. 15).

associados a uma má negociação, estão também presentes nos procedimentos que não admitem qualquer diálogo negocial".[57]

Em outras palavras, a disciplina legal, ainda que estritamente vinculante, terá sempre um alcance limitado para promover eficiência e combate à corrupção nas contratações públicas. A história demonstra que a tentativa de eliminar as práticas equivocadas e indevidas por soluções puramente legislativas não deu certo. Cabe à legislação sobre licitações públicas mediar e equilibrar os objetivos de combate à corrupção e de persecução da eficiência, estabelecendo diretrizes e limites a serem concretizados no âmbito administrativo. Para que seja possível encontrar esse ponto de equilíbrio ou dele se aproximar, parece indispensável prover o gestor público de mecanismos e espaço de deliberação adequados, que permitam adequar a atividade contratual pública aos inúmeros desafios cotidianos que o legislador não tem condições de antecipar, sem prejuízo da necessária transparência e da possibilidade de aferição e controle da racionalidade das decisões adotadas.

Quanto aos riscos de o diálogo desincentivar licitantes menores, a questão precisa ser devidamente contextualizada. Contratos tendo por objeto inovações tecnológicas ou maior complexidade em geral não precisam ser de grande porte, mas muitas vezes o são. Tomem-se como exemplo os contratos de concessão e de parcerias público-privadas regidos pelas Lei nº 8.987/1995 e nº 11.079/2004. Como regra, nem se espera que empresas de menor porte venham a disputá-los. Some-se a isso a solução normativa de admitir, como regra geral, o consórcio como solução de organização dos licitantes (art. 15 da Lei nº 14.133/2021). Em todo caso, não é cabível comparar, ainda mais em abstrato, o nível de competição resultante de um diálogo competitivo com aquele que um pregão propiciaria.

Em suma, críticas estritamente teóricas à figura do diálogo – e a toda e qualquer prática licitatória – tendem à imprecisão. O balanço entre vantagens e desvantagens do diálogo competitivo não pode ser estabelecido em tese e em abstrato. Cabe avaliar em concreto se as circunstâncias e os custos do diálogo competitivo, inclusive diante

---

[57] SOUSA, Luís Verde de. *A Negociação nos Procedimentos de Adjudicação*: uma análise do código dos contratos públicos. Coimbra: Almedina, 2011. p. 72.

do mercado interessado na contratação, recomendam a adoção de solução licitatória alternativa, o que não autoriza descaracterizá-lo *ex ante* como ferramenta potencialmente útil para uma generalidade de situações. Na realidade, mais do que as outras modalidades licitatórias, o diálogo competitivo comporta modulações ainda mais intensas caso a caso. Essa característica torna tanto mais necessário que a aferição de seu cabimento e de sua potencial efetividade seja feita em vista de circunstâncias práticas e concretas.

Os tópicos que seguem abordam esses problemas: como identificar que o diálogo competitivo é a ferramenta adequada, como o gestor público deve preparar-se para o diálogo e como deve concretamente desenvolvê-lo.

CAPÍTULO 3

AS HIPÓTESES DE CABIMENTO E O OBJETO DO DIÁLOGO COMPETITIVO

De forma coerente com as suas características peculiares, o diálogo competitivo teve as suas hipóteses de aplicação e alcance demarcadas nos inc. I e II do art. 32, que se aplicarão aos objetos passíveis de serem licitados pelas Leis nº 14.133/2021, nº 8.987/1995 e nº 11.079/2004.

3.1 Observações iniciais sobre o objeto passível de contratação por diálogo competitivo: Leis nº 14.133/2021, nº 8.987/1995 e nº 11.079/2004

3.1.1 Os objetos passíveis de licitação via diálogo competitivo na Lei nº 14.133/2021

A Lei nº 14.133/2021 não delimitou de forma expressa e específica os tipos de objeto contratual que podem ser licitados via diálogo competitivo. O conceito de diálogo competitivo estampado no art. 6º, inc. XLII, alude a amplo espectro de objetos passíveis de serem licitados por via do diálogo – "contratação de obras, serviços e compras".

É digno de nota que a referência a obras, serviços e compras, de forma ampla e indistinta, deu-se no curso do amadurecimento do processo legislativo. A redação original do Projeto de Lei nº 6.814/2017, por exemplo, não previa essa listagem, nem qualquer outra forma de identificação do objeto do diálogo.[58] É possível que a listagem tenha sido explicitada no texto legal para eliminar dúvidas a respeito da aplicabilidade do diálogo competitivo, que se estende aos mais variados tipos de prestações a serem contratadas. Por outro lado, a previsão contida no Substitutivo ao Projeto de Lei nº 1.292/1995 previa que o diálogo seria reservado para "obras, serviços e compras de grande vulto". Como se vê do art. 6º, inc. XLII, a Lei nº 14.133/2021 afastou qualquer consideração a respeito da dimensão econômica do objeto a ser contratado para delimitar as hipóteses de uso do diálogo.

A solução legislativa final conferiu amplo campo de aplicação ao diálogo competitivo. Porém, se por um lado esse campo é amplo, por outro, em termos práticos, verifica-se que o emprego do diálogo competitivo na experiência internacional tem sido concentrado em projetos de infraestrutura e de tecnologia da informação, em meio a situações nas quais há disponibilidade de uma pluralidade de tecnologias e soluções, diversas e concorrentes entre si, e uma indefinição *a priori* em torno da opção mais adequada. Em seu considerando 42, a Diretiva 2014/24 da União Europeia alude ao emprego do diálogo competitivo para "projetos inovadores, da execução de projetos de infraestruturas de transportes integrados em larga escala, de grandes redes informáticas ou de projetos que obriguem a financiamentos complexos e estruturados".

3.1.2 A licitação de contratos de concessão via diálogo competitivo (Leis nº 8.987/1995 e nº 11.079/2004)

Adicionalmente, os arts. 179 e 180 da Lei nº 14.133/2021 introduziram alterações pontuais nos inc. II e III do art. 2º da Lei nº 8.987/1995 e no art. 10 da Lei nº 11.079/2004, para o fim de estipular

[58] Conforme aquela proposta, o diálogo competitivo era conceituado simplesmente como "modalidade de licitação em que a Administração Pública realiza diálogos com licitantes previamente selecionados com o intuito de desenvolver uma ou mais alternativas capazes de atender às suas necessidades, devendo os licitantes apresentar proposta final após o encerramento do diálogo".

que os contratos de concessão de serviço público precedida ou não de obra pública e de parceria público-privada poderão ser licitados tanto por concorrência quanto mediante diálogo competitivo. Em todos esses casos, o rito a ser seguido será aquele fixado pela Lei nº 14.133/2021, o que deverá ocorrer com a necessária compatibilização entre as regras gerais de licitação da Lei nº 14.133/2021 e as regras especiais contidas naqueles diplomas.

A extensão do uso do diálogo aos contratos de concessão está em sintonia com a experiência verificada no direito comparado. Encontra clara inspiração no direito comunitário europeu, no qual setores em que o Estado se vale de contratos de concessão são considerados particularmente propícios à aplicação do diálogo competitivo. A esse respeito, publicação do Banco Mundial menciona concessões para geração de energia em que o Poder Público não tem condições de certificar qual é a solução técnica mais adequada e concessões rodoviárias que admitem soluções técnicas distintas como exemplos aptos a justificar a adoção de modelos licitatórios que comportem a chamada de soluções variáveis, qualitativamente distintas entre si, tal como o diálogo proporciona.[59]

Especificamente no contexto europeu, a Diretiva 2014/25/EU, que regula contratos públicos celebrados pelas entidades que operam nos setores de água, energia, transportes e serviços postais, contém disciplina própria acerca do uso do diálogo competitivo nesses âmbitos.[60] A literatura também aponta o uso do diálogo competitivo especialmente para a estruturação de parcerias público-privadas.[61]

---

[59] BANCO MUNDIAL. *Guidance Note on Acceptable Procedures for Selection of Private Partners under Public-Private Partnerships (PPPs)*. Procurement arrangements applicable to Public-Private Partnerships (PPP) contracts financed under World Bank projects. Set./2010. p. 24. Disponível em: https://ppp.worldbank.org/public-private-partnership/sites/ppp.worldbank.org/files/ppp_testdumb/documents/GuidanceNote_PPP_September2010.pdf. Acesso em: 10 out. 2021.

[60] Nos termos do considerando 60 dessa Diretiva, "a experiência mostra que o diálogo concorrencial, previsto na Diretiva 2014/24/UE se tem revelado útil nos casos em que as autoridades adjudicantes não conseguem definir as formas de satisfazer as suas necessidades ou avaliar o que o mercado pode oferecer em termos de soluções técnicas, financeiras ou jurídicas. Tal pode, nomeadamente, verificar-se quando se trata de projetos inovadores, da execução de projetos de infraestruturas de transportes integrados em larga escala, de grandes redes".

[61] "The Netherlands is categorized as a 'regular user' of competitive dialogue with a total number of this procedure of 84 from 2006 to 2009. The majority of the procedures where the competitive dialogue has been used in the Netherlands has been on complex contracts

No direito comunitário, essas enumerações são exemplificativas e não afastam a adoção do diálogo competitivo em setores não referidos. Do mesmo modo, como acima referido, o filtro que a Lei nº 14.133/2021 estipula para a utilização do diálogo competitivo não consiste na definição de objetos ou prestações específicas, conclusão essa que se estende aos contratos de concessão.

3.2 A disciplina legal: os parâmetros que determinam o cabimento do diálogo

Não sendo propriamente o tipo de prestação que determina o uso do diálogo, verifica-se que os critérios que determinarão a possibilidade de uso do diálogo competitivo correspondem, na verdade, a (i) determinados parâmetros a que tal objeto deverá atender e (ii) circunstâncias relativas à sua concepção e planejamento. Trata-se das "condições" do objeto referidas no inc. I do art. 32.

3.2.1 Observações gerais sobre a decisão legislativa traduzida no inciso I do artigo 32

De modo geral, o referido inciso prevê que o cabimento do diálogo se justifica quando se verificam características circunstanciais que impedem ou recomendam que a Administração não formule as especificações contratuais isoladamente, sem antes aprofundar, em contato com potenciais contratados, seu entendimento acerca das variadas soluções disponíveis no mercado. Especificamente, a alínea *a* prevê que o objeto deve envolver "inovação tecnológica ou técnica"; a alínea *b* prevê situação de "impossibilidade de o órgão ou entidade ter sua necessidade satisfeita sem a adaptação de soluções disponíveis no mercado", enquanto a alínea *c* alude à

---

for infrastructure and construction projects (about 43 per cent of the total) and contracts on information and communication technologies (about 23 per cent of the total). Many of the former project types can be classified as PPP (public-private partnerships) in the sense that the public authorities enter into a partnership with private enterprises to realize a project from both a financial and technical perspective" (HAUGBØLLE, K.; PIHL, D.; GOTTLIEB, S. C. *Competitive dialogue*: Driving innovation through procurement? *In*: *Procedia Economics and Finance*, n. 21, 2015. p. 558).

"impossibilidade de as especificações técnicas serem definidas com precisão suficiente pela Administração".

As hipóteses de cabimento do diálogo competitivo foram expressamente delimitadas por esse dispositivo. Originalmente, a Lei nº 14.133/2021 previa ainda um inciso III, que admitia, de forma complementar, o uso do diálogo competitivo na hipótese em que a Administração concluísse "que os modos de disputa aberto e fechado não permitem apreciação adequada das variações entre propostas". Essa previsão foi suprimida por veto presidencial mantido pelo Congresso Nacional.[62] Já o inc. II define qual é o objeto possível para o diálogo – e não as hipóteses de cabimento da adoção dessa modalidade licitatória –, pelo que será tratado adiante.

No que diz respeito ao rol de parâmetros especificado no inc. I, podem-se fazer dois apontamentos gerais.

Um primeiro apontamento diz respeito à forma como a disciplina do art. 32, inc. I, vincula a decisão administrativa de escolha do diálogo competitivo. A vinculação se dá de duas formas: por um lado, com a estipulação de um rol legal exaustivo. A redação do *caput* do art. 32 estabelece que a utilização do diálogo é "restrita" às hipóteses ali fixadas. Por outro lado, verifica-se a decisão legislativa de cumular os requisitos previstos no inc. I. Ao reservar o uso do diálogo a "objeto que envolva as seguintes condições", a disposição conduz à interpretação literal de que as condições das alíneas *a* a *c* são cumulativas entre si. A norma dispõe que o objeto deve envolver tais condições, sem facultar ao gestor público a desconsideração de uma ou mais delas no caso concreto.[63]

Esse é um ponto no qual a Lei nº 14.133/2021 se diferencia tanto das redações discutidas e descartadas ao longo do processo legislativo como da sistemática verificada no direito comparado.

---

[62] O veto foi assim justificado: "A propositura legislativa vincula a reserva da modalidade Diálogo Competitivo aos modos de disputa aberto e fechado previsto na Lei, como uma condição para utilização desta modalidade. Todavia, e embora a boa intenção do legislador, a medida contraria o interesse público, pois não é adequado vincular o Diálogo Competitivo ao modo de disputa para a apreciação adequada das variações entre propostas, tampouco à solução de eventuais deficiências com modos de disputa. O Diálogo Competitivo requer avanço com licitantes selecionados para que a Administração identifique a melhor solução existente para atender a necessidade pública".

[63] Nesse sentido: JUSTEN FILHO, Marçal. *Comentários à Lei de Licitações e Contratações Administrativas*: Lei nº 14.133/2021. São Paulo: Thomson Reuters Brasil, 2021. p. 459.

No âmbito do processo legislativo, por exemplo, o art. 29, inc. I, do Projeto de Lei nº 6.814/2017 previa que o diálogo competitivo seria cabível quando envolvesse "pelo menos, uma das seguintes condições", passando então a defini-las. No âmbito da União Europeia, a Diretiva 2014/24 previu solução similar[64] e nisso foi seguida por países como França e Espanha, que disciplinam o cabimento do diálogo competitivo a partir de parâmetros análogos àqueles previstos no inc. I do art. 32 da Lei nº 14.133/2021, mas previstos, cada qual, como condições autônomas e suficientes para justificar a opção pelo diálogo competitivo, independentemente de os outros requisitos estarem ou não presentes de forma concomitante.[65]

---

[64] "Artigo 26.º [...] 4. Os Estados-Membros devem prever a possibilidade de as autoridades adjudicantes utilizarem um procedimento concorrencial com negociação ou um diálogo concorrencial nas seguintes situações: a) No que diz respeito às obras, fornecimentos ou serviços que preencham um ou mais dos seguintes critérios: i) as necessidades da autoridade adjudicante não podem ser satisfeitas sem a adaptação de soluções facilmente disponíveis, ii) os produtos ou serviços incluem a conceção ou soluções inovadoras, iii) o contrato não pode ser adjudicado sem negociações prévias devido a circunstâncias específicas relacionadas com a natureza, a complexidade ou a montagem jurídica e financeira ou devido aos riscos a elas associadas, iv) as especificações técnicas não podem ser definidas com precisão suficiente pela autoridade adjudicante por referência a uma norma, homologação técnica europeia, especificações técnicas comuns ou referência técnica, na aceção dos pontos 2 a 5 do Anexo VII; b) No que diz respeito às obras, fornecimentos ou serviços, se, em resposta a um concurso aberto ou limitado, só tiverem sido apresentadas propostas irregulares ou inaceitáveis. Nestas situações, as autoridades adjudicantes não são obrigadas a publicar um anúncio de concurso se incluírem no procedimento todos os proponentes, e exclusivamente os proponentes, que satisfaçam os critérios referidos nos artigos 57.o a 64.o e que, no concurso aberto ou limitado anterior, tenham apresentado propostas que correspondam aos requisitos formais do procedimento de contratação".

[65] Na Espanha, a Ley 9/2017, de "Contratos del Sector Público", definiu um rol de hipóteses que guarda semelhanças com o do art. 32 da Lei nº 14.133/2021, mas cada hipótese ali retratada é suficiente por si só para justificar o diálogo – diferentemente do que ocorre no direito brasileiro. O art. 172 da Ley 9/2017 autoriza o uso do diálogo nas hipótesis do art. 167, assim previstas: "Art. 167. Supuestos de aplicación del procedimiento de licitación con negociación. Los órganos de contratación podrán adjudicar contratos utilizando el procedimiento de licitación con negociación en los contratos de obras, suministros, servicios, concesión de obras y concesión de servicios cuando se dé alguna de las siguientes situaciones: a) Cuando para dar satisfacción a las necesidades del órgano de contratación resulte imprescindible que la prestación, tal y como se encuentra disponible en el mercado, sea objeto de un trabajo previo de diseño o de adaptación por parte de los licitadores. b) Cuando la prestación objeto del contrato incluya un proyecto o soluciones innovadoras. c) Cuando el contrato no pueda adjudicarse sin negociaciones previas debido a circunstancias específicas vinculadas a la naturaleza, la complejidad o la configuración jurídica o financiera de la prestación que constituya su objeto, o por los riesgos inherentes a la misma. d) Cuando el órgano de contratación no pueda establecer con la suficiente precisión las especificaciones técnicas por referencia a una norma, evaluación técnica europea, especificación técnica común o referencia técnica, en los términos establecidos en esta Ley. e) Cuando en los procedimientos abiertos o restringidos

Um segundo apontamento é o de que, não obstante o rol exaustivo, a técnica legislativa adotada não vinculou de forma rigorosa e automática a decisão administrativa. Ela está baseada em conceitos indeterminados e amplos (como o de inovação, por exemplo), que remetem ao administrador significativo nível de discricionariedade para a escolha concreta de qual modalidade de licitação adotar. Essa disciplina repete a sistemática normativa verificada em outros países, que confere relativo espaço de autonomia do gestor público para avaliar o cabimento e a conveniência do diálogo competitivo caso a caso.

Observados esses dois apontamentos, verifica-se que a solução legislativa adotada no Brasil é relativamente mais restritiva do que aquela verificada no direito europeu no tocante à utilização do diálogo. Ao mesmo tempo, a solução de cumular os requisitos do inc. I afasta, de antemão, algumas das dúvidas práticas que poderiam surgir acerca de seu cabimento.

Assim, por exemplo, se toda e qualquer hipótese de "inovação tecnológica ou técnica" justificasse a utilização do diálogo, isso comportaria, no limite, indagação acerca do formato de aquisição de *softwares* de prateleira (sistemas *off-the-shelf*) que trouxessem grande inovação, mas necessidade mínima ou residual de adaptação à realidade administrativa. Não é raro que a Administração Pública necessite de um dado objeto com "adaptação de soluções disponíveis no mercado". Ainda no campo das soluções de tecnologia da informação, é frequente que *softwares* sejam adquiridos sob a condição de que sejam customizados pelo fornecedor conforme as necessidades específicas do órgão ou ente adquirente. Esse tipo de

seguidos previamente solo se hubieren presentado ofertas irregulares o inaceptables. Se considerarán irregulares, en particular, las ofertas que no correspondan a los pliegos de la contratación, que se hayan recibido fuera de plazo, que muestren indicios de colusión o corrupción o que hayan sido consideradas anormalmente bajas por el órgano de contratación. Se considerarán inaceptables, en particular, las ofertas presentadas por licitadores que no posean la cualificación requerida y las ofertas cuyo precio rebase el presupuesto del órgano de contratación tal como se haya determinado y documentado antes del inicio del procedimiento de contratación. f) Cuando se trate de contratos de servicios sociales personalísimos que tengan por una de sus características determinantes el arraigo de la persona en el entorno de atención social, siempre que el objeto del contrato consista en dotar de continuidad en la atención a las personas que ya eran beneficiarias de dicho servicio". No direito francês, o tema é regulado de forma similar nos arts. R2124-3 e 2124-5 do *Code de la Commande Publique*.

adaptação sempre existiu e nunca demandou o recurso ao diálogo competitivo.

Tais casos bem esclarecem que nem toda situação de inovação, ou de necessidade de adaptação de soluções, ou, ainda, de inviabilidade de definir especificações técnicas justificará, isoladamente, a necessidade de haver diálogo competitivo.

Feitas essas considerações iniciais, passa-se ao exame específico de cada alínea do inc. I.

3.2.2 Contratação envolvendo "inovação tecnológica ou técnica" (alínea *a*)

A primeira condição a ser observada corresponde à configuração de situação que envolva "inovação tecnológica ou técnica".

A previsão se justifica porque, especialmente nas áreas mais sujeitas a processos de transformação e a inovações, verifica-se de forma mais evidente a impossibilidade de um dado agente (seja a Administração Pública, seja uma consultoria por ela contratada) apreender de forma centralizada a realidade do mercado como um todo ou conhecer todas as opções disponíveis. Mercados pautados pela inovação são versáteis e instáveis; tendem a ser extremamente especializados e dinâmicos e, por vezes, descentralizados. Mesmo mercados tradicionais apresentam frentes de inovação dotadas com essas características. Disso se segue que os *standards* de determinadas indústrias, as suas boas práticas e possibilidades se transformam e se sucedem ao longo dos anos, o que torna problemático adquirir e manter conhecimento suficiente sobre o estado da arte dos conhecimentos aplicados nesses âmbitos.[66] De outra parte, os conhecimentos e dados especializados inerentes à tecnologia e inovação constituem ativos econômicos fundamentais, protegidos pelos agentes que a detêm.

---

[66] "In contrast, when purchasing complex IT systems, there is much less certainty that relevant industry standards and practices exist. Extensive negotiation may be required before and after contract award, especially if a higher degree of customization is needed to meet agency needs" (LAWTHER, Wendell. Flexible procurement approaches that facilitate relationship change and negotiation: the use of the invitation to negotiate. *Journal of Public Procurement*, 2007, vol. 7, n. 2, Emerald Publishing Limited. p. 178).

Isso considerado, verifica-se que a alínea *a* atrela o cabimento do diálogo ao conceito geral de inovação, que não é um dado jurídico. De modo a consolidar as diversas teorias desenvolvidas em torno do conceito de inovação, o Manual de Oslo aponta para quatro dimensões dessa noção: conhecimento, novidade, implementação e criação de valor.[67] A noção de inovação é tratada de forma similar na legislação brasileira. No âmbito federal, há pelo menos quatro diplomas que aludem a conceitos de inovação parcialmente coincidentes entre si, conforme se vê das previsões a seguir listadas:

> Art. 17, §1º, da Lei 11.196/05: "Considera-se inovação tecnológica a concepção de novo produto ou processo de fabricação, bem como a agregação de novas funcionalidades ou características ao produto ou processo que implique melhorias incrementais e efetivo ganho de qualidade ou produtividade, resultando maior competitividade no mercado".
>
> Art. 64, inc. I, da Lei Complementar 123/06: "inovação: a concepção de um novo produto ou processo de fabricação, bem como a agregação de novas funcionalidades ou características ao produto ou processo que implique melhorias incrementais e efetivo ganho de qualidade ou produtividade, resultando em maior competitividade no mercado";
>
> Art. 2º, inc. IV, da Lei 10.973/04: "inovação: introdução de novidade ou aperfeiçoamento no ambiente produtivo e social que resulte em novos produtos, serviços ou processos ou que compreenda a agregação de novas funcionalidades ou características a produto, serviço ou processo já existente que possa resultar em melhorias e em efetivo ganho de qualidade ou desempenho".
>
> Art. 2º, inc. V, da Lei 12.598/12: "inovação: introdução de novidade ou aperfeiçoamento no ambiente produtivo de Prode [Produto de defesa]".

De forma compatível com as quatro dimensões referidas no Manual de Oslo (mas tendo o primeiro requisito – "conhecimento" – como um dado pressuposto ou implícito), essas normas revelam três

[67] "2.12. An evaluation of innovation theories points to four dimensions of innovation that can guide measurement: knowledge, novelty, implementation, and value creation. Each is discussed below" (OCDE/EUROSTAT. *Oslo Manual 2018*. Guidelines for collecting, reporting and using data on innovation. 4. Ed., 2018. p. 46. Disponível em: https://www.oecd.org/science/oslo-manual-2018-9789264304604-en.htm. Acesso em: 10 out. 2021).

pontos centrais no conceito de inovação: (1) a concepção de uma novidade, que pode constituir (1.1) uma solução inédita ("novo produto ou processo de fabricação", ou, ainda, "serviços", segundo a disciplina da Lei nº 13.243/2016); ou (1.2) o aperfeiçoamento de solução preexistente ("agregação de novas funcionalidades ou características"); (2) apta a ser aplicada na prática e (3) dotada de potencial para produzir resultados práticos e aferíveis ("efetivo ganho de qualidade ou produtividade", ou "melhorias" e "efetivo ganho de qualidade ou desempenho"). Os pontos (1.1) e (1.2) são alternativos entre si, mas cada qual deve necessariamente ser cumulado com os pontos (2) e (3) para que seja possível o enquadramento na noção de inovação em conformidade com os diplomas acima referidos.

Observe-se, ademais, que existem ainda outros conceitos normativos de inovação, como aquele estabelecido na Lei Complementar nº 1.049/2008 do Estado de São Paulo ("Lei Paulista de Inovação").[68]

A Lei nº 14.133/2021 não adotou conceito próprio de inovação. Se tivesse adotado, o conceito legal seria determinante para nortear a interpretação do art. 32, I, *a*. Não havendo uma definição específica, nem tendo a Lei nº 14.133/2021 atrelado a compreensão da hipótese a um referencial específico, a noção de inovação comporta compreensão não necessariamente atrelada às normas federais que disciplinam o tema da inovação em âmbitos e para fins distintos.

Essa constatação é particularmente relevante para a observância da alínea *a* em outras esferas federativas, que não se vinculam aos conceitos de inovação adotados na legislação federal. Como aponta a doutrina, "'inovação tecnológica' não é critério material de repartição constitucional de competências dos entes da Federação brasileira. Ou seja, não existe a especificação de que seja de competência de União, Estados, Distrito Federal ou Municípios (nem privativa, nem concorrente) 'legislar sobre inovação tecnológica'".[69]

---

[68] Art. 2º, inc. I: "inovação tecnológica: introdução de novidade ou aperfeiçoamento no ambiente produtivo e/ou social que resulte em novos processos, produtos ou serviços, bem como em ganho de qualidade ou produtividade em processos, produtos ou serviços já existentes, visando ampliar a competitividade no mercado, bem como a melhoria das condições de vida da maioria da população, e a sustentabilidade socioambiental;".

[69] MENEZES DE ALMEIDA, Fernando Dias *et al*. Parcerias empresariais do Estado para a inovação tecnológica. *In*: JUSTEN FILHO, Marçal; SCHWIND, Rafael Wallbach (Org.).

Em todo caso, a referência à inovação deve ser sempre relacionada a critérios técnicos objetivamente demonstráveis, em linha com as noções acima expostas.

A propósito da aplicação concreta do conceito de inovação para definir as hipóteses de utilização do diálogo competitivo, André Tortato Rauen defende que tal modalidade seria particularmente vocacionada à licitação de soluções prontas que demandariam apenas "inovações incrementais", em contraste com as encomendas tecnológicas regidas pela Lei nº 10.973/2004, que comportariam o desenvolvimento integral de soluções efetivamente inéditas.[70] De acordo com esse entendimento, as encomendas tecnológicas comportariam o gerenciamento mais adequado de situações com risco tecnológico mais intenso e suscetíveis à possibilidade de ausência de obtenção do resultado esperado. Diz-se risco tecnológico como sendo a "possibilidade de insucesso no desenvolvimento de solução, decorrente de processo em que o resultado é incerto em função do conhecimento técnico-científico insuficiente à época em que se decide pela realização da ação" (art. 2º, inc. III, do Decreto Federal nº 9.283/2018).

A interpretação proposta por Rauen guarda paralelo com comparação havida no direito comunitário europeu entre as figuras do diálogo competitivo e da parceria para inovação, também regulada

Parcerias público-privadas: reflexões sobre os 10 anos da Lei 11.079/2004. São Paulo: Revista dos Tribunais, 2015. p. 618.

70 "Diferente da Etec, o DC não financia a P&D. O que se quer do diálogo a que se refere o art. 32, *caput*, inciso I, é a proposição de solução pronta para uso, em escala comercial. Nesta situação, o diálogo serve para criar inovações incrementais a partir de adaptações em soluções já existentes no mercado ou muito próximas de estarem. Ou seja, este instrumento é adequado a inovações incrementais que não dependam de P&D formal de longo prazo com risco tecnológico. A lógica aqui é a de permitir que os fornecedores proponham inovações capazes de serem entregues num curto espaço de tempo. O objeto de contratação do diálogo competitivo que aqui nos interessa – em particular aquele previsto no art. 32, caput, inciso I, do PL é, então, uma solução já em escala comercial pronta e aprovada para uso, e não o esforço necessário que pode ou não ser adquirido em larga escala como numa Etec. Os diálogos competitivos são instrumentos típicos de PPI; enquanto as Etecs, de PCP. Uma outra maneira de observar essas diferenças entre Etec e DC é considerar que as inovações possuem fontes distintas de informação e conhecimento. Ou seja, nem sempre as inovações provêm de desenvolvimentos científicos e tecnológicos. De fato, a maior parte das inovações não provêm dessa fonte, mas da observação da demanda, do comportamento dos fornecedores, dos concorrentes etc." (RAUEN, André Tortato. *Nota Técnica: compras públicas de inovações segundo o texto final do PL n. 4.253/2020*. N. 80. Diset - Diretoria de Estudos e Políticas Setoriais de Inovação e Infraestrutura. Brasília, IPEA, fev. 2021. p. 13. Disponível em: https://www.ipea.gov.br/portal/images/stories/PDFs/nota_tecnica/210209_nt_diset_80_compras_publicas.pdf. Acesso em: 10 out. 2021).

na Diretiva 2014/24, que remete às hipóteses que demandam o desenvolvimento de produtos ou serviços não disponíveis no mercado, marcadas por maior risco tecnológico, a esta última figura contratual.[71]

Adere-se a esse raciocínio. Ele se justifica inclusive pelas limitações que uma solução em estágio prematuro apresentaria para ser avaliada no curso da licitação. No entanto, é necessária a ressalva de que a redação da norma é geral e admite amplo espectro de possibilidades em torno do conceito de inovação. Isto é: ainda que o diálogo competitivo possa tendencialmente funcionar de forma mais adequada em face de soluções preexistentes, a serem incrementadas, não há uma limitação *a priori* ao seu uso restrito à contratação de soluções preexistentes. Nem se está diante de uma questão de diferença de natureza, mas, sim, de gradação (ou de níveis) de inovação, de modo que se entende cabível adotar interpretação ampliativa do conceito de inovação. A sua aplicação concreta deverá ser motivada e adequada à luz dos limites, custos e riscos que cada situação apresentará à Administração Pública.

Portanto, não há impedimento a que a licitação se destine à concepção de contratos que comportem desenvolvimento de soluções inovadoras, com risco tecnológico alocado a uma ou a ambas as partes. Isso tende a ser tanto mais possível em contratos de longa duração, como as concessões em geral, que admitem investimentos escalonados e comportam maior tempo de maturação de soluções buscadas a partir do contrato.

Por outro lado, a alínea *a* alude à inovação *tecnológica* ou *técnica*. As duas expressões são de complexa distinção. De certo modo, pode-se aludir à tecnologia como um *continuum* da técnica. A técnica corresponde a uma noção intrinsecamente relacionada ao desenvolvimento das atividades humanas em geral e pode ser referida como conjunto de regras aptas a dirigir eficazmente uma

---

[71] "The competitive procedure with negotiation and competitive dialogue share the samegrounds for use, whereas the innovation partnership appears to be applicable in situations where close cooperation between the parties is envisaged over a long term relation and need requires the development of products or services which are not otherwise available on the market" (TELLES, Pedro; BUTLER, Luke. Public Procurement Award Procedures in Directive 2014/24/EU (May 29, 2014). LICHÈRE, F. *et al. Novelties in the 2014 Directive on Public Procurement*. Copenhagen: Djof Publishing, 2014. p. 10. Disponível em: https://ssrn.com/abstract=2443438. Acesso em: 17 out. 2021).

atividade – em outras palavras, técnica é um *saber fazer*.[72] Milton Vargas alude à classificação proposta por Ortega e Gasset sobre o desenvolvimento histórico da técnica em três estágios incrementais: "técnica do acaso", "técnica do artesanato" e "técnica dos técnicos".[73] Neste último estágio, verificado a partir da Idade Moderna, passa a haver uma simbiose entre técnica e ciência. Os métodos técnicos passam a se assemelhar ao método científico.[74] E este passa a ter papel central para a redefinição das técnicas. Assim surge a tecnologia, enquanto conceito essencialmente moderno, que supõe a existência de uma ciência em torno da criação, do desenvolvimento e da aplicação de técnicas. Nessa ordem de ideias, a tecnologia permite conhecer a realidade para modificá-la, enquanto é a aplicação da técnica que produz a efetiva modificação da realidade, o que demonstra uma linha tênue entre os dois conceitos.

Diante disso, verifica-se que a opção legislativa foi a de adotar um conceito de inovação abrangente, orientado a comportar tanto hipóteses em que há uma atividade concreta de atuação sobre a realidade (técnica) para a qual se pretenda uma inovação tecnológica, quanto hipóteses em que existe um dado conhecimento tecnológico a ser desenvolvido ou para o qual falta um uso prático, que seria relevante à Administração Pública. Comentando o dispositivo, Marçal Justen Filho indica que a sua aplicação se estende "a situações em que o atendimento da necessidade da Administração não é viável por meio das soluções técnicas dominadas, inexistindo uma concepção tecnológica adequada. Até pode existir conhecimento científico teórico, mas ainda não foi desenvolvida uma aplicação concreta apta a resolver o problema enfrentado".[75]

---

[72] OLIVEIRA, Eva Aparecida. A técnica, a techné e a tecnologia. *Itinerarius Reflectionis*. Revista Eletrônica Gradução/Pós-Graduação em Educação UFG/REJ (Online), v. 2, p. 3-4, jul./dez. 2008. Disponível em: https://www.revistas.ufg.br/rir/article/view/20417/19175. Acesso em: 10 out. 2021.

[73] VARGAS, Milton. Técnica, Tecnologia e Ciência. *Revista Educação & Tecnologia*. Periódico Técnico Científico dos Programas de Pós-Graduação em Tecnologia dos CEFETs- PR/MG/RJ, n. 40, Curitiba, UTFPR, março/1999. p. 179.

[74] VARGAS, Milton. Técnica, Tecnologia e Ciência. *Revista Educação & Tecnologia*. Periódico Técnico Científico dos Programas de Pós-Graduação em Tecnologia dos CEFETs- PR/MG/RJ, n. 40, Curitiba, UTFPR, março/1999. p. 179-180.

[75] JUSTEN FILHO, Marçal. *Comentários à Lei de Licitações e Contratações Administrativas*: Lei 14.133/2021. São Paulo: Thomson Reuters Brasil, 2021. p. 460.

3.2.3 Contratação envolvendo "impossibilidade de o órgão ou entidade ter sua necessidade satisfeita sem a adaptação de soluções disponíveis no mercado" (alínea *b*)

O segundo requisito corresponde a situações em que sejam necessárias modificações de soluções preexistentes no mercado. Por definição, há certa sobreposição com o requisito de inovação, uma vez que a alínea *b* pressupõe uma atividade de criação em face das opções conhecidas, para as quais se reconhece a necessidade de aperfeiçoamento para atendimento das necessidades e fins perseguidos pela Administração.

Neste último caso, é preciso aprofundar a questão: que tipo de adaptação é alcançado pela norma? Afinal, como referido acima, é usual a necessidade da Administração Pública por soluções customizadas. É possível cogitar casos que demandem variações mínimas, ou de baixa complexidade. Conforme decisão do TCU, há "situações nas quais as diferenças metodológicas são mínimas, pouco relevantes ou muito semelhantes, como ocorre nos casos de serviços comuns, ordinariamente passíveis de serem licitados por outras modalidades, ou outros regimes".[76] Aí estará um indício de que o objeto é passível de certa padronização e independe de diálogo competitivo para definição de suas especificações essenciais.

Essas observações evidenciam que a aplicação da alínea *b* somente pode ser compreendida em conexão com as demais alíneas. De outro modo, o diálogo competitivo alcançaria situações em que o ente contratante pode desenvolver de forma autônoma e suficiente o planejamento do contrato que pretende – como é usual ocorrer – e licitá-lo de forma muito mais simples e menos custosa.

Uma referência para contextualização do tema pode ser obtida no Considerando 43 da Diretiva 2014/24/UE. Essa disposição alude ao uso do diálogo competitivo tendo por objeto soluções passíveis de adaptação e inovações incrementais especialmente nas áreas de engenharia e tecnologias da informação e da comunicação:

---

[76] Acórdão 1.399/2014 – Plenário, Rel. Min. Augusto Sherman Cavalcanti, julgado em 28/5/2014.

> No caso dos contratos de empreitada de obras, estas situações surgem quando se trata de edifícios que não são normalizados ou sempre que a obra compreenda a conceção ou soluções inovadoras. Os serviços ou fornecimentos que exijam esforços de conceção ou adaptação podem beneficiar do recurso a um procedimento concorrencial de negociação ou de diálogo concorrencial. Os esforços de adaptação ou conceção são especialmente necessários no caso das aquisições complexas, tais como produtos sofisticados, serviços intelectuais, por exemplo alguns serviços de consultoria, serviços de arquitetura ou engenharia, ou grandes projetos de tecnologias de informação e de comunicação (TIC). Nestes casos, podem ser necessárias negociações para garantir que o produto ou o serviço em causa corresponda às necessidades da autoridade adjudicante. No caso de serviços ou de produtos imediatamente disponíveis que possam ser fornecidos por muitos operadores diferentes no mercado, não deverá ser utilizado o procedimento concorrencial com negociação, nem o diálogo concorrencial.

A leitura global do considerando revela um alerta aplicável para a interpretação da alínea *b*, em consonância com o que se expôs acima: não é cabível o recurso ao diálogo competitivo para itens "imediatamente disponíveis" junto a diversos operadores, mas para prestações dotadas de certa complexidade ou sofisticação. O uso do diálogo se justifica para prestações que demandem o emprego de conhecimentos técnicos específicos para sua adequação às necessidades administrativas. Em conjunto com esses elementos, é precisamente a presença dos requisitos de *complexidade* e *inovação* que torna essas adequações imponderáveis *ex ante* pela Administração, justificando o recurso ao diálogo.

Também nesse sentido, apontando que a customização não constitui um dado em si suficiente para embasar a escolha por um determinado tipo de processo licitatório, Wendell Lawther propõe que a necessidade de formas de contratação flexíveis, como o diálogo competitivo, em relação a soluções que demandem adaptações, deve ser avaliada tendo em vista não apenas a intensidade das customizações necessárias, mas a complexidade intrínseca da solução a ser contratada. De acordo com a abordagem de Lawther, não há uma fórmula exata e invariável, mas processos flexíveis de contratação tendem a ser tanto mais cabíveis em casos que demandem elevado nível de customizações em soluções sofisticadas e complexas – o que, no direito brasileiro, pressupõe, em qualquer caso, o atendimento das alíneas do inc. I do *caput* do art. 32.[77]

Em suma, não é qualquer variação que justifica o recurso ao diálogo, mas apenas aquela que seja dotada de algum tipo de inovação e complexidade e cuja especificação, em termos técnicos, não possa ser antecipada pelo ente contratante – é este o teor da alínea *c*, examinada a seguir.

3.2.4 Contratação envolvendo "impossibilidade de as especificações técnicas serem definidas com precisão suficiente pela Administração" (alínea *c*)

A alínea *c* trata da hipótese de o ente contratante ver-se diante de impossibilidade de definir as especificações técnicas do objeto que pretende contratar.

A principal indagação que a norma suscita gira em torno da noção de impossibilidade: seria ela absoluta ou relativa, aferível em abstrato ou derivada das limitações do ente ou órgão administrativo? Em outras palavras, cabe aferir se e em que medida esse fator deve ser considerado de uma perspectiva estritamente objetiva e abstrata, ou, diversamente, pode ser justificado a partir das circunstâncias concretas da Administração.

Entende-se que a impossibilidade é objetiva, porém não absoluta, e não pode, portanto, ser definida por razões de ordem subjetiva, no sentido de consistir em um dado derivado da incapacidade do corpo administrativo para definir as especificações. A eventual incapacidade ou inaptidão técnica da Administração para conceber o projeto contratual não constitui o elemento decisivo para orientar a deliberação de adotar o diálogo competitivo ou qualquer outra modalidade de licitação. Assumir o contrário implicaria

---

[77] "[...] If complexity is low but customization is high (QI), then flexibility is still required but not extensive negotiation. [...] if complexity of the final product is high but commercial off-the-shelf products are appropriate, or customization has occurred in prior contracts (QIV), then only low amounts of flexibility and negotiation are required both before and after contract award" (LAWTHER, Wendell. Flexible procurement approaches that facilitate relationship change and negotiation: the use of the invitation to negotiate. *Journal of Public Procurement*, v. 7, n. 2, Emerald Publishing Limited, 2007. p. 178.).

admitir que órgãos e entes menos capacitados recorressem a modalidades mais complexas de licitação com base em tal condição, o que seria um contrassenso. Sem pessoal com conhecimento técnico e habilidade suficientes para dialogar, reconhecer os pontos fortes e fracos de cada solução e definir as melhores alternativas, o êxito do processo licitatório ficaria relegado ao acaso.

Portanto, a escolha da modalidade deve estar fundada não nas carências técnicas da Administração (nem apenas em uma possível maior *expertise* do setor privado), mas na demonstração de que o diálogo é condição necessária para obter vantagens de ordem técnica, econômica ou jurídica que as outras modalidades de licitação (ou, de forma mais ampla, outros mecanismos de planejamento da contratação) não podem proporcionar.

Desse modo, a alínea *c* não dispensa o gestor público da tarefa de colher previamente todas as informações possíveis. Pelo contrário, a aplicação dessa norma pressupõe que tal tarefa tenha sido desenvolvida, sem, porém, que se tenha chegado a bom termo. Assim, o ente contratante deverá demonstrar que há um grau de incerteza objetiva determinante, ainda que não absoluto. Deverá demonstrar que tal incerteza não deriva de falta de *expertise* sua, mas das condições objetivas do objeto pretendido, tendo em vista as múltiplas possibilidades de atendimento das necessidades e dos objetivos que pautarão a contratação, considerando ainda as características do mercado envolvido. Esse conjunto de fatores justificará a realização de diálogo competitivo.

As condições objetivas do mercado poderão confirmar que o ente contratante não dispõe de condições de elaborar o planejamento contratual por conta própria, nem mesmo se recorrer à contratação de estudos técnicos ou de consultoria junto a um determinado agente de mercado, ou que essa alternativa não é a mais adequada para propiciar um conhecimento abrangente das soluções potencialmente disponíveis. Pode haver limitações mercadológicas intransponíveis, na medida em que as informações indispensáveis para o adequado planejamento contratual sejam proprietárias e confidenciais, de acesso restrito, de modo que mesmo consultorias ou acordos de cooperação contratados pela Administração não propiciariam acesso adequado a esses dados. A saída, então, será utilizar o diálogo competitivo, com base na demonstração de circunstâncias objetivas que evidenciam que a atuação diligente da Administração, dispondo de meios e providências compatíveis com a contratação pretendida, não será suficiente para eliminar de forma substancial e suficiente as incertezas em torno das especificações.

É nesse sentido que a impossibilidade de que se trata é de ordem *preponderantemente* objetiva, sem ser absoluta. Diz-se preponderantemente objetiva e não absoluta porque a situação subjetiva do ente público interessado em contratar é, isoladamente, insuficiente para justificar a impossibilidade de detalhamento das especificações, mas não constitui um dado irrelevante. Se por um lado a incapacidade administrativa não é justificativa bastante para recorrer ao diálogo, por outro a impossibilidade de definir as especificações deve ser examinada sob o crivo da proporcionalidade, de modo que tal impossibilidade será caracterizável não apenas nas situações em que a obtenção de informações por conta própria seja rigorosamente impossível, mas também naquelas em que esse processo de consolidação e estruturação de conhecimento seja muito custoso para ser exercido exclusivamente por iniciativas internas e possivelmente inapto a resolver o espaço de indeterminação e riscos de forma satisfatória.[78] A impossibilidade pode decorrer de situação de elevado grau de incerteza que recomenda que a Administração, embora tendo condições de definir determinadas especificações, não deva fazê-lo de forma mandatória por conta própria – optando, em vez disso, por submeter as especificações do objeto contratado a uma discussão ampla no curso do certame.

Essa observação se baseia na premissa de que não é cabível que a decisão administrativa, a ser adotada de forma essencialmente circunstancial, ignore as condições administrativas concretas. O planejamento de contratações públicas demanda soluções práticas que se encontram relacionadas, de forma inafastável, com a realidade da entidade pública interessada em contratar. Tal compreensão guarda relação com o art. 22 da Lei de Introdução às Normas do

[78] Não se trata "de uma impossibilidade subjectiva, 'devida a carências da própria entidade adjudicante, que não poderá afirmar não ser capaz de definir ou de avaliar'. Esta terá de demonstrar que tem uma impossibilidade *objectiva* de o fazer, dada a natureza específica do contrato" (SOUSA, Luís Verde de. *A Negociação nos Procedimentos de Adjudicação*: uma análise do código dos contratos públicos. Coimbra: Almedina, 2011. p. 75-76).

Direito Brasileiro, de acordo com o qual devem ser considerados "os obstáculos e as dificuldades reais do gestor e as exigências das políticas públicas a seu cargo".

Essa orientação é referida na experiência europeia. Ao examinar o tema, a Comissão Europeia observou que o "conceito de impossibilidade objetiva [como condição para a utilização do diálogo competitivo] não é um conceito abstrato" e deve ser examinado em vista do dever de diligência do ente contratante e da avaliação sobre se ele dispõe dos meios necessários para estabelecer as condições contratuais e se efetivamente os exerceu sem lograr resolver as indefinições e incertezas relativas ao projeto contratual.[79]

Em outras palavras, a impossibilidade objetiva deve ser aferida sob o pressuposto de que a Administração tenha empreendido os melhores esforços para conceber o projeto contratual e, não obstante, não conseguiu fazê-lo de forma satisfatória, ou se deparou com situação de incerteza que não permitiu a identificação das

[79] "In other words, the contracting authority has an obligation of diligence – if it is in a position to define the technical resources necessary or establish the legal and financial framework, the use of the competitive dialogue is not possible" (COMISSÃO EUROPEIA. Directorate General Internal Market and Services. *Public Procurement Policy Explanatory Note – Competitive Dialogue – Classic Directive*, p. 2. Disponível em: https://ec.europa.eu/docsroom/documents/15473/attachments/1/translations/en/renditions/native. Acesso em: 10 out. 2021). No mesmo sentido: "No entanto, o art. 1º, n. 11, alínea c), da Directiva (esta sim disposição normativa), alude ao facto de a entidade adjudicante não estar objectivamente em condições de definir os meios técnicos ou de estabelecer a montagem jurídica e/ou financeira de um projecto. Esta referência às *condições* sugere que, no juízo de impossibilidade, deve olhar-se às características da entidade adjudicante. Julgamos que este deve ser o entendimento a adoptar. Com efeito, não faria sentido que, no juízo de impossibilidade, não se pudesse atender às concretas particularidades da entidade adjudicante. Se o decisor estivesse impedido de olhar a essas características só teria uma de duas vias: (i) criar um conceito de *entidade adjudicante média* para aferir se, quando colocada nas circunstâncias da entidade adjudicante visada, aquela teria definido a solução a adoptar. Sucede, porém, que, atento o número e diversidade de entidades adjudicantes existentes, tal conceito seria uma mera ilusão [...]; (ii) atender às características de uma 'entidade adjudicante que realiza projectos particularmente complexos' (seguindo a 'sugestão' gerada pela parte inicial do 31º considerando da Directiva), para aferir se, no caso concreto, a mesma estaria em condições de definir a solução a implementar. Além de nos parecer impossível de determinar as características de uma entidade dessa natureza (em rigor, ela não existe, porquanto qualquer entidade adjudicante pode, em determinado momento de sua existência, ser responsável por um projecto particularmente complexo), a existir, o conceito aproximar-se-ia de uma ideia de entidade adjudicante 'máxima' (a quem não faltariam recursos), o que inviabilizaria a utilização do diálogo concorrencial pela maior parte das entidades adjudicantes. [...] Portanto, a impossibilidade deve ser analisada não em abstrato, mas conforme as condições concretas da entidade" (SOUSA, Luís Verde de. *A Negociação nos Procedimentos de Adjudicação*. Uma Análise do Código dos Contratos Públicos. Coimbra: Almedina, 2011. p. 85).

especificações mais adequadas. As iniciativas e providências adotadas para tal fim, por sua vez, devem igualmente ser consideradas pelo prisma da proporcionalidade. Emprestando-se as palavras de Luís Verde de Sousa, "isso poderá implicar que a entidade adjudicante deverá provar que não existem antecedentes para o seu projecto ou que deveria investir tempo ou montantes desproporcionados para adquirir os conhecimentos necessários".[80]

Em síntese, a necessária avaliação objetiva acerca da impossibilidade enfrentada pelo administrador não implicará abstrair as circunstâncias concretas próprias à esfera estatal atuante. Também esse conjunto de fatores deverá nortear o exame da decisão administrativa afinal tomada, de modo concreto e proporcional, conforme estabelece o art. 22 da LINDB. Trata-se de afastar um conceito abstrato de ente contratante ou de "administrador médio" a propósito de se definir quando o diálogo competitivo será utilizável. Desse modo, "exige-se apenas que a impossibilidade seja *objectiva* e não, também, que esta seja *abstracta*. [...] o 'decisor médio' será colocado na situação do 'decisor real'".[81]

Por fim, a locução "especificações técnicas" não é tratada pela lei com precisão e pode receber interpretação em sentido lato. Na área de engenharia, por exemplo, um conceito corrente para a atividade de especificação corresponde à fixação de "todas as regras e condições que se deve seguir para a execução da obra ou serviço de engenharia, caracterizando individualmente os materiais, equipamentos, elementos componentes, sistemas construtivos a serem aplicados e o modo como serão executados cada um dos serviços apontando, também, os critérios para a sua

---

[80] SOUSA, Luís Verde de. *A Negociação nos Procedimentos de Adjudicação*: uma análise do código dos contratos públicos. Coimbra: Almedina, 2011. p. 75-76.

[81] SOUSA, Luís Verde de. *A Negociação nos Procedimentos de Adjudicação*: uma análise do código dos contratos públicos. Coimbra: Almedina, 2011. p. 87. Reporta-se ainda às palavras de Juliana Bonacorsi de Palma, pertinentes para o tema aqui tratado: "É falso deduzir o erro grosseiro do parâmetro de comportamento do administrador médio pelo simples fato de que essa figura não existe: é uma idealização forjada a partir da premissa de que gestores públicos, ungidos pelo concurso público, seriam seres sublimes. Eis o choque de realidade provocado pela LINDB atual: gestores são seres humanos que enfrentam obstáculos e dificuldades reais e erram. Se o erro é escusável e não há má-fé, merecem proteção (art. 28). Mas isso é aferível apenas caso a caso" (Quem é o 'administrador médio' do TCU? Disponível em: https://www.jota.info/opiniao-e-analise/colunas/controle-publico/quem-e-o-administrador-medio-do-tcu-22082018. Acesso em: 10 out. 2021).

medição".[82] Para além desse exemplo, as especificações de ordem técnica podem adotar contornos próprios nas diversas áreas de conhecimento relacionadas à concepção do contrato.

3.3 O objeto do diálogo: cabimento para identificar meios e alternativas (inciso II)

Enquanto o inc. I do art. 32 delimita as condições cuja verificação deve ocorrer para que o emprego do diálogo competitivo seja possível, o inc. II esclarece qual é o objeto possível para o diálogo, isto é: quais serão os "aspectos" do contrato que se pretende celebrar que podem ter o seu aprimoramento submetido às interações. A regra estabelece que o diálogo competitivo será cabível para o propósito "de definir e identificar os meios e as alternativas que possam satisfazer suas necessidades, com destaque para os seguintes aspectos [...]".

Esclarecendo o seu campo de aplicação, o referido dispositivo enumera "a solução técnica mais adequada", "os requisitos técnicos aptos a concretizar a solução já definida" e "a estrutura jurídica ou financeira do contrato" (alíneas *a* a *c*, respectivamente).

Diferentemente da disciplina estrita do inc. I, que impõe a verificação concomitante e estrita dos requisitos ali previstos, o inc. II enumera hipóteses exemplificativas. Essa previsão admite o recurso ao diálogo para identificar e filtrar meios e alternativas para a execução do contrato licitado "com destaque para os seguintes aspectos" – portanto, sem se restringir a eles.

Assim, também no tocante à abrangência temática do diálogo competitivo, a legislação brasileira se assemelha à disciplina comunitária, ao admitir de forma ampla e flexível a discussão de elementos técnicos, econômico-financeiros e jurídicos como medida

---

[82] INSTITUTO BRASILEIRO DE AUDITORIA DE OBRAS PÚBLICAS. Orientação Técnica OI-IBR 001/2006. Projeto Básico. 2006, p. 3. Disponível em: https://www.ibraop.org.br/wp-content/uploads/2013/06/orientacao_tecnica.pdf. Acesso em: 10 out. 2021. CREA-SP e TCE/SP. Orientações para o exercício das atividades de Engenharia e Agronomia em serviços e obras públicas. São Paulo, 2012, p. 15. Disponível em: https://www.creasp.org.br/arquivos/diversos/Modulo_unico_revisto_pelo_TCE-15_08_2012.doc. Acesso em: 10 out. 2021.

adequada para conferir efetividade ao diálogo competitivo em projetos complexos. Recepcionou-se a lógica que norteia o item 3 do art. 30º da Diretiva 2014/24, de acordo com o qual, no contexto do diálogo competitivo, as autoridades adjudicantes "podem debater com os participantes selecionados todos os aspetos do concurso".

A solução legal se explica tanto pela possibilidade de o diálogo produzir resultados positivos específicos nas diversas frentes e áreas de conhecimento envolvidas na construção do contrato, quanto porque, fundamentalmente, é natural que esses diversos fatores se encontrem inter-relacionados, sujeitos a influências recíprocas, o que justifica o seu planejamento de forma conjunta e estruturada com base no diálogo. Pode nem mesmo ser possível trabalhar determinadas matérias relativas à estruturação do contrato de forma isolada, visto que elementos técnicos, jurídicos e financeiros relativos a uma contratação complexa são definidos de acordo com as condicionantes que eles reciprocamente se impõem, de modo que a definição de uma variável pode influir na outra.[83] Em última análise, portanto, a abertura conferida pelo inc. II à ampla discussão do projeto contratual não precisa ser necessariamente explorada de forma integral, mas não raro constituirá condição necessária para o desenvolvimento de um diálogo competitivo bem-sucedido.

3.3.1 Identificação da solução técnica mais adequada (alínea *a*)

A alínea "a" trata da situação que possivelmente contém a maior indeterminação entre aquelas referidas nas alíneas do inc. II. Trata-se de indeterminação relativa ao aspecto que poderá dizer respeito à caracterização até mesmo da própria identidade do objeto. Poderá haver situações em que a Administração Pública tenha

---

[83] Segundo a observação de Michael Burnett, "Similarly a contract does not have to satisfy the test of being 'particularly complex' under both headings, i.e., both technical and legal/ financial complexity, even though, in reality, the linkages between the technical, legal and financial aspects of a complex contract render it difficult if not impossible to separate out these aspects within the conduct of the dialogue phase. The question of the value of the contract is also not in itself decisive" (Developing a Complexity Test for the Use of Competitive Dialogue for PPP Contracts. *European Procurement & Public Private Partnership Law Review*, v. 5, Issue 4, 2010. p. 220).

condições de identificar mais de uma via possível para atender às suas necessidades, mas não tenha condições para definir a melhor alternativa.[84] Assim, por exemplo, é possível supor situação em que a Administração submeta aos interessados a discussão sobre se é mais eficiente promover a reforma de uma determinada infraestrutura ou a construção de uma nova em substituição.

A amplitude possível do grau de indeterminação em torno da solução técnica é o aspecto crítico dessa primeira hipótese. O diálogo será tanto mais complexo e custoso quanto maior for a indeterminação. Admitir um nível de abertura tal do diálogo que comporte soluções radicalmente distintas amplia o grau de incerteza e suscitará a indagação sobre se a Administração terá condições de dirigir o diálogo em direção a um necessário denominador comum, que seja suficiente para possibilitar a competição entre licitantes em condições similares na fase final do certame. Em última análise, a maior indeterminação pode resultar em um dilema para o ente público no tocante à definição da equipe técnica. Se ela for estruturada com características mais generalistas, isso tenderá a ocorrer em detrimento de uma maior especialização.

Por essas razões, parece ser devida certa cautela em relação à extensão da indefinição em torno da solução técnica. Assim, como exemplo, ensejará grande complexidade e maiores riscos a utilização do diálogo competitivo para que o ente contratante se limite a apontar a necessidade de resolver um problema de transporte sem promover estudos prévios que delimitem a escolha de um modal a ser utilizado para atender às necessidades identificadas.[85] Não se pretende afirmar em tese o descabimento desse nível de indeterminação, mas os riscos a ela associados. Graus mais elevados de indeterminação poderão ser

---

[84] No direito português, Mark Kirkby pontua que "[...] o diálogo concorrencial pode ser realizado em situações em que a entidade adjudicante esteja em condições de definir uma solução apta a satisfazer as suas necessidades, mas não esteja em condições de determinar qual a solução mais apta ou que envolve menores custos. [...] Num projecto para ligar as duas margens de um rio, a entidade adjudicante pode não saber se a melhor solução consiste na construção de uma ponte ou de um túnel, ainda que consiga definir as especificações de uma ponte e de um túnel. Neste caso, o contrato é, segundo a Comissão, 'particularmente complexo'" (KIRKBY, Mark. O diálogo concorrencial. *In*: GONÇALVES, Pedro (Org.). *Estudos de Contratação Pública*. Vol. 1. Coimbra: Coimbra Editora, 2008. p. 304-305).

[85] Nesse sentido: BURNETT, Michael; ODER, Martin. *Competitive Dialogue*: A practical guide. Maastricht: European Institute of Public Administration, 2009. p. 117.

mais compatíveis com outros mecanismos de planejamento prévios à licitação – como os procedimentos de manifestação de interesse, que admitem maior amplitude e flexibilidade –, e não com uma modalidade licitatória que, segundo a lei prevê, deve ser processada de forma orientada a resultar em um contrato com objeto certo.

Em situações-limite, o diálogo com bases mais indeterminadas poderia atrair concorrentes de setores tão diversos que isso poderia inviabilizar a estipulação de critérios de pré-seleção efetivos, interferir no desenvolvimento de diálogos equiparáveis entre si e afetar a própria competição subsequente. Adotando-se outro exemplo como comparação, um diálogo competitivo que tenha por objeto a definição das soluções técnicas mais adequadas para a construção de uma infraestrutura determinada – uma ponte ou um túnel, por exemplo – toma um ponto de partida mais preciso, que possibilitará bases mais concretas para delimitar um universo razoavelmente homogêneo de interessados e ancorar as possibilidades de diálogo.

Assim, se a extensão das incertezas envolvidas colocar em dúvida a viabilidade de se obter a contratação em um mesmo processo, caberá rever o planejamento da contratação e adotar instrumentos jurídicos mais apropriados para supri-las. Em casos de extrema abertura e indeterminação do espectro de soluções cogitadas, pode ser mais apropriado promover estudos anteriores para maior detalhamento. Isso pode ocorrer mediante instauração de procedimento de manifestação de interesse (PMI), conforme disciplinado no art. 81 da Lei nº 14.133/2021, ou contratação de consultorias, sem prejuízo da adoção do próprio diálogo competitivo em momento subsequente, se ainda restarem níveis de incerteza que justifiquem a sua realização.[86]

Essa é uma avaliação necessariamente contextual, a ser embasada nas circunstâncias concretas envolvidas. A lei não oferece parâmetros para divisar em abstrato as hipóteses de cabimento do diálogo competitivo em função dessas variáveis e parece recomendável que assim seja, uma vez que as tentativas de estabelecer fórmulas

[86] Tratando das possibilidades em torno de eventual conjugação do PMI e do diálogo competitivo: MOURÃO, Carolina Mota; MONTEIRO, Vera. Procedimento de manifestação de interesse como instrumento de fomento à inovação: o artigo 81 da Lei nº 14.133, de 2021. *In*: RAUEN, André Tortato (org.). *Compras públicas para inovação no Brasil*: novas possibilidades legais. Brasília: Instituto de Pesquisa Econômica Aplicada (Ipea), 2022. p. 218.

abstratas em relação à indeterminação do diálogo poderiam restringir o seu uso para além do que a lei estabeleceu. A opção legislativa foi a de consagrar uma disciplina normativa ampla e remeter a avaliação da abrangência e adequação do diálogo à casuística.

3.3.2 Definição dos requisitos técnicos a compor a solução definida (alínea *b*)

A segunda hipótese contemplada no inc. II é a de propor o diálogo para tratar dos "requisitos técnicos aptos a concretizar a solução já definida". A norma versa sobre situações em que a Administração Pública está um passo adiante: já dispõe de uma solução passível de ser seguramente definida como a mais adequada, restando margem de indefinição a respeito de aspectos técnicos em torno de um objeto já mais bem-delimitado.

Insista-se em que não é qualquer indefinição de requisitos técnicos que justifica o cabimento do diálogo competitivo, mas apenas aquelas indefinições verificadas em situações nas quais as condições do inc. I do art. 32 estejam preenchidas. Evidência do que se expõe é o fato de que indefinições sobre requisitos técnicos não permeadas pelo cenário identificado no inc. I podem ser resolvidas por outros mecanismos previstos na Lei nº 14.133/2021 que não o diálogo competitivo. Incertezas não fundamentais para a estruturação do projeto contratual atinentes a "variações de execução" (art. 36, §1º, inc. V) podem ser resolvidas por concorrência processada com o critério de técnica e preço, ou por contratação com estipulação de obrigações de resultado caracterizadas por "frações do objeto com relação às quais haverá liberdade para os contratados inovarem em soluções metodológicas ou tecnológicas, em termos de modificação das soluções previamente delineadas no anteprojeto ou no projeto básico" (art. 6º, inc. XXVII, alínea *b*).

3.3.3 Definição da estrutura jurídica ou financeira do contrato (alínea *c*)

Por fim, a alínea *c* do inc. II alude à modelagem financeira e jurídica do contrato a ser licitado. Trata-se de significativa novidade em relação ao regime da Lei nº 8.666/1993[87] e de exceção às regras gerais contidas nos arts. 18, inc. VI, e 25 da Lei nº 14.133/2021, que determinam que o edital deve obrigatoriamente ser integrado por "minuta de contrato" e definir as "condições de pagamento", respectivamente.

A previsão da alínea *c* exemplifica a pluralidade de aspectos que pode ser submetida ao diálogo. A admissão de diálogo sobre as estruturas financeira e jurídica do contrato administrativo, embora atípica e incomum na tradição do direito brasileiro, é uma premissa indispensável para o adequado funcionamento da modalidade licitatória de que se trata. Isso se dá porque a submissão desses aspectos ao diálogo – em particular, a estruturação jurídica do contrato – decorre do reconhecimento do papel instrumental que a disciplina contratual exerce, consistente em viabilizar a melhor execução de um dado objeto contratado, o que impõe o seu aperfeiçoamento conforme as características deste último.

Portanto, se as características do objeto licitado não estão previamente determinadas, e na medida em que se reconhecem a necessidade e a conveniência de defini-las em conjunto com o mercado, é uma decorrência desse raciocínio admitir que a própria formatação do contrato possa ser adequada ao resultado do diálogo. Isso não equivale a dizer que a modelagem jurídica do contrato deverá sempre ser submetida ao diálogo, mas essa é uma possibilidade estreitamente relacionada com a lógica dessa forma de licitação.

Tal realidade é bem diagnosticada pela doutrina:

> Não é infrequente que a Administração, em suas múltiplas esferas, tenha dificuldades com a definição da estrutura jurídica que os contratos terão: infraestruturas complexas, contratos coligados ou contratos tendencialmente incompletos podem demandar esforço de desenhos jurídicos que pressupõe diálogo prévio. Diga-se o mesmo da engenharia financeira de alguns contratos. Ela pode ser mais desafiadora que a

---

[87] A Lei nº 8.666/1993 não previa alternativa que não fosse o trâmite interno e prévio da elaboração do edital e de todos os atos contratuais, sempre passando pelo crivo da assessoria jurídica da Administração (art. 38, § único). Do mesmo modo, as condições financeiras já deveriam estar todas delimitadas no edital, com a necessidade de disciplina expressa sobre as "condições de pagamento" e disciplina legal detalhada em torno do tema (art. 40, inc. XIV e respectivas alíneas, da Lei nº 8.666/1993).

própria obra que se almeja realizar, por exemplo. A propósito, tem-se dado cada vez mais importância ao tema no âmbito dos contratos públicos. Por vezes, e.g., a capacidade de construir arranjos financeiros pode ser tão importante quanto a capacidade de realizar o objeto do contrato. Uma coisa pode não ser possível sem a outra.[88]

A previsão legal aponta para um horizonte amplo no que diz respeito à configuração do contrato. De forma exemplificativa, é possível estabelecer diálogo acerca: (i) da estruturação de matriz de riscos; (ii) do regime contratual; (iii) do teor e do tipo de cláusulas contratuais em geral, incluindo a estipulação do alcance das obrigações, do sistema de penalidades etc.; e (iv) até mesmo do tipo contratual a ser adotado, inclusive no tocante à definição sobre se o contrato será sujeito à Lei nº 14.133/2021 ou se será estruturado sob forma concessória, conforme a estruturação econômico-financeira discutida recomende um ou outro modelo jurídico.[89]

A construção da matriz contratual de riscos bem demonstra a inviabilidade de isolar a dimensão jurídica dos demais aspectos contratuais. A definição da alocação de riscos não é (apenas nem majoritariamente) uma decisão jurídica. Conforme a Lei nº 14.133/2021, ela deve ser baseada na identificação, pautada por critérios e juízos econômicos, do "beneficiário das prestações a que se vincula e a capacidade de cada

---

88 CYRINO, André; TOLEDO, Renato. Desenhos de mercado, licitações e três apostas da Lei n.º 14.133/2021. *Revista Eletrônica da Procuradoria Geral do Estado do Rio de Janeiro - PGE-RJ*, Rio de Janeiro, v. 5, n. 3, set./dez. 2022, p. 17.

89 "Notwithstanding the above, the contracting authority may use a two-stage procedure to request proposals from pre-selected bidders when the contracting authority does not deem it to be feasible to describe in the request for proposals the characteristics of the project such as project specifications, performance indicators, financial arrangements or contractual terms in a manner sufficiently detailed and precise to permit final proposals to be formulated" (UNCITRAL Model Legislative Provisions on Privately Financed Infrastructure Projects. Nova Iorque: Nações Unidas, 2004. p. 7). Ainda sobre as contribuições jurídicas que os particulares podem apresentar para a estruturação de projetos públicos, em análise focada nos procedimentos de manifestação de interesse, Maís Moreno refere que os estudos jurídico-regulatórios podem abranger "(i) desenvolvimento de estudos sobre a legislação aplicável ao projeto, especialmente em relação aos marcos regulatórios setoriais; (ii) levantamento de precedentes; (iii) escrutínio das etapas formais necessárias à implementação do projeto, a fim de identificar possíveis entraves e formas de superação; (iv) análise, sob a óptica jurídica, do arranjo remuneratório; (vi) levantamento de alternativas para a estruturação do sistema de garantia; (vii) análise dos riscos e dos possíveis mitigadores; (viii) alternativas de sistemas de multas e penalidades; (ix) mecanismos de revisão contratual, e assim por diante" (MORENO, Maís. *A participação do administrado no processo de elaboração dos contratos de PPP*. Belo Horizonte: Fórum, 2019. p. 101).

setor para melhor gerenciá-lo" (art. 103, §1º), cabendo a alocação de cada risco ser "quantificada para fins de projeção dos reflexos de seus custos no valor estimado da contratação" (art. 103, §3º), observando "a eficiência no cumprimento das missões de Estado e no emprego dos recursos da sociedade" (art. 4º, inc. I, da Lei nº 11.079/2004). A relação intrínseca entre a alocação de riscos e elementos técnicos e financeiros demanda o tratamento harmônico dessas variáveis.[90]

Assim, sem prejuízo da aplicação do art. 103, §6º, da Lei nº 14.133/2021, segundo o qual "os ministérios e secretarias supervisores dos órgãos e das entidades da Administração Pública poderão definir os parâmetros e o detalhamento dos procedimentos necessários a sua identificação, alocação e quantificação financeira", é plausível supor que nem sempre a Administração Pública terá condições de promover o enfrentamento do tema *ex ante* e de forma isolada, ainda mais sem ter domínio mais preciso das características relativas ao objeto a ser contratado. A compreensão da Administração sobre o que seja a alocação eficiente de riscos pode não corresponder àquela verificada no mercado. A disparidade de percepções será invariavelmente negativa: pode gerar desincentivo à participação no certame (em razão de riscos muito elevados), precificação desproporcional desses riscos, com consequente ampliação dos custos das propostas ou redução da competitividade e, ainda, perda de oportunidade, pela Administração, de melhor avaliar o seu projeto.

Outra questão que pode surgir é se o diálogo competitivo poderia ser lançado sem a definição do regime legal do contrato pretendido – isto é, sem a indicação sobre se a contratação se submeterá ao regime da Lei nº 14.133/2021, ou se observará os regimes próprios das Leis nº 8.987/1995 ou nº 11.079/2004. Em outras palavras, trata-se de determinar até que ponto a indefinição em torno da disciplina contratual pode ir. A rigor, não existe óbice a que a definição do regime contratual se dê no âmbito do diálogo. Pode haver dúvida, por exemplo, se a modelagem econômico-financeira

---

[90] "One possible example of legal or financial complexity cited by the Commission might be a situation in which a Contracting Authority cannot foresee whether the economic operators will be prepared to accept such an economic risk that the contract will be a concession contract or whether ultimately it will end up being a 'traditional' public contract" (BURNETT, Michael; ODER, Martin. *Competitive Dialogue* - A practical guide. Maastricht: European Institute of Public Administration, 2009. p. 32).-

do contrato demanda a utilização dos mecanismos próprios das parcerias público-privadas da Lei nº 11.079/2004 ou não.

Contudo, pelo menos duas condições precisam ser atendidas.

Em primeiro lugar, é necessário que o edital seja claro a respeito das possibilidades em torno do futuro contrato, de modo a orientar a mobilização do universo de interessados compatível com as possibilidades em torno do projeto a ser licitado.

Em segundo lugar, o edital do diálogo deverá ser suficiente para atendimento dos requisitos do tipo contratual que venha a ser afinal adotado, visto que as regras dos três diplomas acima referidos não são coincidentes entre si. No caso das PPPs, por exemplo, a publicação do edital pressupõe prévia realização de consulta pública (art. 10, inc. VI, da Lei nº 11.079/2004). Entendendo-se que tal requisito é extensível à realização de licitação de PPPs mediante diálogo competitivo (o que será examinado de forma específica no item 6.1, a seguir), a definição do regime de PPP por via do diálogo não poderá ocorrer sem a prévia realização da consulta.

Ainda a respeito da formatação jurídica do contrato, cabe lembrar que a competência atribuída pela Constituição Federal para editar normas gerais sobre "licitação e contratação" (art. 22, XXVII) não implica, como afirma Fernando Dias Menezes de Almeida, competência federal privativa para definir os tipos contratuais admissíveis no âmbito das demais esferas da Federação. A competência federal atinente à matéria de "contratação" não restringe o conteúdo possível dos contratos firmados pelos diversos entes da Federação ao que dispõe o legislador federal.[91]

[91] Segundo Fernando Dias Menezes de Almeida, "contratação é a ação de contratar. Contrato é o objeto dessa ação. Sendo assim, estariam contidos na noção de contrato, mas não na de contratação, os aspectos estruturais dos contratos administrativos (exemplo: tipos contratuais, cláusulas necessárias, regime jurídico próprio). Por outro lado, contratação diria respeito a normas de regência do ato de contratar (exemplo: necessidade de previsão de recursos orçamentários, respeito ao resultado do procedimento licitatório, controles externos e internos pertinentes)" (ALMEIDA, Fernando Dias Menezes de. Contratos administrativos. *In*: PEREIRA JR., Antônio Jorge; JABUR, Gilberto Haddad (Coord.). *Direito dos Contratos II*. São Paulo: Quartier Latin, 2008. p. 200-201). Vera Monteiro adere a essa orientação, concluindo ser "possível afirmar que norma geral em matéria de licitação e contratação não é sinônimo de norma uniforme. O art. 22, XXVII, da CF não exigiu que haja um regime único para as 'licitações e contratações', tratado em lei federal, válido indistintamente para todas as esferas federativas" (MONTEIRO, Vera. *Concessão*. São Paulo: Malheiros, 2010. p. 118-119).

Então, como regra geral, prevalece a autonomia federativa para cada ente definir as formas contratuais que adotará e estabelecer a regulação do objeto a ser pactuado adequada às suas necessidades, observando as regras gerais editadas no âmbito federal. Na realidade, essa conclusão é extraída da própria Lei nº 14.133/2021 (art. 89), assim como já o era da Lei nº 8.666/1993, que admitia o recurso a disposições contratuais atípicas ou de direito privado (art. 54). Vista dessa perspectiva, a novidade da alínea *c* não reside em consagrar espaço para soluções jurídicas inovadoras, mas sim na possibilidade de as inovações serem discutidas no âmbito do certame com os licitantes.

No tocante à estruturação financeira do contrato, há amplo espaço para a criatividade na modelagem. Assim como as características técnicas do objeto a ser contratado podem influenciar a modelagem jurídica das obrigações (mais focadas em resultados ou meios), as condições econômico-financeiras podem comportar formas peculiares de financiamento do contrato e condições de remuneração voltadas ao propósito de alinhar os interesses entre contratante e contratado.

Desse modo, no âmbito do diálogo, os concorrentes poderão sugerir sistemáticas de pagamento ou de financiamento (com receitas marginais ou complementares), apontando oportunidades de negócio complementares ao objeto propriamente dito do contrato e eventualmente não cogitadas pela Administração. São múltiplas as formas de promover a estruturação econômica e viabilizar a remuneração das atividades contratuais, inclusive para discutir a sustentabilidade de políticas tarifárias, rentabilizar bens públicos associados ao projeto contratual, sobretudo nos contratos de concessão, e definir requisitos para obtenção de financiamentos e execução de garantias. O diálogo competitivo pode enriquecer a análise em torno de oportunidades de negócio a serem exploradas para financiar a manutenção de infraestruturas e a própria remuneração do concessionário, de forma similar ao que se admite no art. 6º, inc. III e IV, da Lei nº 11.079/2004, por exemplo. O particular contratado poderá obter remuneração tanto pela utilização dos bens cuja gestão lhe foi confiada, cobrando tarifas pela fruição desses bens, quanto por utilidades diversas eventualmente disponibilizadas a partir deles.[92] Em um contexto de crise fiscal e de limitações orçamentárias, o diálogo pode prover a Administração de soluções para arranjos mais vantajosos.

3.4 Casos concretos

Ainda que o regime da Lei nº 14.133/2021 não seja coincidente com as disciplinas verificadas no direito comparado, é útil ilustrar a aplicação do diálogo competitivo a partir de casos concretos.

Um ponto de partida útil para localizar casos concretos é o *site Tenders Eletronic Daily* (TED).[93] A partir da ferramenta de pesquisa avançada disponível no *site*, é possível referência a mais de cinco mil casos de licitações processadas sob o modelo do diálogo competitivo.[94] Tal pesquisa revela que o diálogo tem sido empregado

---

[92] Sobre o emprego do diálogo competitivo nessa perspectiva, Mark Kirkby escreve que, "estando em causa um projecto de construção de uma escola ou de outra infraestrutura em PPP, pode afigurar-se conveniente permitir que os concorrentes sugiram mecanismos diferentes de remuneração (permutas ou cedências de terrenos, concessão de utilização de bens públicos para fins privados, acompanhada ou não do pagamento de um preço), com vista a encontrar a solução de financiamento menos onerosa para a Administração" (KIRKBY, Mark. O diálogo concorrencial. *In*: GONÇALVES, Pedro (Org.). *Estudos de Contratação Pública*. Vol. 1. Coimbra: Coimbra Editora, 2008. p. 304-305). Ainda sobre o tema: "Se a intervenção promovida pelo concessionário produzir o surgimento de espaços públicos, será possível ao particular obter remuneração atinente à sua exploração. Isso abrange todas as fórmulas classicamente praticadas no Direito brasileiro, incluindo a cobrança de tarifa pelo uso dos bens públicos resultantes da obra realizada, mas alcançando outras formas de exploração econômica" (JUSTEN FILHO, Marçal. Concessões Urbanísticas e Outorgas Onerosas. *In*: WAGNER JUNIOR, Luiz Guilherme da Costa (Org.). *Direito Público*: Estudos em Homenagem ao Professor Adilson Dallari. Belo Horizonte: Del Rey, 2004. p. 527). Conferir ainda, de Celso Antônio Bandeira de Mello, Obra pública a custo zero [instrumentos jurídicos para a realização de obras públicas a custo financeiro zero]. *Revista Trimestral de Direito Público*, n. 3. São Paulo: Malheiros, 1993. p. 33. O autor admite e menciona diversas possibilidades, na época da publicação do trabalho, não previstas na legislação, como a utilização dos espaços públicos para "exploração imobiliária e ou comercial *de parte do solo, do subsolo ou do supersolo edificável onde se implantem os referidos equipamentos urbanos*. Supermercados, 'shopping centers, estações de serviço, hotéis, lojas de todo tipo, estacionamento de veículos e serviços variados podem ser instalados nos espaços dessarte utilizáveis" (MELLO, Celso Antônio Bandeira de. Obra pública a custo zero [instrumentos jurídicos para a realização de obras públicas a custo financeiro zero]. *Revista Trimestral de Direito Público*, n. 3. São Paulo: Malheiros, 1993. p. 33.).

[93] Disponível em: https://ted.europa.eu/TED/search/search.do. Acesso em: 08 set. 2023.

[94] O número reflete o resultado da pesquisa utilizando os parâmetros de "*result*" no campo de "*business opportunities*" e "*competitive dialogue*" no campo de "*type of procedure*". Ressalva-se, no entanto, a possibilidade de imprecisão da pesquisa, considerando que parte dos casos localizados não se encontra disponível em língua inglesa. As dificuldades

para diversas áreas de infraestrutura, como construção de ferrovias, instalação de equipamentos de distribuição de energia, construção de hidrelétricas, construção de estação de tratamento de água, serviços relacionados ao controle da poluição, entre outras.

Em meio a esses diversos exemplos, separaram-se, para análise específica, dois casos de contratação em infraestrutura precedidos pelo diálogo competitivo: (i) "*The Kvarnholmen link*" e (ii) "*CoenTunnel*".[95]

3.4.1 A ligação de Kvarnholmen ("*Kvarnholmen link*")

A ligação de Kvarnholmen consistiu em um projeto de infraestrutura realizado pelo município de Nacka, localizado na Suécia, no ano de 2011. O projeto foi pioneiro: tanto porque foi o primeiro caso na Suécia a utilizar a modalidade para um projeto de infraestrutura quanto porque Nacka foi um dos primeiros municípios daquele país a utilizar o diálogo competitivo.[96]

Kvarnholmen é uma península que fica a leste de Estocolmo. A ideia do projeto consistia em facilitar a ligação da península com o município de Nacka, tendo em vista o crescimento demográfico e a atividade industrial da região. Diante da necessidade de uma solução de mobilidade adequada à crescente demanda, o município decidiu desenvolver solução de ligação, que consistiu na construção de uma ponte e de um túnel.

---

linguísticas ao acesso de informações consolidadas em nível comunitário europeu sobre o uso do diálogo já foram registradas pela literatura (MARS, Sylvia de; CRAVEN, Richard. *Use of Competitive Dialogue in the European Union*: an Analysis from the Official Journal. Disponível em: https://www.pianoo.nl/sites/default/files/documents/documents/useofcompetitivedialogueintheeuropeanunionananalysisfromtheofficialjournal.pdf. Acesso em: 15 set. 2023).

[95] Observa-se que não foram localizados os documentos licitatórios e contratuais desses casos. Não obstante, eles são aqui abordados por duas razões: tanto por ilustrarem casos bem-sucedidos de emprego do diálogo competitivo quanto em razão da existência de estudos que se dedicaram a examinar o processamento do diálogo e os resultados obtidos, o que permite uma análise abrangente e contextualizada das duas situações.

[96] O estudo foi elaborado por Kedar Uttam e Caroline Le Lann Roos e publicado em 2015, no *Journal of Cleaner Production*. O caso da ligação de Kvarnholmen foi analisado com o objetivo de verificar em que medida o processo de diálogo competitivo pode contribuir para contratações mais sustentáveis. Confira-se: ROOS, Caroline Le Lann. *Competitive dialogue in practice*: a case study of Sweden's first infrastructure project procured with the new method. TRITA-LWR Degree Project 12:29, 2012. Disponível em: http://www.diva-portal.org/smash/get/diva2:844548/FULLTEXT01.pdf. Acesso em: 08 set. 2023.

Ainda em 2009, antes do processo licitatório destinado à construção da ponte, havia sido realizada licitação específica para contratar solução de arquitetura para tal infraestrutura. Após a seleção do projeto vencedor, iniciaram-se os estudos para detalhar as condições e premissas de engenharia e os riscos da construção. Nessa oportunidade, foram constatadas significativa complexidade técnica para concepção da obra e incertezas relevantes, em particular sobre o risco geológico.

Diante disso, embora já tivesse alcançado certas definições sobre a concepção de engenharia da obra, o município decidiu realizar o diálogo competitivo com a intenção de: (i) determinar qual seria a melhor técnica de engenharia para construção da ponte, considerando o risco da área; (ii) combinar a inovação com a solução mais econômica possível para o caso; e (iii) definir a melhor forma de estabelecer a conexão entre a ponte, o túnel e a malha viária da região.

Segundo relatado, os municípios na Suécia não costumavam realizar a construção de pontes e túneis como fazia a agência governamental de transportes – *Trafikverket – Swedish Transport Administration*. Logo, além da complexidade técnica da construção, o município não dispunha de experiência mais consolidada no desenvolvimento desse tipo de infraestrutura. Esse fator também foi levado em consideração para justificar a utilização do diálogo.

O diálogo competitivo ocorreu em 2011. O município estabeleceu uma série de exigências que deveriam ser satisfeitas para que os interessados ingressassem no diálogo. A avaliação dos requisitos resultaria em uma pontuação, e os três interessados mais bem classificados seriam convidados para o diálogo. No caso, sete empreiteiras manifestaram interesse em participar do diálogo e, dentre elas, cinco obtiveram a mesma pontuação. Isso levou a uma seleção por sorteio para seleção de três participantes para a fase de diálogo propriamente dito.

O município utilizou os estudos e dados anteriormente levantados para solicitar dos interessados a elaboração de uma "proposta principal", que teria por objeto os elementos previamente disponibilizados pela municipalidade. As propostas principais foram mantidas fechadas e em sigilo para que, no âmbito do diálogo, os licitantes apresentassem "propostas alternativas" que pudessem ser avaliadas pelo município com isenção e imparcialidade, sem considerar os termos – especialmente o preço – das propostas principais.

A partir de então, foram conduzidas quatro reuniões na fase do diálogo.

O município estabeleceu como premissa que os licitantes teriam ampla liberdade para definir as melhores soluções para o projeto em suas propostas alternativas. Ao longo da fase de diálogo, os participantes foram convidados a apresentar propostas alternativas preliminares. Depois da proposição de várias ideias, o município escolheu uma delas e comunicou a todos os participantes qual foi a concepção escolhida, que passou então a nortear a fase final do certame para a disputa propriamente dita da contratação. Na quarta e última reunião, foi apresentada a proposta final por cada um dos participantes. Entre outras variantes, foram discutidos aspectos estéticos, arquitetônicos e técnicos relativos especialmente à fundação da ponte e à extensão do túnel a ela relacionado, assim como os impactos ambientais e de custo das soluções apresentadas. Na etapa competitiva, o município utilizou nova tabela de critérios, que contemplava a solução, o valor, considerações ambientais etc.

Esse diálogo competitivo mostrou-se bem-sucedido em termos técnicos e econômicos. As "propostas principais" apresentadas pelos licitantes, tendo por objeto a concepção originalmente definida pelo município, tiveram preços variando entre 347.122.096 e 299.980.000 coroas suecas. Já a proposta alternativa vencedora foi a que alcançou a maior pontuação pelo preço mais baixo (253.504.424 coroas suecas, cerca de 27 milhões de euros à época).[97] Ou seja: a solução definida a partir do diálogo revelou-se mais econômica do que a concepção originalmente cogitada pelo município. Não só isso, pois o diálogo propiciou ganhos de ordem diversa: dentre as vantagens

---

[97] Para mais informações sobre o caso, consultem-se UTTAM, Kedar; ROOS, Caroline Le Lann. Competitive dialogue procedure for sustainable public procurement. *Journal of Cleaner Production*, Volume 86, 2015, p. 403-416. Disponível em: https://doi.org/10.1016/j.jclepro.2014.08.031. Acesso em: 08 set. 2023; ROOS, Caroline Le Lann. *Competitive dialogue in practice*: a case study of Sweden's first infrastructure project procured with the new method. TRITA-LWR Degree Project 12:29, 2012. Disponível em: http://www.diva-portal.org/smash/get/diva2:844548/FULLTEXT01.pdf. Acesso em: 08 set. 2023; e TURCU, Catalina. Nacka City. Showcasing studio teaching and student work. *University College London*. Disponível em: https://discovery.ucl.ac.uk/id/eprint/10086655/7/191126_Nacka%20booklet%20web.pdf. Acesso em: 13 set. 2023.

técnicas da melhor proposta, foram apontados ganhos relativos à estética, à concepção da fundação da ponte (que evitou formação rochosa problemática e teve a sua dimensão física menor do que a originalmente considerada pelo município, com consequente menor impacto ambiental) e à concepção do túnel, que teve a sua extensão prolongada também para o fim de reduzir o impacto ambiental, isso sem implicar aumento global do custo do projeto.

É importante ressalvar que nem todas as soluções adotadas nesse caso são comportadas pelo regime da Lei nº 14.133/2021. Assim e exemplificativamente, é questionável a compatibilidade da solução de sorteio dos sujeitos a serem admitidos para fase do diálogo. Do mesmo modo, é heterodoxa – embora tenha sido muito útil, inclusive para confirmar a vantagem de uso do diálogo competitivo –, a solução de determinar a apresentação de propostas para duas soluções (a original, do município, e a solução definida após o diálogo), mas essas considerações não afastam a possibilidade de adoção de lógica similar no direito brasileiro, em que o ente público venha a testar estudos e concepções que já tenha concebido por conta própria, inclusive para avaliar a sua precificação. Esses diversos aspectos serão tratados no decorrer do livro.

3.4.2 O Túnel Coen (*"CoenTunnel"*)

O Túnel Coen foi o primeiro projeto de infraestrutura da Holanda que utilizou o diálogo competitivo.[98] O projeto, que se

---

[98] As informações do caso do Túnel Coen a seguir apresentadas foram retiradas, principalmente, de dois estudos: (i) *"Efficiency and innovation in infrastructure projects – Four types of collaborative procurement strategies in Sweden and the Netherlands"*, apresentado no fórum de transporte internacional da OCDE, realizado em 2018; e (ii) *"The competitive dialogue procedure: negotiations and commitment in inter-organisational construction projects"*, apresentado em 2012 como tese de dissertação de doutorado de Mieke Hoezen na University of Twente, localizada na Holanda. Para aprofundar o tema, consultem-se: ERIKSSON, Per Erik; VOLKER, Leentje; KADEFORS, Anna; LARSSON, Johan. *Efficiency and innovation in infrastructure projects*. Prepared for the Working Group on Private Investment in Transport Infrastructure: dealing with uncertainty in contracts, April 2018. Disponível em: http://www.diva-portal.org/smash/get/diva2:1747082/FULLTEXT01.pdf. Acesso em: 2 set. 2023; HOEZEN, Mieke. *The Competitive Dialogue Procedure*: Negotiations and Commitment in Inter-Organisational Construction Projects. Dissertation to obtain the degree of doctor at the University of Twente. 2012, ISBN: 978-90-365-33652. Disponível em: https://ris.utwente.nl/ws/portalfiles/portal/6064454/thesis_M_Hoezen.pdf. Acesso em: 02 set. 2023; e BRAAT, Yannick. *Chances for the Competitive Dialogue*. Thesis submitted for the degree of master of

destinava a melhorar o acesso entre Amsterdã e a região norte da Holanda, apresentava complexidades técnicas, jurídicas e financeiras. Além da construção de um segundo Túnel Coen (ao lado do preexistente), o projeto ainda abrangia a manutenção da infraestrutura construída em conjunto com a do túnel já existente até o ano de 2037, bem como a manutenção especial (reforma) ou reconstrução de viadutos e pontes. O valor final do contrato foi estimado em 700 milhões de euros.

Os fatores determinantes para a utilização do diálogo foram (i) o elevado risco de engenharia, dado o receio de afetar o túnel original, (ii) incertezas em relação à melhor forma de estruturar os períodos de construção e operação do projeto, tendo em vista questões de mobilidade e tráfego do entorno, e (iii) dúvidas sobre a forma mais eficiente e econômica de alocação dos riscos de execução do projeto, tendo em vista que o projeto demandava captação de volume extremamente significativo de recursos financeiros no mercado.

As dúvidas eram tão intensas que afetavam de forma significativa a própria precificação e, por extensão, a alocação dos riscos correspondentes. Diante desses elementos, definiu-se que a solução mais adequada para licitar o projeto correspondia à adoção do diálogo competitivo como ambiente adequado para dialogar sobre a percepção que os interessados tinham do risco em questão e de como ele viria a ser avaliado se viesse a ser alocado na pessoa do contratado na configuração final do contrato.[99]

---

science. Technische Universiteit Delft. Disponível em: https://repository.tudelft.nl/islandora/object/uuid:66ec2d7c-f500-4e0b-ba64-9c1b5ba29ac3/datastream/OBJ/download. Acesso em: 13 set. 2023.

99 "One of the largest risks, identified by the Agency, is the possibility that the existing tunnel will be damaged during the construction of the second tunnel, which is located just next to the existing one. The Agency assesses this risk so high, that it prefers not to be responsible for it. Instead of writing this risk into the formal contract as a risk at the contractor's responsibility, the Agency decides to make the responsibility for the risk negotiable. This is done because the Agency does not want the procurement to fail in case all candidates would assess the risk thus high that they would not make a bid. During the procurement of the project, candidates are asked to estimate what it would cost them to take the risk (e.g. to control the risk and to take out insurances). These estimated costs are compared to the Agency's own estimations. The party that could take the risk against the lowest costs would become responsible for it" (HOEZEN, Mieke; VOORDIJK, Hans; DEWULF, Geert. Contracting dynamics in the competitive dialogue procedure. *In*: *Built Environment Project and Asset Management*, v. 2, n. 1, 2012. p. 14).

O processo teve início em 2005. Na fase de pré-qualificação, cinco consórcios cumpriram os requisitos exigidos e foram convidados a participar do diálogo. A fase de diálogo foi subdividida em três etapas: (i) na primeira delas, os cinco candidatos apresentaram esquemas de ação para a realização do projeto. Os esquemas foram analisados pela comissão e os cinco candidatos foram reduzidos a uma lista de três; (ii) na segunda fase, ocorreu o diálogo sobre os aspectos críticos identificados na análise de gestão de risco elaborada previamente pela autoridade adjudicante; e, (iii) na terceira fase, cada participante apresentou um tipo de proposta/solução com a sugestão de distribuição dos riscos entre o particular e a autoridade adjudicante.

Durante a fase de diálogo, foram feitas 2.780 perguntas ao todo.[100] Os principais pontos do diálogo giraram em torno dos riscos associados à manutenção do túnel já existente. Parte significativa das preocupações dizia respeito à determinação de como a construção do segundo túnel seria realizada sem causar danos estruturais ao primeiro túnel e de como seria organizado o trânsito gerado pelo fechamento de algumas pistas durante a realização das obras. Com o objetivo de reduzir e alocar de forma adequada os riscos, os participantes propuseram soluções como a substituição do túnel preexistente por um novo ou a sua modificação. Porém, a solução afinal adotada e contratada consistiu na construção do segundo túnel (*CoenTunnel*), sem mudanças no primeiro.

A celebração do contrato de parceria público-privada para a construção do túnel evidencia que o diálogo se prestou ao propósito de reduzir a assimetria de informações entre o ente público e o mercado e que a solução afinal definida foi reputada como adequada pelos envolvidos. Segundo a literatura que examinou o caso, uma das vantagens percebidas na utilização do diálogo competitivo teria sido a antecipação e consequente prevenção de futuras alterações que poderiam ser pleiteadas no decorrer do contrato. Também se observou que o elevado grau de riscos

[100] HOEZEN, Mieke. *The Competitive Dialogue Procedure*: Negotiations and Commitment in Inter-Organisational Construction Projects. Dissertation to obtain the degree of doctor at the University of Twente. 2012, ISBN: 978-90-365-33652. Disponível em: https://ris.utwente.nl/ws/portalfiles/portal/6064454/thesis_M_Hoezen.pdf. Acesso em: 02 set. 2023.

envolvidos no projeto pode ter feito com que todos os envolvidos no diálogo tenham adotado uma postura conservadora e de cautela quanto à assunção dos riscos.[101]

O caso do Túnel Coen é outro interessante paradigma para compreender as hipóteses de emprego do diálogo competitivo e a sua formatação em termos concretos. Demonstra, em especial, como a discussão dos diversos aspectos da contratação – técnicos, econômicos e jurídicos, inclusive no tocante à discussão de alternativas para a elaboração da matriz de risco – há de ser feita de forma integrada na fase do diálogo para compor um projeto contratual coerente e sujeito ao amplo escrutínio por quem precificará o projeto na fase final da licitação.

3.4.3 O acórdão 244/2023-Plenário do TCU

No início de 2023, o TCU examinou a modelagem de contrato para concessão dos serviços públicos de administração do Porto de São Sebastião e exploração direta e indireta das instalações portuárias nele existentes. O exame foi concluído no acórdão 244/2023-Plenário, relatado pelo Ministro Walton Alencar Rodrigues.

Ao examinar o estudo de viabilidade técnica, econômica e ambiental do projeto (EVTEA), a área técnica então responsável (SeinfraPortoFerrovia) constatou a existência de incertezas significativas em relação às premissas de estruturação da concessão. Parte das dúvidas decorria do fato de que a realidade pretérita e as características peculiares do Porto de São Sebastião não ofereceriam uma base precisa de informações para determinar, com precisão, uma modelagem ideal para a concessão. Havia receios de que a predeterminação de certos requisitos (como a definição do volume de investimentos a ser exigido) viesse a comprometer a competitividade da licitação e a própria viabilidade do empreendimento.

Para melhor compreensão dos desafios considerados, é útil a leitura das palavras do então diretor da SeinfraPortoFerrovia sobre o tema, tal qual reproduzidas no referido acórdão:

---

[101] HOEZEN, Mieke. *The Competitive Dialogue Procedure, cit.*

Modelagem prevista no EVTEA
O estudo apresentado considera que, de modo geral, os elementos que compõem as infraestruturas existentes não demandam nenhuma intervenção visando recuperação, sendo necessária apenas a manutenção preventiva, permitindo a continuidade das operações atuais. Neste contexto, não foram atribuídas ao futuro concessionário obrigações de investimentos em ampliação da infraestrutura portuária.
Tendo em vista as características descritas acima, e em especial a pequena área operacional, a inexistência de contrato de arrendamento vigente, a inexistência de um perfil de carga definido historicamente para as operações, a baixa movimentação do porto e consequente baixo valor presente líquido (VPL) do projeto, o Poder Concedente optou por não definir o perfil de carga para o qual o Porto será destinado, deixando essa decisão para o futuro concessionário.
Essa decisão é um dos pilares da modelagem proposta, e traz a vantagem de não restringir na partida o universo de possíveis interessados, uma vez que se destinasse investimentos na modelagem para algum tipo de carga, os interessados que movimentam outro tipo de carga estariam praticamente alijados da disputa, tendo em vista a área reduzida da concessão e o baixo valor econômico do projeto.
Juntamente com essa premissa inicial, a modelagem possui algumas ferramentas para possibilitar a alavancagem dos investimentos, a exemplo do "Plano de Investimentos" e da "Conta Vinculada", que serão explorados mais adiante.
Assim, em que pese as críticas pelo baixo investimento previsto inicialmente no projeto, praticamente só manutenção, a opção discricionária do Poder Concedente visou aumentar o universo de interessados, deixando para a iniciativa privada decidir a melhor solução. Ou seja, o interessado que enxergar o projeto de maior valor, irá fazer a maior oferta no leilão pela exploração do ativo. O Minfra espera que a modelagem bastante flexível maximizará as chances de SSO, de fato, ser expandido.
A análise do que será proposto pela futura concessionária será realizada pelo Poder Concedente em um momento posterior, por ocasião da etapa de aprovação do Plano de Investimentos.
Segundo o contrato, o Plano de Investimentos seria um "Plano de investimentos inicial proposto pela Concessionária no prazo de 12 (doze) meses contados da Data de Eficácia, que deverá indicar os investimentos a serem realizados no Porto Organizado, bem como planos futuros destinados à realização de novos investimentos".
Neste ponto vale fazer algumas considerações. O objetivo pretendido pelo Poder Concedente poderia ser alcançado com a utilização da modalidade "diálogo competitivo" previsto na Lei 14.133/2021, com a vantagem de o Poder Concedente dialogar com os interessados, conhecer previamente as propostas técnicas e investimentos pretendidos, e ir para a fase competitiva com o fluxo de caixa do projeto municiado dos investimentos e receitas projetados, retirando a necessidade de reservar

> na conta vinculada, desde a partida, valores para fazer frente aos novos investimentos não previstos.
>
> Igualmente, a proposta original do Consórcio que desenvolveu os estudos foi a utilização do critério de maior valor de investimento (Decreto 8.033/2013, art. 9º, inc. IV), desse modo o valor global de investimentos propostos na licitação seria objeto de formulação de PBI para prévia aprovação pelo Poder Concedente. Ou seja, essa modalidade seria mais alinhada ao objetivo declarado de maximizar os investimentos no porto.
>
> Contudo, a decisão do Poder Concedente foi pela manutenção do critério já largamente utilizado nas licitações do setor portuário, por dois motivos (peça 8, p. 23):
>
> Em primeiro lugar, dado que o Valor Presente Líquido do projeto de concessão do Porto Organizado de São Sebastião no Cenário Base é relativamente baixo e que não foram identificados investimentos obrigatórios de grande monta necessários à sustentação das operações previstas no Cenário Base, com a adoção do critério de maior valor de investimentos, seria possível que cada proponente oferecesse o maior volume de investimentos possível com o qual poderia arcar, e que fosse adequado ao projeto de exploração pretendido para SSO. Ressalta-se que exigir investimentos de grande monta não vinculados à demanda mapeada da Concessionária aumentaria demasiadamente o risco de tornar inviável o projeto.
>
> Em segundo lugar, não há uma vocação óbvia de cargas para o Porto Organizado de São Sebastião. Por tal razão, a melhor alternativa para atrair investimentos para SSO seria adotar uma modelagem bastante flexível, de modo que cada proponente tivesse a liberdade de desenhar o projeto de exploração do Porto Organizado de São Sebastião da melhor forma que entendesse, maximizando as chances de SSO de fato ser expandido. Da mesma forma, cada proponente poderia apresentar o valor de investimentos máximo que conseguiria arcar, adequado ao seu projeto de exploração para SSO, justificável pelos retornos projetados.

A decisão tomada pelos Ministros não tratou especificamente da proposta de adoção do diálogo competitivo. Conforme os termos do voto condutor, a decisão focou em apontamentos no sentido de que parte das soluções até então cogitadas (que a unidade técnica havia sugerido que fossem submetidas a discussão via diálogo) seria juridicamente inviável.[102] Isso resultou em determinação de

[102] Foi esse o caso da discussão acerca da adoção de conta vinculada como forma de alavancar os investimentos do concessionário: "Acordam os Ministros do Tribunal de Contas da União, reunidos em sessão do Plenário, e ante as razões expostas pelo Relator, em: 9.1. determinar ao Ministério de Portos e Aeroportos e à Agência Nacional de Transportes

refazimento de modelagem, sem que o Plenário tenha emitido juízo quanto à conveniência de adoção do diálogo competitivo no caso.

Apesar de ausência de decisão propriamente dita sobre o tema, a referência à manifestação da unidade técnica nesse caso é relevante porque ilustra a operacionalização dos requisitos previstos nas alíneas do inc. I do art. 32.

Em primeiro lugar, a unidade técnica identificou incertezas objetivas quanto à definição ótima das especificações de operação do porto. Tais incertezas preenchem o requisito da alínea *c*, correspondente à inviabilidade de "as especificações técnicas serem definidas com precisão suficiente". Entre as incertezas, chegou-se à constatação de que "não há uma vocação óbvia de cargas para o Porto Organizado de São Sebastião". Essa definição, que poderia ser trivial para tantas outras instalações portuárias, tornou-se complexa em vista das circunstâncias específicas de São Sebastião, como "a área reduzida da concessão e o baixo valor econômico do projeto".

Em segundo lugar, esses fatores resultaram na compreensão de que seria necessária a adequação do projeto a variadas concepções de exploração do porto. Pode-se dizer que essa necessidade cumpre o requisito da alínea *b*, na medida em que não foram identificadas "soluções disponíveis no mercado" prontas para determinar a concepção do contrato, mesmo porque o EVTEA elaborado não divisou formato único ou ideal para o desenvolvimento da concessão.

Em terceiro lugar, tendo em vista o teor da alínea *a* do inc. I do art. 32, a abertura desses elementos poderia vir a justificar o diálogo com os licitantes interessados para a definição de aspectos técnicos, econômicos e jurídicos potencialmente inovadores para definição da melhor formatação de exploração do Porto. O requisito legal de *inovação* foi considerado em termos amplos, para que os licitantes viessem a ter espaço para apresentar soluções de exploração portuária não cogitadas, apesar de todos os esforços desenvolvidos no âmbito administrativo até então.

Aquaviários, com fundamento no art. 45 da Lei 8.443/1992 e no art. 4º, inciso II, da Resolução TCU 315/2020, que exclua a conta vinculada do edital do leilão de concessão do Porto Organizado de São Sebastião e estabeleça que o equivalente ao excedente econômico do fluxo de caixa marginal constitua o valor de outorga mínimo a ser transferido para o Poder Concedente, conforme disposto nos artigos 2º, caput, 56, 71 e 74 da Lei 4.320/1964".

Veja-se que esses elementos não traduziam uma impossibilidade absoluta e incontornável de concepção unilateral do projeto pela Administração. Em nenhum momento se considerou que a modelagem unilateral e *ex ante* da concessão seria inviável ou impossível. Essa condição não foi considerada pela área técnica para aludir à possibilidade de uso do diálogo. Esse conjunto de elementos foi examinado pelos técnicos do TCU com dois objetivos práticos, relacionados entre si: propôs-se utilizar o diálogo não porque seria a única forma possível de licitar, mas porque seria possivelmente a mais eficiente, enquanto via de (i) abrir a disputa em termos mais abertos para favorecer a competitividade, evitando que determinações prévias pudessem restringir a competição de forma possivelmente desnecessária ou excessiva, e (ii) identificar os contornos concretos dos modelos de exploração considerados pelos licitantes, para daí extrair o ponto ótimo de definição de certos aspectos (como os investimentos que deveriam ser realizados) e assim concluir a modelagem contratual no curso da licitação.

Essas considerações tornam pertinente retomar a interpretação da noção de *impossibilidade* referida nas alíneas *b* e *c* do inc. I do art. 32, que se compatibiliza com o exposto acima: o uso do diálogo competitivo não pressupõe que a Administração Pública não tenha condições de formatar um determinado projeto contratual. Não é necessário demonstrar uma impossibilidade absoluta, mas sim que as incertezas remanescentes (após observados os deveres de diligência e de emprego de melhores esforços no tocante ao planejamento contratual) indicam ser adequado estruturar determinados aspectos contratuais (técnicos, econômicos e jurídicos) pela via do diálogo com o mercado. Em outras palavras, pode-se falar em uma impossibilidade circunstancial, não necessariamente absoluta, mas sempre relacionada a dificuldades objetivas e assim demonstradas, no tocante à predeterminação da solução ótima para um dado projeto.

O ÔNUS DE DEMONSTRAR O CABIMENTO E A VANTAJOSIDADE DO DIÁLOGO – A CAPACITAÇÃO DO ENTE PÚBLICO

O enquadramento de determinada situação em uma das hipóteses legais de cabimento constitui condição necessária mas não suficiente para a adoção do diálogo competitivo. O passo seguinte consistirá em demonstrar, de forma motivada, a adequação da decisão. Na medida em que as disposições do inc. I do art. 32 apresentam conceitos relativamente indeterminados e abertos para definir o cabimento do diálogo competitivo, relacionados a aspectos jurídicos e de naturezas diversas, recai sobre o gestor público o ônus de articular, de forma concreta, as justificativas adequadas e suficientes do cabimento do diálogo competitivo e de sua extensão.

4.1 A demonstração da adequação e da necessidade do diálogo a partir do preenchimento dos requisitos do inciso I do *caput* do artigo 32

Do ponto de vista da proporcionalidade, a observância concreta do inc. I do *caput* do art. 32, com a confirmação da presença das condições nele dispostas, compreende a demonstração da *adequação* e da *necessidade* do diálogo competitivo. Mas é necessário ainda o teste da proporcionalidade em sentido estrito, o que somente pode ocorrer em cotejo com as alternativas disponíveis para a estruturação do contrato. A análise deve considerar os custos de transação de cada forma possível de planejamento contratual disponível ao ente público. Ou seja, tal análise há de compreender o cotejo da relação de custo-benefício frente às demais estratégias de ação que poderiam ser adotadas.

4.2 A adequação da decisão pautada pela consideração das diversas alternativas de estruturação do contrato

Aplica-se aqui a diretriz contida no *caput* do art. 18 da Lei nº 14.133/2021 segundo a qual, na "fase preparatória do processo licitatório", o ente competente deve "abordar todas as considerações técnicas, mercadológicas e de gestão que podem interferir na contratação". As alternativas disponíveis devem ser ponderadas no processo decisório que conduz à escolha do diálogo competitivo, inclusive em termos de estimativa de custos e dificuldades que cada alternativa imporia.

Como exposto anteriormente, deve-se observar que as alternativas ao diálogo competitivo não correspondem apenas às modalidades licitatórias propriamente ditas. Eventuais incertezas acerca da estruturação de contratos podem ser resolvidas por outras vias, como a realização de acordos de cooperação, a contratação de consultorias e a realização de procedimentos de manifestação de interesse. Essas vias, por sua vez, não são necessariamente alternativas ao diálogo, mas podem ser utilizadas de forma prévia e complementar a ele. Há variados mecanismos, com vocações semelhantes e por vezes parcialmente sobrepostas (e, portanto, não rigorosamente idênticas), e formas de estruturação do planejamento contratual a serem levados em conta.

Assim, após identificar o cabimento em tese do diálogo competitivo diante de uma determinada situação, a Administração terá de estimar, de forma aproximativa, se os ônus decorrentes da adoção do diálogo competitivo são compensados pelos benefícios estimados. Dito de outro modo, um dos pontos centrais a se examinar consiste em identificar não apenas quando a flexibilidade do processo licitatório será cabível, mas igualmente quando será conveniente, isto é: quando ela será apta a agregar vantagens não disponíveis nas demais modalidades de licitação, observando os ônus e os riscos implicados nessa decisão, que resultam no desenvolvimento de um processo licitatório complexo, mais custoso e mais arriscado (porque com objeto ainda relativamente indeterminado), tanto ao ente contratante quanto aos licitantes.

4.3 A justificativa em relação ao alcance do diálogo

Tendo identificado que o diálogo competitivo é a opção adequada à luz das circunstâncias concretas, caberá à Administração definir e justificar também a forma e a extensão das interações a serem desenvolvidas, observando que, quanto maior for o espaço de indeterminação, tanto mais complexo e oneroso será o diálogo. Dentro do amplo espectro de possibilidades, o ente contratante tem o *dever* de desenvolver uma arquitetura ideal do diálogo para cada caso, que considere os riscos e ônus existentes, observando que a escolha da estrutura processual para contratar é relevante tanto a quem contrata quanto para favorecer a competitividade, o que impõe considerar a situação dos potenciais interessados em disputar a contratação. Cabe observar que, no limite, a imprecisão sobre os limites do diálogo poderá funcionar como desestímulo ao engajamento dos interessados para incorrer em custos a fundo perdido em um processo complexo de discussão com a Administração.[103]

Logo, caberá à decisão administrativa enunciar os elementos considerados e evidenciar as razões que conduziram à constatação

[103] "The selection of the most suitable procurement method consequently is critical for both clients and project participants" (LOVE, P.E.D.; SKITMORE, M.; and EARL, G. Selecting a suitable procurement method for a building project. *Construction Management and Economics*, v. 16, 1998. p. 221). A consideração das expectativas do mercado a propósito da concepção da licitação é recomendada no Guia Conjunto publicado pelo Office of Government Commerce e pelo HM Treasure: "5.1.12 Under Competitive Dialogue the Contracting Authority needs to anticipate as far as possible the issues and factors that may impact or constrain the procurement, to ensure it can proceed in an efficient and effective manner. 5.1.13 In managing this, the Contracting Authority needs to balance the benefits of clarity and certainty against flexibility. Striking the right balance requires serious consideration at an early stage and a good understanding of the project, the proposed procurement and the broader market environment in which it will be undertaken and delivered. Giving a clear signal to the market about what is required and how the process will be run is likely to encourage effective bidder participation and a good outcome" (OFFICE OF GOVERNMENT COMMERCE - HM TREASURY. *Competitive Dialogue in 2008*: OGC/HMT joint guidance on using the procedure. Reino Unido: 2008. p. 16. Disponível em https://assets.publishing.service.gov.uk/government/uploads/system/uploads/attachment_data/file/225317/02_competitive_dialogue_procedure.pdf. Acesso em: 10 out. 2021).

de que o diálogo competitivo constitui a alternativa mais adequada para a eliminação das incertezas existentes em torno da contratação pretendida. A decisão terá de demonstrar a ponderação dos diversos aspectos relevantes – as incertezas, as medidas empregadas para resolvê-las, as alternativas de planejamento cogitadas etc. – para justificar a escolha pelo diálogo.[104]

4.4 A capacitação da Administração para desenvolvimento da licitação e concepção do contrato via diálogo

Um ponto fundamental atinente ao emprego do diálogo competitivo diz respeito à capacitação e aos recursos disponíveis pela Administração, o que também deverá ser considerado na avaliação sobre a utilização do diálogo competitivo.

Qualquer licitação pressupõe certo nível de entendimento, qualificação e capacidade do ente contratante para conduzir o processo de forma eficiente. A eficiência, a isenção e a credibilidade do processo licitatório são estritamente dependentes da efetiva capacitação do ente contratante para assegurar e implementar tais condições. A qualificação adequada evita o desperdício de recursos com uma licitação mal concebida, que arrisque ser uma mera aventura. E as características do diálogo competitivo evidenciam que a implementação dessa modalidade licitatória – o seu manejo adequado para obter resultados eficazes – pressupõe qualificação e recursos peculiares.

4.4.1 A capacitação administrativa peculiar para condução do diálogo

Assim, tão relevante quanto as cautelas e as providências que vieram referidas até o momento é a estruturação do corpo de agentes

---

[104] "However, whether the complexity test is formal or substantive, the burden of proof nevertheless lies with the Contracting Authority to demonstrate that the use of the Competitive Dialogue has been properly justified" (BURNETT, Michael. Developing a Complexity Test for the Use of Competitive Dialogue for PPP Contracts. *European Procurement & Public Private Partnership Law Review*, v. 5, issue 4, 2010. p. 219).

que será encarregado de conceber e conduzir o diálogo. Essa é uma observação reiterada na experiência internacional.[105]

O ente público deverá instaurar o processo licitatório com o dever de bem conduzi-lo. Para tanto, deve estar dotado de condições para tanto, sabendo que se encontra em situação em certa medida desfavorável para dialogar com os interessados, decorrente da assimetria de informações que constitui um dos pressupostos do diálogo. Assim é que, se o ente público não tem capacidade para ditar a solução adequada, deve, em contrapartida, ter condições de gerir essa situação de assimetria de informações, com capacidade de identificar as soluções mais adequadas.

A capacitação específica de *saber fazer* o diálogo envolve as habilidades: (1) de extrair contribuições efetivas dos interessados, com aplicação de técnicas e boas práticas de entrevista e de negociação;[106] (2) de processar as informações recebidas via diálogo, o que passa por evitar que a definição do objeto a ser licitado seja capturada por alternativa não necessariamente mais adequada, que convirja para o interesse de um único licitante em detrimento da ampla competitividade; (3) de balancear a extensão do diálogo – identificar o nível de aprofundamento e detalhamento necessários para que a licitação possa seguir à etapa subsequente, sem que o diálogo seja estendido de forma

[105] "Factors and skills to be taken into account when deciding the composition of the Competitive Dialogue team and work stream sub-teams, which are multi-disciplinary, include: a. experience in governance and management of complex Procurement Processes; b. experience of planning and conducting a Competitive Dialogue; c. experience of developing appropriate evaluation criteria for Initial Selection and undertaking Proposal evaluation of complex Proposals; d. negotiation skills and experience of close involvement in Proposer selection and awarding major contracts; and e. comprehensive financial expertise to, for example, express financial aspects of the project requirement within RFP documents, evaluate financial Proposals and aspects of the Competitive Dialogue, understand the Borrower's financial position and governance processes to ensure contract affordability and value for money" (BANCO MUNDIAL. *Competitive Dialogue*: How to undertake a Competitive Dialogue Procurement Process. 2017. Disponível em: https://thedocs.worldbank.org/en/doc/412401507743078456-0290022017/original/CompetitiveDialogueGuidance2017.pdf. Acesso em: 10 out. 2021. p. 11).

[106] "3.28 It was clear from our discussions that having the confidence to close Dialogue is as valuable as any traditional negotiating skill" (HM Treasury. *HM Treasury Review of Competitive Dialogue*. Reino Unido, 2010. Disponível em https://assets.publishing.service.gov.uk/government/uploads/system/uploads/attachment_data/file/225318/03_ppp_competitive_dialogue.pdf. Acesso em: 10 out. 2021). No mesmo sentido: HAUGBØLLE, K.; PIHL, D.; GOTTLIEB, S. C. *Competitive dialogue*: Driving innovation through procurement? *In*: *Procedia Economics and Finance*, n. 21, 2015. p. 559.

desnecessária, demandando recursos relevantes; e (4) de definir a solução mais vantajosa.

Ademais, o prazo de maturação do diálogo e a sua complexidade pressupõem planejamento de longo prazo por parte da Administração, com a disponibilização de pessoal, tempo e dinheiro suficientes. O ente contratante deve ter consciência de que a análise das contribuições não será simples e que ele terá de mobilizar recursos para conduzir um longo processo licitatório.

A questão não é de menor importância. A sua relevância pode ser aferida mediante paralelo com a experiência vivenciada a propósito dos PMIs. Os índices de sucesso desses procedimentos são afetados, entre outras causas, pela falta de recursos ou comprometimento superveniente para avaliar as propostas de forma tempestiva e adequada e promover os encaminhamentos necessários para viabilizar uma contratação subsequente. O entusiasmo e a boa vontade política iniciais não raro restam superados pelas dificuldades concretas para viabilizar um projeto e pelo prazo de maturação que se sucede, por vezes superando o ciclo das gestões que deram início a esses processos.

Essas considerações encontram-se refletidas em recomendação do Tribunal de Contas da União acerca do uso do diálogo. Aquela Corte recomenda que a adoção do diálogo envolva a prévia avaliação "[d]a capacidade do órgão em internalizar e operacionalizar a solução tecnológica que se pretende adquirir, considerando os impactos em termos de competências, infraestrutura e pessoas necessárias".[107]

Em suma, o diálogo impõe realidade e desafios específicos para desenvolver a licitação. Essa mudança de perspectiva diz respeito também à organização administrativa do ente contratante em torno do projeto que será licitado. Em última análise, como a prática de países mais experimentados no uso do diálogo evidencia, a capacidade do ente contratante para conceber e gerenciar processos licitatórios complexos, montar uma equipe multidisciplinar apta a identificar critérios de seleção e negociar o desenvolvimento do

---

[107] TRIBUNAL DE CONTAS DA UNIÃO. *Trilha Diálogo Competitivo*. Disponível em: https://portal.tcu.gov.br/lumis/portal/file/fileDownload.jsp?fileId=8A81881E7FF0EF4B01828247BA090887. Acesso em: 03 abr. 2024.

diálogo é um dos fatores de relevância a ser considerado na própria definição e justificação do cabimento da modalidade em questão.

4.4.2 Alguns aspectos práticos da organização administrativa na Lei nº 14.133/2021

Não passou despercebida da Lei nº 14.133/2021 a necessidade de organização peculiar do ente contratante.

Aplicam-se os princípios e as regras gerais aplicáveis à organização dos agentes públicos, observando a gestão por competências, a segregação de funções e o regime de governança instituído, bem como o imperativo de imparcialidade dos servidores efetivos ou empregados públicos que comporão a comissão de contratação, extensível a terceiros que venham a ser chamados para contribuir com o desenvolvimento do certame.

Pode-se dizer que a governança, os processos e as estruturas (art. 11, parágrafo único, da Lei nº 14.133/2021)[108] relativos ao diálogo competitivo assumem contornos diferenciados em relação ao que ocorre em outras modalidades licitatórias, porque o modo de licitar e as práticas a serem adotadas serão diferentes. A capacitação dos agentes administrativos será parcialmente diversa ou mais ampla. É aplicável ao diálogo competitivo observação feita por Eduardo Jordão e Tarcila Reis a propósito da condução de PMIs no sentido de que, "em regra, faz mais sentido ter gestores qualificados para *coordenar* projetos do que ter especialistas públicos em número suficiente e tecnicamente aptos a *elaborá-los integralmente* nas mais diversas áreas".[109]

De forma específica, o art. 32, §1º, inc. XI, prevê que o diálogo competitivo será conduzido não por um agente de contratação, mas por uma comissão de servidores efetivos ou empregados públicos.

---

[108] "A alta administração do órgão ou entidade é responsável pela governança das contratações e deve implementar processos e estruturas, inclusive de gestão de riscos e controles internos, para avaliar, direcionar e monitorar os processos licitatórios".

[109] REIS, Tarcila; JORDÃO, Eduardo. *A experiência brasileira de MIPs e PMIs*: três dilemas da aproximação público-privada na concepção de projetos. *In*: JUSTEN FILHO, Marçal; SCHWIND, Rafael Wallbach (Org.). *Parcerias público-privadas*: reflexões sobre os 10 anos da Lei 11.079/2004. São Paulo: Revista dos Tribunais, 2015. p. 208.

Reconhecendo a complexidade peculiar envolvida, a norma prevê que essa banca terá um número mínimo de três integrantes e poderá ser assistida por profissionais especializados, para assessoramento técnico.

A composição da comissão será pautada por dois fatores principais: flexibilidade e suficiência de *expertise*. A prevalência de um ou outro fator dependerá da abrangência dos campos de especialidade que serão submetidos à discussão com os licitantes.

Em outras palavras, não há uma receita única para a composição da equipe responsável pela concepção e pelo processamento da licitação. Quanto maior for a abertura do diálogo, em termos horizontais (diversidade de temas) e verticais (aprofundamento em cada assunto), tanto maior será a necessidade de *expertise* e multidisciplinariedade na composição do conjunto de responsáveis.

Assim, um diálogo que tenha por objeto apenas aspectos de engenharia poderia ser conduzido com uma equipe de apoio composta por profissionais especializados em engenharia, com o necessário acompanhamento jurídico e das demais áreas relacionadas. Mas mesmo no campo da engenharia há diversas soluções possíveis. Pense-se, por exemplo, em uma licitação para construção de usina. Pode-se cogitar ter agentes com conhecimento mais generalista de engenharia ou com especialidades mais focadas (engenheiros barragistas, por exemplo), na medida em que as especificações preestabelecidas e não sujeitas ao diálogo permitam direcionamento mais ou menos específico.

Além disso, a interlocução com outras áreas será tanto mais necessária quanto maiores forem os impactos das definições técnicas de engenharia na estruturação econômica ou jurídica da contratação, o que demandará envolvimento de profissionais das respectivas áreas. Não seria improvável que, com base no art. 32, §1º, inc. XI, o ente contratante recorra não apenas a profissionais externos isolados, mas a consultorias especializadas para o exame das alternativas postas em discussão.

No tocante à contratação do pessoal de apoio, poderá haver dispensa de licitação, conforme a previsão do art. 75, inc. XIII, da Lei nº 14.133/2021.[110] Recairá também sobre esses profissionais o

[110] "Art. 75. É dispensável a licitação: XIII – para contratação de profissionais para compor a comissão para avaliação de critérios de técnica, quando se tratar de profissional técnico de notória especialização."

dever de imparcialidade. O art. 32, §2º, prevê que "os profissionais contratados para os fins do inc. XI do §1º desse artigo assinarão termo de confidencialidade e abster-se-ão de atividades que possam configurar conflito de interesses". Confirmando a equiparação de regimes de atuação entre os profissionais externos e os agentes públicos, o §2º do art. 9º estabelece que se aplicam também a eles as vedações previstas no art. 9º da Lei nº 14.133/2021.[111]

É pertinente observar que, ao tratar do conflito de interesses em relação à contratação desses profissionais, a Lei enfatiza proibição consistente em dever de não fazer, voltada para o futuro (evitar "atividades que possam configurar conflito de interesse"). Evidentemente, isso abrange o dever de interromper eventuais atividades em curso que constituam conflitos de interesse, mas não apenas isso: aplicam-se as hipóteses de impedimento previstas no art. 18 da Lei nº 9.784/1999. Não se poderia descartar ainda a configuração de impedimento superveniente, conforme a identidade dos licitantes que sejam selecionados para participar do diálogo e eventual relação com os referidos profissionais.[112]

Como consequência, eventual conflito deve ser considerado tanto no momento da contratação dos profissionais, quanto após conhecida a identidade dos licitantes ou verificada a ocorrência de fatos supervenientes relevantes. Aos licitantes será possível, por meio de justificado exercício do direito de petição em vista dessas regras, questionar a participação de profissional técnico na comissão.

---

[111] "As vedações de que trata este artigo estendem-se a terceiro que auxilie a condução da contratação na qualidade de integrante de equipe de apoio, profissional especializado ou funcionário ou representante de empresa que preste assessoria técnica."

[112] "Art. 18. É impedido de atuar em processo administrativo o servidor ou autoridade que: I - tenha interesse direto ou indireto na matéria; II - tenha participado ou venha a participar como perito, testemunha ou representante, ou se tais situações ocorrem quanto ao cônjuge, companheiro ou parente e afins até o terceiro grau; III - esteja litigando judicial ou administrativamente com o interessado ou respectivo cônjuge ou companheiro."

CAPÍTULO 5

A FASE PREPARATÓRIA: O PLANEJAMENTO DA LICITAÇÃO E DO FUTURO CONTRATO

Examinados os aspectos preliminares à adoção do diálogo competitivo, passa-se a tratar dos aspectos relativos à sua estruturação.

5.1 O desenvolvimento do planejamento contratual

O diálogo competitivo não constitui uma forma de *outsourcing* da tarefa de planejar o contrato. A diferença em relação às demais modalidades não consiste na redução ou no compartilhamento da responsabilidade pelo planejamento contratual, mas em uma mudança de perspectiva do planejamento. A ênfase não está na definição dos meios, especificações e de todas as minúcias do objeto contratual, mas nas tarefas de definir necessidade e objetivos – em outras palavras, o que o ente contratante quer e para qual finalidade –, e de desenhar e conduzir um processo de contratação de modo eficiente, apto a estruturar solução que atinja os propósitos esperados e que possa ser licitada em ambiente de competição efetiva.

Em outras palavras, o ente contratante não renuncia à tarefa de planejar, apenas altera a estratégia de planejamento, o que demanda a existência de certas condições.

Em primeiro lugar, o ente contratante deve ter certo nível de compreensão prévia das possíveis soluções técnicas admissíveis – seja pelos fatores já anteriormente referidos, seja porque, em boa medida, essa compreensão é necessária para a própria possibilidade de justificar a decisão de utilizar o diálogo competitivo conforme as exigências do inc. I do art. 32. A capacitação adequada do ente contratante é pressuposto para a condução adequada do diálogo. A capacidade e o conhecimento administrativos devem ser aplicados inclusive para circunscrever o diálogo aos temas em que ele seja realmente imprescindível e útil.

Em segundo lugar, o ente contratante precisa ter certa visibilidade sobre o mercado e avaliar as condições existentes. Instituições como o Banco Mundial e o *Office of Governement Commerce* no Reino Unido recomendam o emprego de práticas de engajamento junto ao mercado anteriormente à instauração do diálogo competitivo, como *market sounding* e *road shows*. É legítimo e necessário entender previamente a medida de disposição do mercado em se envolver no processo tal como cogitado, inclusive para aferir o nível potencial de competição que se poderá instaurar.[113]

O cumprimento desses requisitos permite evitar um dos problemas classificados na experiência internacional como de

---

[113] 5.1.8 The Contracting Authority has to assess if the potential supplier market is likely to provide genuine competition. Relevant activities may include: Market research; Market soundings, for example through the publication of a Prior Information Notice (PIN) in the OJEU; and Industry days to explain the project to potential bidders, thereby encouraging interest and later participation (OFFICE OF GOVERNMENT COMMERCE – HM TREASURY. *Competitive Dialogue in 2008*: OGC/HMT joint guidance on using the procedure. Reino Unido: 2008. p. 15. Disponível em: https://assets.publishing.service.gov.uk/government/uploads/system/uploads/at tachment_data/file/225317/02_competitive_dialogue_procedure.pdf. Acesso em: 10 out. 2021). Ainda nesse sentido: "Borrowers should consider the best approach for assisting the market to prepare to respond to the Competitive Dialogue. This involves maximizing interest in the procurement by alerting potential Applicants to the upcoming procurement. Early market engagement may be initiated through: 1. advertising internationally in relevant industry journals, sites, publications; 2. arranging group meetings/awareness sessions targeting potential Applicants/Proposers; 3. undertaking "road shows"; 4. liaison with trade associations; and 5. publishing a draft of the Initial Selection document and/or draft RFP document and inviting industry feedback (before advertising the General and Specific Procurement Notices). This process should start as soon as the procurement activities are known, as documented and agreed in the PPSD, so that the market has the maximum amount of time available to mobilize bid teams and assemble joint ventures, if appropriate. [...] In markets where Competitive Dialogue is a relatively novel concept, potential Applicants / Proposers may be reluctant to make such a commitment and this may be detrimental to the level of competition that can be secured for the procurement. Therefore, early market engagement is a critical activity in encouraging market involvement and providing information that allows potential Applicants to make an informed decision on participation as well as identifying any factors that may be a barrier or disincentive for their participation" (BANCO MUNDIAL. *Competitive Dialogue*: How to undertake a Competitive Dialogue Procurement Process. 2017. p. 20. Disponível em: https://thedocs.worldbank.org/en/doc/412401507743078456-0290022017/original/CompetitiveDialogueGuidance2017.pdf. Acesso em: 10 out. 2021).

maior relevância quando se trata da implementação do diálogo competitivo. Aponta-se a fase de preparação da licitação como a mais desafiadora e relevante do certame, dado que é nela que o ente contratante resolverá questões cruciais que determinarão os custos e as dificuldades do processo, bem como a sua efetividade. Constata-se que a simplificação dessa fase para reduzir custos e agilizar projetos constitui uma falsa economia de tempo e de dinheiro, que tende a ser desastrosa em vista das dificuldades, custos e riscos que restam ampliados como resultado do planejamento inicial insuficiente ou equivocado.[114]

5.2 O conteúdo peculiar do edital do diálogo competitivo

Como consequência, a condução do diálogo pressupõe definições indispensáveis para nortear o desenvolvimento da licitação. Além de dever caracterizar o projeto contratual, ainda que em termos mais amplos e flexíveis, o edital que instaura o diálogo deverá conter definições que podem ser agrupadas em três conjuntos principais de regras: dispor sobre os requisitos de pré-seleção, delimitar as matérias sujeitas ao diálogo e fixar as regras procedimentais que orientarão a conduta dos participantes do processo.

Esses elementos são examinados a seguir.

[114] "2.29 Publishing a detailed and robust procurement and resource plan in advance of procurement would not only give comfort to prospective bidders and help address private sector concerns on the capacity and preparedness of the procurement, it would also allow an audit of the actual time and cost taken during procurement once a project reaches close. Holding projects accountable in this way will focus attention on the true cost of procurement and help build a more realistic and achievable timetable [...]. The ERG notes in 'A Formula for Success' "The competitive phase in the procurement process is often started too early, principally in an effort to make, or to be seen to make, progress. But this is a false economy. Using the competitive process to resolve issues, which could have been dealt with before the start, is likely to be more difficult and more costly. 3.3 Feedback received from our surveys and the roundtable sessions was very clear with regards to this stage of the process – pre-procurement is the most challenging and most influential stage of a Competitive Dialogue procurement. The findings also indicate it is often the most neglected and poorly executed part of the process" (HM Treasury. *HM Treasury Review of Competitive Dialogue*. Reino Unido, 2010. p. 10, 13. Disponível em: https://assets.publishing.service.gov.uk/government/uploads/system/uploads/attachment_data/file/225318/03_ppp_competitive_dialogue.pdf. Acesso em: 10 out. 2021).

5.2.1 A definição das necessidades e dos objetivos pretendidos: reflexo sobre o universo de licitantes e delimitação do alcance do diálogo

Em primeiro lugar, a Lei nº 14.133/2021 prescreve que, "por ocasião da divulgação do edital", serão divulgadas as "necessidades e as exigências já definidas" (art. 32, §1º, inc. I). que, por sua vez, exercerão três funções principais.

A primeira função consiste em calibrar os critérios de pré-seleção. Esses conjuntos de previsões não são alheios entre si. Encontra-se pressuposta uma relação de adequação, pertinência e necessidade entre as necessidades e exigências previamente estabelecidas pelo ente contratante e os critérios de seleção que virão a ser adotados.

A segunda função é permitir um determinado nível de compreensão que permita aos licitantes identificar o diálogo como uma oportunidade de negócio relevante e viável. A abertura de certame deve apresentar visibilidade acerca da contratação pretendida suficiente para cumprir o propósito de suscitar o interesse do mercado. Assim é que a definição prévia das "necessidades e as exigências já definidas" (inc. I) visa permitir que os agentes do mercado possam mapear as características mais elementares da futura contratação e definir o seu interesse em ingressar no diálogo.

Esse conjunto de elementos exercerá, ainda, uma terceira função – a de constituir a moldura que delimitará o escopo do diálogo. Não se trata ainda de definição acerca do objeto licitado – cuja configuração poderá, em grande medida, ser submetida ao diálogo competitivo –, mas é necessário que o edital seja suficientemente claro para permitir a compreensão sobre o que o contratante pretende e sobre quais informações são buscadas para compor o projeto contratual que, ao término do diálogo, será estruturado e licitado. A definição dos objetivos e das especificações gerais pelo ente contratante é indispensável para a eficiência e para a preservação da isonomia no certame, na medida em que concorrerá para delimitar o universo de interessados e pautará as contribuições que serão apresentadas.

Dada a pluralidade de situações que pode ser alcançada pelo diálogo competitivo, a lei não estipula e possivelmente nem poderia estipular um nível mínimo de densidade a respeito dessas exigências. Privilegia-se a flexibilidade no manejo do diálogo competitivo. De forma geral, pode-se dizer que há uma equação a ser considerada e equilibrada pelo ente contratante caso a caso, tendo em vista os efeitos produzidos pela maior ou menor indeterminação sobre o conteúdo da futura contratação e os rumos do procedimento. A maior indeterminação tende a gerar mais espaço para a inovação por parte dos licitantes interessados. Em contrapartida, também amplia a complexidade e os custos do diálogo, a possibilidade de os licitantes formularem soluções com maior grau de heterogeneidade entre si e o tempo de maturação do diálogo.

Uma via, entre outras possíveis, para identificar de forma mais precisa as pretensões do ente contratante sem renunciar à flexibilidade consiste em estabelecer sistemática dúplice de regras e especificações. Nada impede que o edital (1) estabeleça necessidades e especificações mandatórias, suficientes para cumprir o art. 32, §1º, inc. I, detalhando por meio dessas premissas – jurídicas, técnicas e econômicas – que o ente contratante entenda que devam ser consideradas como imutáveis durante o processo de licitação e para o futuro contrato e, adicional e facultativamente, (2) contemple regras, premissas e especificações que, não obstante tenham sido identificadas até aquele momento pelo ente contratante como adequadas, poderão ser submetidas ao crivo do diálogo para eventual aprimoramento.

Estas últimas regras e especificações poderão ser previstas no edital com a observação de serem meramente referenciais e estarem sujeitas a eventuais críticas e contribuições dos interessados. Ou seja: o ente contratante deve adotar no curso do diálogo uma *abordagem investigativa de novas soluções*, baseado nas especificações mínimas obrigatórias e inafastáveis que o edital deve prever para reger o diálogo, em conformidade com o art. 32, §1º, inc. I. Sem prejuízo, pode adotar também uma *abordagem consultiva a respeito de elementos já existentes*, que possam ser alterados sem comprometer o núcleo essencial acima referido.[115]

---

[115] Nesse sentido: "A consultative approach to the dialogue phase is one, in essence, based on the Contracting Authority's solution(s) i.e. a solution or solutions developed by the Contracting Authority as its provisionally preferred solution(s) and launched by it at the opening of the

Trata-se de meio de ampliar a transparência acerca da compreensão do ente contratante a propósito do contrato pretendido. Sob a perspectiva dos concorrentes, essas especificações podem funcionar como meio de possibilitar entendimento mais preciso dos objetivos pretendidos pelo ente contratante. Já sob a perspectiva deste último, o diálogo servirá como teste para essas especificações meramente referenciais. Tal como tem sido cogitado no direito comparado, essas especificações meramente referenciais ficarão sujeitas ao crivo do diálogo, podendo ser ou não confirmadas ao término dele. Fica aberta, então, a possibilidade de os interessados apresentarem juízos críticos e soluções alternativas para que o ente contratante possa explorar configurações em torno dessas premissas, na medida em que elas não sejam mandatórias.[116]

Em qualquer caso, a instauração do diálogo deve sempre estar baseada na especificação clara e objetiva de um núcleo insuprimível

---

dialogue phase. In practice, this means that the dialogue phase will start with the marking up (proposed amendments/comments) by bidders of the Contracting Authority's preferred solution(s). This enables the Contracting Authority to manage the dialogue phase with reference to its own provisionally preferred solution(s), basing it on variations to its own solution. Put simply, the consultative approach defines the dialogue phase as, in principle, a dialogue about a single solution – that of the Contracting Authority - and variations about implementing that solution rather than competition between different solutions of different bidders. An investigative approach to the dialogue phase is one based on bidder-driven solutions. This starts from a definition by the Contracting Authority of its objectives and desired outcomes but less definition of the elements of the preferred solution(s). In this method, the dialogue phase will typically start with the submission of outline solutions by the bidders which subsequently become more refined during the course of the dialogue" (BURNETT, Michael. Using Competitive Dialogue in EU Public Procurement – Early Trends and Future Developments. EIPAScope, 2009, p. 20. Disponível em: http://aei.pitt.edu/12381/1/20100114121857_Eipascope_2009_2_Article2.pdf. Acesso em: 10 out. 2021).

[116] "Where possible, it is recommended that Borrowers adopt a position somewhere between these two extremes. This means developing a problem definition, or statement of need, or business/performance requirements in enough detail to provide Proposers with a clear picture of the output required and clear steer towards an acceptable solution, while leaving room for innovation and for the development of value added ideas during the dialogue process. One way of doing this is to develop a high-level reference design, for example, that contains mandatory elements, if any exist, (that Proposers must adhere to) and advisory elements (that Proposers can deviate from by agreement with the Borrower if the deviation offers an acceptable solution). For example, in a hospital contract, the Borrower may require certain hospital departments to be located adjacent to each other for specific clinical reasons, and so such adjacency may be deemed mandatory. Other departments could be in different configurations, with no mandatory adjacency applicable, but which merit discussion in dialogue to explore viable configurations" (BANCO MUNDIAL. *Competitive Dialogue*: How to undertake a Competitive Dialogue Procurement Process. 2017, p. 16. Disponível em: https://thedocs.worldbank.org/en/doc/412401507743078456-0290022017/original/CompetitiveDialogueGuidance2017.pdf. Acesso em: 10 out. 2021).

de necessidades e de objetivos irrenunciáveis que seja suficiente para promover a competição e o entendimento do diálogo e das linhas gerais do contrato que será licitado. O edital deverá definir de forma clara e objetiva o que é imutável e o que está sujeito a aprimoramentos. Nesse sentido, verifica-se na doutrina estrangeira a admissão de soluções flexíveis, que comportem a possibilidade de alteração de parte das especificações postas pela Administração, com a ressalva de que essa possibilidade deve ser previamente conhecida e invariavelmente preservar as características nucleares do diálogo competitivo tal como fixadas no edital.[117]

5.2.2 A definição dos critérios de pré-seleção dos licitantes

O segundo grupo de regras compreende a definição dos requisitos que deverão ser atendidos pelos candidatos a ingressar no certame. Veja-se que o art. 6º, inc. XLII, incorporou ao conceito legal de diálogo competitivo a alusão à fase de pré-seleção, ao estabelecer que a modalidade licitatória será desenvolvida a partir da realização de "diálogos com licitantes previamente selecionados mediante critérios objetivos". Isso pressupõe a existência de uma fase inaugural, destinada à seleção dos licitantes, que se pautará pelos "critérios empregados para pré-seleção dos licitantes" definidos no edital (art. 32, §1º, inc. II).

A operacionalização da pré-seleção suscita algumas questões.

A primeira questão diz respeito à finalidade da pré-seleção, que se desdobra em duas frentes, complementares entre si: a pré-seleção deve servir para aferir a qualificação dos interessados tanto para propor e discutir soluções inovadoras, quanto para, de

[117] "The logic of Competitive Dialogue was that Contracting Authorities should aim to ensure that the selection of winning tender does not happen until all substantial terms and conditions affecting the price and delivery of a project have been settled while there is still competition. In practice this can only happen if a Contracting Authority undertakes a thorough assessment of the need for, and objectives of, the procurement, ideally before its launch, and ensures that there are limited, if any, changes in scope during the procurement process" (BURNETT, Michael. PPP and EU Public Procurement Reform Time to Change the Rules for Competitive Dialogue. *European Procurement & Public Private Partnership Law Review*, v. 61, n. 6, 2011. p. 65).

igual modo, promover a execução do futuro contrato. O licitante deve reunir atributos que o permitam atuar como uma espécie de consultor da Administração Pública no curso da licitação e como o responsável pela execução do contrato se restar vencedor do certame.

A segunda questão reside no surgimento de uma dificuldade peculiar: se o objeto a ser contratado não está perfeitamente identificado, ainda mais em relação à sua caracterização técnica, como estabelecer requisitos de pré-seleção aderentes ao contrato que será posteriormente licitado?

Na generalidade dos casos, os requisitos de habilitação devem dizer respeito às condições subjetivas indispensáveis para atestar a possibilidade de o interessado bem executar o objeto licitado. No entanto, a delimitação desses requisitos depende fundamentalmente da caracterização definitiva do objeto licitado. São os contornos concretos do contrato a ser licitado que permitem estimar a sua dimensão econômica (que norteará as exigências de capacidade econômico-financeira) e as suas parcelas e aspectos técnicos mais relevantes, o que conduzirá à identificação das exigências de capacidade técnico-operacional e técnico-profissional cabíveis (art. 67 da Lei nº 14.133/2021).

Esse cenário de completude de informações e de segurança não existe no diálogo competitivo. A pré-seleção não terá parâmetros contratuais, técnicos e econômicos exatos para nortear a definição dos requisitos de habilitação. Não é possível definir com exatidão e no detalhe os requisitos de habilitação para uma solução que não se encontra definida. Daí se segue que, apesar de a pré-seleção ter função similar à habilitação, mas ser orientada também a verificar licitantes aptos a apresentar soluções inovadoras, não é possível importar rigorosamente a mesma lógica desta para aquela.

A função mais abrangente da *pré-seleção* explica a adoção de terminologia peculiar e diferenciada do termo *habilitação* para tal fase, mantendo-se o emprego deste último termo para as demais situações. Isso não significa que a pré-seleção seja substancialmente distinta da fase de habilitação. As duas noções exercem função análoga no processo licitatório, consistente em selecionar candidatos aptos a oferecer propostas. Ocorre que, no caso do diálogo competitivo, é necessário selecionar candidatos que, antes de tudo e adicionalmente, sejam aptos a oferecer contribuições inovadoras e relevantes no âmbito do diálogo.

Examinando essas características peculiares, Marçal Justen Filho observa que "não é casual que o dispositivo não se valha da expressão 'habilitação'".[118] Segundo aquele autor, a opção legislativa se justificaria em razão da complexidade própria à figura do diálogo, que justificaria a adoção dos "requisitos de habilitação genéricos, previstos para toda e qualquer licitação", mas não apenas deles, na medida em que outros requisitos atinentes a "atributos diferenciados e especiais"[119] sejam necessários para delimitar o universo de interessados efetivamente capacitados a participar do diálogo. Há margem de discricionariedade para a definição, devidamente justificada, de requisitos peculiares à pré-seleção.[120]

A terceira questão diz respeito à atipicidade desses requisitos adicionais que poderão ser exigidos e à necessidade de identificação das exigências admissíveis. Não há uma predeterminação – e existirá mesmo uma dificuldade em formular requisitos mais específicos relativos ao contrato, cuja concepção se encontrará ainda em aberto –, o que impõe que a escolha dos critérios seja pautada pela demonstração de sua adequação, de sua necessidade e da proporcionalidade em sentido estrito.

Em uma primeira aproximação, os critérios serão enquadráveis nas categorias previstas no art. 62 da Lei nº 14.133/2021 – ressalvando-se que o legislador não estipulou uma limitação nesse sentido. Envolverão o exame de qualificação jurídica, técnica, fiscal, social, trabalhista e econômico-financeira, conforme os inc. I a IV daquele dispositivo.

Enquanto os requisitos dos inc. I e III não guardarão maiores peculiaridades, dificuldades podem surgir no tocante à avaliação

---

[118] JUSTEN FILHO, Marçal. *Comentários à Lei de Licitações e Contratações Administrativas*: Lei 14.133/2021. São Paulo: Thomson Reuters Brasil, 2021. p. 463.

[119] Idem. p. 464. Ainda segundo o autor, "a Lei 14.133/2021 exige a fixação de requisitos objetivos. Isso não implica a vedação a requisitos relacionados com a confiabilidade decorrente da experiência, da reputação e de outros atributos do licitante. Ou seja, a objetividade dos requisitos não é excluída pela natureza subjetiva das qualificações previstas quanto ao particular" (Idem. p. 465).

[120] ARAGÃO, Alexandre Santos de. O diálogo competitivo na nova lei de licitações e contratos da Administração Pública. *RDA – Revista de Direito Administrativo*, Rio de Janeiro, v. 280, n. 3, p. 41-66, set./dez. 2021. p. 56.

da capacidade técnica e econômico-financeira dos interessados (inc. II e IV).

No tocante aos requisitos de qualificação econômico-financeira, eles compreenderão certidão negativa de falência (art. 69, II) e balanço patrimonial e demonstrações contábeis do último exercício (art. 69, I). Quanto aos demais requisitos possíveis (capital social, patrimônio líquido, índices contábeis), tende a ser inviável estabelecer definições prévias precisas, dada a pouca visibilidade a respeito do valor estimado para o contrato e para a própria estruturação financeira do projeto contratado. Os requisitos econômico-financeiros devem ser condizentes com o porte e a possível estruturação financeira do contrato, mas cabe reconhecer que modelagens contratuais distintas comportarão fluxos financeiros de características diversas, o que justificará níveis de liquidez e endividamento atrelados às condições concretas que venham a ser estabelecidas por meio do diálogo. A definição desses requisitos previamente ao diálogo terá de ser estimada à luz dos dados ainda genéricos de que a Administração disponha antes do início do certame. Soluções mais precisas poderão ser definidas a partir do diálogo, por meio de exigências contratuais, inclusive no tocante à definição de garantia a ser prestada.

No que diz respeito aos requisitos de capacidade técnica, adotando-se como ponto de partida a disciplina da Lei nº 14.133/2021, de modo geral serão cabíveis exigências em torno da experiência do licitante na execução de contratos similares (art. 67, inc. I e II) e evidências sobre o desempenho anterior (art. 67, §10). Mas a definição desses requisitos também enfrentará situação de considerável incerteza sobre a solução a ser contratada. Como delimitar, por exemplo, as "parcelas de maior relevância ou valor significativo do objeto da licitação, assim consideradas as que tenham valor individual igual ou superior a 4% (quatro por cento) do valor total estimado da contratação" (art. 67, §1º), se o projeto contratual ainda está em construção? Definições mais específicas como essa não serão impossíveis (especialmente porque podem dizer respeito a aspectos do contrato não sujeitos ao diálogo), mas tendem a ser menos frequentes.

A quarta questão diz respeito ao momento de apresentação dos documentos atinentes à demonstração das condições subjetivas suficientes dos interessados a ingressar no certame. Dada a disciplina relativa à pré-seleção, pode-se entender o diálogo competitivo como uma hipótese peculiar de inversão de fases. Nesse caso, os documentos relativos aos atributos subjetivos dos interessados devem ser avaliados já no momento da pré-seleção, com exceção dos documentos relativos à regularidade fiscal – que, conforme os termos do art. 63, inc. III, serão exigidos, "em qualquer caso, somente em momento posterior ao julgamento das propostas, e apenas do licitante mais bem-classificado".

Poder-se-ia, diversamente e considerando que o legislador cuidou de diferenciar a pré-seleção do regime geral de habilitação, compreender que os documentos passíveis de serem exigidos na fase de pré-seleção serão apenas aqueles imprescindíveis para confirmar a aptidão dos potenciais licitantes para participar de forma satisfatória na fase de diálogo. Essa orientação é defendida por Rafael de Oliveira, que propõe interpretação ampliativa do art. 63, inc. III, de modo a afastar as exigências de habilitação social e trabalhista da fase de pré-seleção.[121]

Concorda-se com Oliveira sobre o sentido da pré-seleção, que é fundamentalmente o de aferir a capacidade dos licitantes para o diálogo e a execução da solução contratual pretendida. No entanto, adota-se interpretação restrita à literalidade do art. 63, inc. III, que se refere apenas à "regularidade fiscal" como elemento a ser aferido "somente em momento posterior ao julgamento das propostas".

A posição se justifica, em primeiro lugar, considerando-se o silêncio da lei em relação à avaliação das condições subjetivas

[121] "Em relação à habilitação fiscal, social e trabalhista, essas seriam cobradas apenas do licitante mais bem classificado, após o julgamento das propostas na etapa competitiva. Aplica-se aqui o inciso III do art. 63 da nova lei. Segundo esse dispositivo, em qualquer hipótese, os documentos relacionados à regularidade fiscal serão exigidos "somente em momento posterior ao julgamento das propostas, e apenas do licitante mais bem classificado" (art. 63, III). É fato que a lei refere-se apenas aos "documentos relativos à regularidade fiscal", silenciando em relação às regularidades social e trabalhista. Porém, enxerga-se que se apresentam nesta situação os mesmos motivos para postergar essas regularidades habilitatórias. A ideia contida no art. 63, III, da Lei nº 14.133, de 2021, é fazer com que se antecipe a habilitação apenas em relação aos requisitos que afiram a capacidade dos concorrentes para, de fato, competir e contribuir no certame (no caso específico do diálogo competitivo) e bem executar o contrato. As regularidades previstas no art. 62, III, da nova lei não têm esse propósito de averiguação de aptidões" (OLIVEIRA, Rafael Sérgio Lima de. *O diálogo competitivo brasileiro*. Belo Horizonte: Fórum, 2021. p. 42). Essa solução foi adotada no Decreto nº 60/2024 do município de Caxias do Sul (art. 13, §4º).

dos licitantes no diálogo competitivo em momento distinto do da pré-seleção.

Em segundo lugar, entende-se que o filtro desses requisitos é útil para evitar o engajamento do ente público com quem não disponha ou apresente risco de não vir a dispor desses requisitos subjetivos mínimos. Isso nem mesmo por hipótese produzirá restrição indevida ou excessiva à competição, visto que, além de se tratar apenas da exigência de requisitos legais invariavelmente devidos, os interessados terão pelo menos 25 dias úteis para promover providências de regularização, se for o caso (art. 32, §1º, inc. I, da Lei nº 14.133/21).

Em terceiro lugar, trata-se de requisitos de aferição relativamente simples, que não prejudicam a agilidade da atuação administrativa.

Com base nessas premissas, entende-se que todos os demais requisitos subjetivos exigíveis deverão ser avaliados ainda na pré-seleção, sem prejuízo da manutenção da atualidade desses requisitos, inclusive para os fins do art. 92, inc. XVI, da Lei nº 14.133/2021.

Em qualquer caso, o tema deverá ser disciplinado de forma expressa no ato convocatório.

5.2.3 A necessária admissão ao diálogo de todos os licitantes que cumpriram os requisitos de pré-seleção

Uma dificuldade de ordem prática que será enfrentada pelo ente contratante reside na impossibilidade de limitar *a priori* um número de candidatos a dialogar. O art. 32, §1º, inc. II, estabelece que "serão admitidos todos os interessados que preencherem os requisitos objetivos estabelecidos". Trata-se de diferença relevante em relação à disciplina da Diretiva 2014/24/UE, que comporta previsão de limitação do diálogo a um número de competidores a ser determinado em concreto, observada a diretriz de garantir um nível de concorrência adequado.[122] Admite-se, desse modo,

[122] "Artigo 30º. Diálogo concorrencial. 1 [...] As autoridades adjudicantes podem limitar o número de candidatos convidados a participar no procedimento nos termos do artigo 65º". O art. 65º por sua vez, prevê o seguinte: "Redução do número de candidatos qualificados

que a delimitação de uma faixa ótima de número de interessados componha o planejamento do diálogo competitivo.[123]

Já no direito brasileiro, os critérios de pré-seleção promoverão apenas a eliminação ou a admissão dos candidatos a dialogar. A Lei nº 14.133/2021 não confere à pré-seleção uma função classificatória dos interessados, para delimitar apenas aqueles "mais capacitados" que poderão dialogar.

Assim considerada, a solução brasileira, pautada por uma postura de cautela por parte do legislador, tem aspectos positivos e negativos.

Um primeiro aspecto positivo consiste em uma tendencial ampliação da competição. A ausência de limitação do número de candidatos pode ampliar as contribuições recebidas pela equipe responsável pela condução do processo, o que enriquecerá o diálogo com *inputs* de diversos agentes. Um segundo aspecto positivo é que a solução tende a evitar litigiosidade e riscos de questionamento relacionados com discussões em torno da ordem de classificação e preterições (o que, de todo modo, não afastará a possibilidade de discussões acerca da regularidade da fase de pré-seleção – v. item 6.2.4, adiante).

A desvantagem consiste em impor relevante carga de trabalho para o ente contratante no tocante à condução do diálogo no caso de

---

que são convidados a participar. 2. [...] Nos procedimentos concorrenciais com negociação, no procedimento de diálogo concorrencial e nas parcerias para a inovação, o número mínimo de candidatos não pode ser inferior a três. Em qualquer caso, o número de candidatos convidados deve ser suficiente para garantir uma concorrência real."

[123] "3.17 One of the key skills required to deliver an efficient Competitive Dialogue is maintaining the optimum number of bidders required to achieve true competition while keeping bid timetables on schedule and bid costs low. 3.18 Experienced public sector procurement professionals who attended the roundtables expressed a strong consensus view that one of the most significant lessons they would take into their next Competitive Dialogue was the importance of down-selecting early. 3.19 Our legal adviser attendees noted that contracting authorities, Local Authorities in particular, are reluctant to move from 3 to 2 bidders and so tend to keep 3 bidders in dialogue for longer than is necessary. Almost 15% of respondents to our survey had taken at least 6 bidders through to final bid submission, a worryingly high percentage. [...] 3.22 HM Treasury does not believe that one single de-selection method is appropriate for all Competitive Dialogue procurements as the benefits of Competitive Dialogue can mainly only be realised through a tailored procurement process appropriate to the particular circumstances of a given project" (HM Treasury. *HM Treasury Review of Competitive Dialogue*. Reino Unido, 2010. p. 15. Disponível em: https://assets.publishing.service.gov.uk/government/uploads/system/uploads/attachment_data/file/225318/03_ppp_competitive_dialogue.pdf. Acesso em: 10 out. 2021).

eventual ingresso de um grande número de interessados no certame. A maior quantidade de licitantes aptos a dialogar demandará maiores recursos.

O peso de interagir com diversos interessados é bem conhecido nos procedimentos de manifestação de interesse. A doutrina tem, inclusive, apontado a necessidade de "reduzir a complexidade nas PMIs", baseada no pressuposto de que, de modo geral, "não faz muito sentido autorizar a elaboração de estudos paralelos, multiplicando custos, quando o que se precisa é concentrar esforços".[124] Incorporando essa pauta, o Decreto Federal nº 8.428/2015 atualizou o regramento atinente aos PMIs passando a prever de forma expressa que a autorização para apresentação de contribuições poderia ser "conferida com exclusividade ou a número limitado de interessados" (art. 6º, inc. I). Tal previsão, diga-se, não foi recepcionada pelo art. 81 da Lei nº 14.133/2021, que disciplina os PMIs, embora não haja impedimento a que a regulamentação de que trata o *caput* desse artigo venha a dispor nesse sentido.

Em termos práticos, um elevado número de participantes poderá exaurir a capacidade do ente público de processar informações, a ponto de prolongar de forma excessiva o tempo necessário de diálogo e, eventualmente, restringir o aprofundamento da discussão, que poderia ser verticalizada de forma mais apropriada em um contexto com menos concorrentes. Na experiência internacional, aponta-se que um dos principais custos – se não o principal – advindos do diálogo competitivo para o ente público resulta da multiplicação de interações a administrar frente aos diversos interessados e dos encargos relacionados com a avaliação diligente das diversas contribuições recebidas.[125]

---

[124] SUNDFELD, Carlos Ari. Apresentação. *In*: CARVALHO, André Castro; CASTRO, Leonardo F. de Moraes e (Coord.). *Manual de Project Finance no Direito brasileiro*. São Paulo: Quartier Latin, 2016. p. 27.

[125] "4.8 The primary reason for increased public sector costs is the increase in administration, evaluation and support costs which increase when a large number of bidders are taken into dialogue and/or where bidders are not appropriately down-selected. With the majority of these costs rarely quantified but instead absorbed as public sector overheads, the true cost of procurement (regardless of process used) can often be overlooked (HM Treasury. *HM Treasury Review of Competitive Dialogue*. Reino Unido, 2010. p. 18-19. Disponível em https://assets.publishing.service.gov.uk/government/uploads/system/uploads/attachment_data/file/225318/03_ppp_competitive_dialogue.pdf. Acesso em: 10 out. 2021).

Considerando todos esses fatores, à primeira vista, a sistemática legal pode servir como incentivo para que a Administração estipule requisitos de pré-seleção mais rigorosos, que, de forma esperada, terão como resultado a redução do número de possíveis interessados aptos. Isso se daria não sem inconvenientes. Além de um maior rigor poder ampliar a litigiosidade em torno dos próprios critérios, será problemático estipular parâmetros mais rigorosos e estimar as consequências resultantes desses requisitos em ambiente de inovação e grande margem de indeterminação, inclusive no que diz respeito à competitividade. Quanto maior o rigor no processo de pré-seleção, mais restrito será o diálogo e maior será a possibilidade de soluções viáveis e úteis serem descartadas em razão de uma pré-seleção excessivamente rigorosa.

Uma solução mais adequada para mitigar as dificuldades relacionadas com a complexidade de interagir com um número elevado de concorrentes na fase do diálogo consiste em delimitar regras específicas para orientar o desenvolvimento incremental do diálogo. O planejamento do diálogo deve considerar regras que confiram racionalidade, eficiência e agilidade ao diálogo, o que implica admitir, como solução natural, que as discussões sejam afuniladas. Isso conduz ao terceiro grupo de regras que o edital inaugural do diálogo deverá conter: aquelas que definirão o desenvolvimento do processo de diálogo, referidas a seguir.

5.2.4 As regras processuais: racionalização, estabilidade de expectativas e boa-fé

O ente contratante deverá ter exercido também a decisão sobre as regras que nortearão o desenvolvimento do processo licitatório. Parte do planejamento que deve ser elaborado previamente à instauração do processo licitatório e traduzido nas regras postas no edital compreende a forma de desenvolvimento da fase do diálogo e das etapas subsequentes.

No que diz respeito à fase do diálogo propriamente dito, isso inclui, conforme o art. 32, §1º, a estipulação de regras sobre compartilhamento de informações tanto do ente contratante aos interessados, quanto da restrição à circulação de informações dos interessados entre eles (inc. III e IV), os meios de processamento do diálogo (inc. VI) e a forma de desenvolvimento do diálogo, enquanto atividade decisória da Administração para compor a solução contratual final. Para tanto, o ente contratante deverá definir previamente, no corpo do edital, como o diálogo se desdobrará e os critérios a serem observados, podendo estipular "a realização de fases sucessivas, caso em que cada fase poderá restringir as soluções ou as propostas a serem discutidas" (inc. VI).

A disciplina desses diversos aspectos é necessária, mas não é rigorosa e estritamente vinculante como nas demais modalidades licitatórias. Não se trata de engessar as decisões administrativas acerca da evolução e do término do diálogo, mas de racionalizar a atuação de todos, orientando e estabilizando as expectativas em torno do diálogo. A necessidade de regras prévias claras não afasta a possibilidade de o próprio regramento comportar certa flexibilidade, para que o procedimento seja ajustado na medida em que é desenvolvido, observando os parâmetros previstos no edital para orientar a organização e a expectativa de todos os envolvidos.

Nesse sentido, convém que haja prévia estipulação do calendário referencial para o diálogo, sem que isso impeça revisões justificadas no curso do procedimento. Ademais, como será retomado a seguir, a Lei nº 14.133/2021 remete a definição acerca do encerramento do diálogo à decisão a ser adotada no curso do certame (art. 32, §1º, inc. V). Portanto, o edital reservará uma espécie de discricionariedade procedimental à Administração no tocante à condução da fase de diálogo.[126]

Do mesmo modo, a comissão de contratação deverá planejar o desenvolvimento do diálogo no tocante aos seus aspectos materiais, às perguntas a serem feitas aos participantes etc. Isso sem que esse planejamento inicial seja rígido: como já se previu em âmbito regulamentar, tal roteiro inicial exercerá, de modo geral, a "função

---

[126] "O edital pode estabelecer competências discricionárias da comissão no tocante ao encaminhamento dos trabalhos, estabelecimento de fases diversas, início e encerramento das fases. A dimensão dialógica do relacionamento entre Administração e particulares é incompatível com a previsão antecipada, de modo exaustivo, dos momentos e oportunidades para a prática de atos de conteúdo predeterminado em suas condições básicas" (JUSTEN FILHO, Marçal. *Comentários à Lei de Licitações e Contratações Administrativas*: Lei 14.133/2021. São Paulo: Thomson Reuters Brasil, 2021. p. 466).

meramente [de] conduzir de forma lógica o diálogo, não ficando a comissão vinculada somente às questões ali dispostas" (art. 10, §6º, do Decreto nº 60/2024 do município de Caxias do Sul).

Essa flexibilidade realça a importância do princípio da boa-fé na condução do certame como norma de conduta a todos os agentes envolvidos. Embora a boa-fé não tenha sido consagrada no amplo rol de princípios fixado no art. 5º da Lei nº 14.133/2021[127], a atuação da Administração Pública está submetida ao princípio da boa-fé do ponto de vista processual, como se infere do art. 2º, parágrafo único, inc. IV, da Lei nº 9.784/1999, e também do ponto de vista material: como reconhecido pelo Superior Tribunal de Justiça, "inclusive no campo do contrato administrativo" o controle das condutas verificadas "passa a ser informado pela noção de boa-fé objetiva, transparência e razoabilidade", o que abrange as fases "pré-contratual, durante o contrato e pós-contratual".[128]

A boa-fé assume relevância maior em processos de caráter aberto e flexível. Quanto maior for o espaço de indeterminação, flexibilidade e discricionariedade no âmbito do processo de contratação maior será a relevância da boa-fé enquanto critério normativo para orientar a conduta dos envolvidos no certame e suprir as lacunas legislativas estabelecidas em favor da autonomia administrativa.[129] A opção legislativa de estipular disciplina menos minudente e específica para orientar a atuação administrativa abre espaço para que os princípios assumam protagonismo na

---

[127] E não o era também na Lei nº 8.666/1993, mas nem por isso o tema passou ignorado pela doutrina, com destaque à função hermenêutica da boa-fé e ao seu papel de estabilização de expectativas: "os editais e convites são atos jurídicos que dão ciência pública da possibilidade de contratar, dentro de limites estritos (formais e materiais). Presumem-se perfeitos, são submetidos a esclarecimentos e culminam na celebração do contrato. As pessoas privadas alocam recursos, fazem investimentos e executam tarefas tendo como base tais atos públicos. Logo, o princípio da boa-fé objetiva deve apurar a compreensão desses atos administrativos, de modo a preservar seus efeitos e a consolidar no tempo o relacionamento público-privado" (MOREIRA, Egon Bockmann; GUIMARÃES, Fernando Vernalha. *Licitação Pública*. A Lei Geral de Licitação – LGL e o Regime Diferenciado de Contratação – RDC. São Paulo: Malheiros, 2012. p. 90).

[128] Recurso especial 914.087/RJ, Rel. Ministro JOSÉ DELGADO, 1ª Turma, julgado em 04/10/2007, DJ 29/10/2007. p. 190.

[129] Como apontado pela doutrina, a própria resistência inicial ao ingresso da boa-fé no Direito Público se originava de uma certa concepção de Estado (liberal) e de legalidade (não sujeita a lacunas) que dispensaria a utilidade do referido princípio (MENEZES CORDEIRO, António. *Contratos Públicos*: subsídios para a dogmática administrativa, com exemplo no princípio do equilíbrio financeiro. Coimbra: Almedina, 2007. p. 97).

pauta normativa que determinará a regularidade de condutas não exaustivamente disciplinadas pela Lei.

Assim, a conclusão colocada por Maís Moreno a propósito dos PMIs, no sentido de que tais processos devem ser regidos pelo princípio da "boa-fé e do senso de cooperação mútua e alimentar a expectativa de ambas as partes quanto à continuidade do vínculo",[130] estende-se, por idênticas razões, ao diálogo competitivo. Como se retomará adiante, a confiança de parte a parte e a sua efetiva tutela jurídica são essenciais para a evolução do diálogo e para o aprofundamento das discussões, sobretudo em torno de informações confidenciais.

5.2.5 A questão da eventual remuneração dos participantes do diálogo

Outro ponto, já referido anteriormente, diz respeito ao mecanismo, aplicado no direito comparado, de remuneração dos participantes do diálogo, como medida de estímulo aos licitantes para que venham a desempenhar interlocução produtiva com o ente contratante. O item 8 do art. 30º da Diretiva de 2014 prevê que "as autoridades adjudicantes podem prever prémios ou pagamentos aos participantes no diálogo". Enquanto a regra comunitária caracteriza o valor pecuniário como forma de *remuneração*, os direitos nacionais parecem tratar a questão não necessariamente de modo uniforme. No direito espanhol, por exemplo, a Ley nº 9/2017 prevê que o edital poderá estabelecer "compensações" a todos os participantes ou apenas aos mais bem-classificados do diálogo – figura essa que, naquele direito, parece constituir mais um mecanismo de *ressarcimento* de custos incorridos pelo licitante para participar do certame.[131]

---

[130] MORENO, Maís. *A participação do administrado no processo de elaboração dos contratos de PPP*. Belo Horizonte: Fórum, 2019. p. 66.

[131] "Art. 173. Primas o compensaciones. 1. Con el objetivo de fomentar la participación de las empresas que puedan ofrecer las soluciones más apropiadas e innovadoras, los órganos de contratación podrán establecer en el documento descriptivo primas o compensaciones para todos o algunos de los participantes en el diálogo. En el supuesto de que no se reconozcan primas o compensaciones para todos los participantes, estas se reconocerán a los que obtuvieron los primeros puestos en el orden de clasificación de las ofertas. Las cantidades que se fijen deberán ser suficientes para el cumplimiento del objetivo mencionado en el párrafo anterior."

A Lei nº 14.133/2021, em contrapartida, silenciou sobre o tema.[132] Isso levanta a indagação sobre a possibilidade de adoção de solução similar no direito brasileiro diante da ausência de tratamento legislativo.

A resposta apresenta-se como positiva e pode ser abordada a partir de duas perspectivas.

Do ponto de vista federativo, a competência da União para edição de normas gerais envolve, por definição, competência normativa não exclusiva, e sim concorrente com os demais entes federados. O tema foi resolvido pelo Supremo Tribunal Federal com a admissão de "que Estados e Municípios legislem para complementar as normas gerais e adaptá-las às suas realidades".[133] Disso resulta a possibilidade de que as normas editadas pelos demais entes federados venham a contemplar tal solução. Ela é possível porque não resulta em antinomia em face das normas da Lei nº 14.133/2021. Não altera nem a estrutura, nem a lógica processual e os propósitos do diálogo competitivo tal como definidos na lei federal.

---

[132] Apontando a solução de remuneração como elemento relevante para a adoção bem-sucedida do diálogo competitivo: BANDEIRA DE MELLO, Celso Antônio. *Curso de Direito Administrativo*. 35. ed. São Paulo: Malheiros, 2021. p. 551-552.

[133] "DIREITO CONSTITUCIONAL E ADMINISTRATIVO. LICITAÇÃO E CONTRATAÇÃO PELA ADMINISTRAÇÃO PÚBLICA MUNICIPAL. LEI ORGÂNICA DO MUNICÍPIO DE BRUMADINHO-MG. VEDAÇÃO DE CONTRATAÇÃO COM O MUNICÍPIO DE PARENTES DO PREFEITO, VICE-PREFEITO, VEREADORES E OCUPANTES DE CARGOS EM COMISSÃO. CONSTITUCIONALIDADE. COMPETÊNCIA SUPLEMENTAR DOS MUNICÍPIOS. RECURSO EXTRAORDINÁRIO PROVIDO. A Constituição Federal outorga à União a competência para editar normas gerais sobre licitação (art. 22, XXVII) e permite, portanto, que Estados e Municípios legislem para complementar as normas gerais e adaptá-las às suas realidades. O Supremo Tribunal Federal firmou orientação no sentido de que as normas locais sobre licitação devem observar o art. 37, XXI da Constituição, assegurando "a igualdade de condições de todos os concorrentes". Precedentes. Dentro da permissão constitucional para legislar sobre normas específicas em matéria de licitação, é de se louvar a iniciativa do Município de Brumadinho-MG de tratar, em sua Lei Orgânica, de tema dos mais relevantes em nossa pólis, que é a moralidade administrativa, princípio-guia de toda a atividade estatal, nos termos do art. 37, caput da Constituição Federal. A proibição de contratação com o Município dos parentes, afins ou consanguíneos, do prefeito, do vice-prefeito, dos vereadores e dos ocupantes de cargo em comissão ou função de confiança, bem como dos servidores e empregados públicos municipais, até seis meses após o fim do exercício das respectivas funções, é norma que evidentemente homenageia os princípios da impessoalidade e da moralidade administrativa, prevenindo eventuais lesões ao interesse público e ao patrimônio do Município, sem restringir a competição entre os licitantes. Inexistência de ofensa ao princípio da legalidade ou de invasão da competência da União para legislar sobre normas gerais de licitação. Recurso extraordinário provido (Supremo Tribunal Federal, recurso extraordinário 423560, Segunda Turma, Rel. Ministro Joaquim Barbosa, julgado em 29/05/2012, DOE 19/06/2012).

Do ponto de vista da legalidade, a ausência de previsão legal não constitui impeditivo à solução. Entende-se admissível a definição em âmbito administrativo de soluções voltadas a ampliar a atratividade da licitação, ainda que não previstas em lei, mas desde que disciplinadas no edital e coerentes com o regime legal. Nisso se inclui a possibilidade de remuneração (ou de ressarcimento) no diálogo competitivo.

Essa conclusão resulta do regime da Lei nº 14.133/2021. Além de não haver qualquer regra que restrinja a integração do diálogo competitivo com a solução de paga aos licitantes, o conjunto de princípios elencados no art. 5º da Lei nº 14.133/2021 – ele próprio aberto e não exaustivo – não resulta em que o planejamento e o processamento da licitação sejam funções administrativas estritamente vinculadas à disciplina legal. Essas atividades administrativas são, antes, orientadas não por um regime de legalidade estrita, mas por regime que comporta autonomia administrativa para a busca dos melhores resultados (princípios que apontam para objetivos a serem perseguidos – eficiência, eficácia, economicidade, p. ex.), condicionada por certos limites ou requisitos (legalidade em sentido amplo, impessoalidade, igualdade, moralidade, publicidade etc.).[134]

Assim e por um lado, a licitação deve ser processada de modo que as competências administrativas não estipulem restrições não admissíveis à competição e não afetem, além do quanto admitido em lei, as esferas subjetivas dos terceiros interessados. Por outro lado, a licitação constitui instrumento a ser adequado à pluralidade de situações em que é aplicado. Essa adaptabilidade, observados os limites legais, é mesmo um pressuposto para a utilização eficiente da licitação.

Definida essa premissa, tem-se que o mecanismo de ressarcimento ou remuneração é compatível com o regime da Lei

---

[134] Essas razões são compatíveis com a visão da atuação administrativa desde uma perspectiva finalística e orientada pelas consequências produzidas pelas decisões administrativas, observando a premissa de que "el Derecho administrativo ha de satisfacer una doble finalidad: la ordenación, disciplina y limitación del poder, al tiempo que la eficacia y efectividad de la acción administrativa. Ello obliga, entre otras consecuencias, no sólo a utilizar el canon de la prohibición de exceso (principio de proporcionalidad), sino también el de la prohibición de defecto. Y es que en un Derecho administrativo enmarcado en una Constitución de las libertades habrá de tener también su sitio la idea de la eficacia, de la funcionalidad, de la capacidad de actuación efectiva" (SCHMIDT-ASSMANN, Eberhard. *La Teoría General del Derecho Administrativo como Sistema*. Madrid: Marcial Pons, 2003. p. 26).

nº 14.133/2021 mesmo se vier definido apenas em nível infralegal, pois: (1) busca reduzir os custos de transação e a atratividade do certame, com consequentes ganhos de competitividade e eficiência; (2) não configura fator limitador ou barreira de entrada à participação na licitação; (3) não se mostra incompatível com o regime legal do diálogo competitivo – na realidade, a solução, devidamente empregada, se agregaria a tal regime sem o contrariar, como admitido na experiência europeia; (4) não incide nas vedações postas pela Lei nº 14.133/2021, como aquelas dispostas no art. 9º, inc. I, desse diploma.[135]

Para operacionalizar essa solução, há ao menos duas questões principais a serem resolvidas. A primeira é definir a natureza do dever assumido pelo ente público: pode tratar-se de *remuneração* (isto é, uma paga propriamente dita pela atuação e os resultados propiciados pelo licitante, que deverá ser arbitrada) ou de *ressarcimento* (ou seja, indenização devida apenas e estritamente por despesas relacionadas com a participação no diálogo que venham a ser comprovadas pelo licitante). A segunda questão é definir os sujeitos legitimados a receber a remuneração ou o ressarcimento (isto é, a generalidade dos licitantes ou apenas aquele(s) que tenha(m) contribuição efetivamente aproveitada pelo ente público).

Em relação a esse propósito, verifica-se que o Decreto nº 10.086/2022 do Estado do Paraná regulamentou a aplicação da Lei nº 14.133/2021 incorporando – em nossa visão, de forma regular, conforme as razões acima indicadas – a possibilidade de *remuneração* pela solução que venha a ser afinal adotada pelo licitante vencedor do certame. O art. 140, §5º, do referido decreto dispõe que "o edital poderá prever a concessão de prêmio ou remuneração ao licitante que tiver sua solução escolhida e adotada pelo licitante vencedor". Nesses casos, o edital deverá predeterminar um valor fixo, que, assim como a forma de pagamento, deverá constar no edital (art. 140, §6º), podendo tal valor ser dividido caso a solução contratual

---

[135] "Art. 9º É vedado ao agente público designado para atuar na área de licitações e contratos, ressalvados os casos previstos em lei: I - admitir, prever, incluir ou tolerar, nos atos que praticar, situações que: a) comprometam, restrinjam ou frustrem o caráter competitivo do processo licitatório, inclusive nos casos de participação de sociedades cooperativas; b) estabeleçam preferências ou distinções em razão da naturalidade, da sede ou do domicílio dos licitantes; c) sejam impertinentes ou irrelevantes para o objeto específico do contrato."

definida ao término do diálogo constitua uma mescla de soluções apresentadas por mais de um licitante (art. 140, §7º).

A mesma solução é encontrada no Decreto nº 60/2024 do município de Caxias do Sul, com a previsão de que o edital deverá definir "as condições de realização e a remuneração a ser concedida àquele ou àqueles que apresentarem a melhor ou melhores soluções" (art. 5º, inc. III). Ainda conforme esse decreto, "o valor do prêmio ou da remuneração bem como a forma de pagamento deverá constar no edital de seleção e não poderá, em hipótese alguma, estar vinculada a percentual ou parcela do custo total de implantação da solução" (art. 9º, §5º). Se a solução afinal adotada pelo ente público consistir em uma composição de proposições de vários licitantes, a remuneração prevista no edital será conferida a eles em partes iguais (art. 9º, §6º). Por fim, estabelece-se uma restrição: segundo o art. 9º, §8º, a remuneração só será devida ao "proponente da solução escolhida [que] não venha a se sagrar vencedor da licitação".

Para os certames que tenham por objeto contratos de concessão, pode-se, do mesmo modo, enquadrar as soluções ofertadas no âmbito do diálogo na ampla previsão do art. 21 da Lei nº 8.987/1995 (aplicável também às PPPs, conforme o art. 3º da Lei nº 11.079/2004). Nos termos dessa norma, "os estudos, investigações, levantamentos, projetos, obras e despesas ou investimentos já efetuados, vinculados à concessão, de utilidade para a licitação, realizados pelo poder concedente ou com a sua autorização, estarão à disposição dos interessados, devendo o vencedor da licitação ressarcir os dispêndios correspondentes, especificados no edital".

Veja-se que essa previsão legal é geral e não tipifica as contribuições ou objetos que podem ser remunerados – limita-se a definir um rol exemplificativo de produtos, que são identificados pela sua relação instrumental ou funcional com a execução do futuro contrato. Submetem-se ao art. 21 contributos que estejam "vinculados" ao objeto do certame e sejam "de utilidade para a licitação" – tal como as soluções que venham a ser submetidas no âmbito do diálogo.

Também por esse ângulo, portanto, revela-se cabível o ressarcimento ou remuneração dos participantes do diálogo, ou apenas daqueles que tenham suas soluções afinal adotadas, desde que tal possibilidade se encontre devidamente disciplinada em edital. A previsão no edital que dá início ao diálogo é imperativa porque somente assim o mecanismo de remuneração ou ressarcimento – previamente publicizado – pode concretizar de forma plena o objetivo de fomentar o interesse no certame e o posterior engajamento no curso de seu processamento. A predefinição da possibilidade, da forma e dos critérios ou limites de ressarcimento ou remuneração em edital se impõe, ademais, como decorrência dos princípios da isonomia e da imparcialidade, de modo a evitar que no curso do diálogo a remuneração seja conferida ou negada sob o propósito de promover favorecimentos ou perseguições aos licitantes.

CAPÍTULO 6

O PROCESSO LICITATÓRIO A PARTIR DA PUBLICAÇÃO DO EDITAL ATÉ A FASE DE PRÉ-SELEÇÃO

A Lei nº 14.133/2021 adotou um procedimento trifásico para operacionalizar o diálogo competitivo. Antecedido do planejamento inicial da licitação, que deve ser desenvolvido no âmbito administrativo, o procedimento que se seguirá será caracterizado por: (1) uma fase inicial de pré-seleção dos candidatos, instaurada por meio da publicação do edital correspondente, em que será examinada a suficiência das características subjetivas e da aptidão para o diálogo (art. 32, §1º, inc. I a II); (2) a fase do diálogo propriamente dito, em que os licitantes selecionados discutirão com o ente público as possíveis soluções para atendimento das necessidades e objetivos estipulados no edital (art. 32, §1º, inc. III a VII) e (3) uma fase final, efetivamente competitiva, em que, definidos os contornos definitivos da contratação pelo ente contratante por meio de um novo edital específico para tal fim, os licitantes apresentarão propostas para disputar a contratação em sua concepção já definitiva (art. 32, §1º, inc. VIII a X).

O fluxograma a seguir situa as fases do processo:

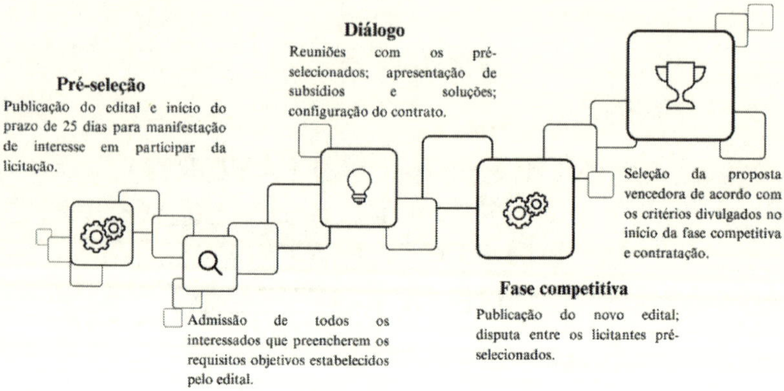

Como regra geral, no regime da Lei nº 14.133/2021, observados os requisitos e ritos previstos para a fase preparatória (art. 18) e de controle interno (art. 53), o processo do diálogo competitivo prosseguirá com a divulgação do edital, em conformidade com as regras de publicidade aplicáveis (art. 54). No entanto, há aspectos específicos que devem ser considerados a propósito das licitações de contratos de concessão.

6.1 Observação preliminar: as licitações de contratos de concessão e a consulta pública prévia (art. 10, inc. VI, da Lei nº 11.079/2004)

Em relação às licitações de contratos de concessão, deve, ainda, ser observada – e compatibilizada com o regramento da Lei nº 14.133/2021 – a disciplina específica contida nas Leis nº 8.987/1995 e nº 11.079/2004.

Embora as Leis nº 8.987/1995 e nº 11.079/2004 se caracterizem como legislação especial em relação ao regramento geral da Lei nº 14.133/2021, elas se orientam, no que diz respeito à possibilidade de utilização do diálogo competitivo, pela disciplina específica aplicável a tal modalidade licitatória tal como prevista na Lei nº 14.133/2021.

Ao alterar a Lei nº 8.987/1995, o art. 179 da Lei nº 14.133/2021 definiu que as concessões de serviço público precedidas ou não de obra pública devem ser delegadas "mediante licitação, na modalidade concorrência ou diálogo competitivo" (art. 2º, inc. II e III, da Lei nº 8.987/1995). Idêntica solução foi dada pelo art. 180 da Lei nº 14.133/2021 ao alterar o *caput* do art. 10 da Lei nº 11.079/2004, fazendo prever que "a contratação de parceria público-privada será precedida de licitação na modalidade concorrência ou diálogo competitivo". Dessa forma, as Leis nº 8.987/1995 e nº 11.079/2004 aludem à aplicação do diálogo competitivo mas não o regulam, o que remete ao regime da Lei nº 14.133/2021.

Portanto, diferentemente do que se dá com base no art. 186 da Lei nº 14.133/2021 (que prevê a aplicação subsidiária da Lei nº 14.133/2021 às Leis nº 8.987/1995 e nº 11.079/2004), o uso do diálogo competitivo para a licitação de concessões determina a aplicação direta e integral do regime do diálogo competitivo tal como instituído pela Lei nº 14.133/2021. Cabe lembrar que a concepção de licitação recepcionada pelas Leis nº 8.987/1995 e 11.079/2004 está atrelada à lógica da concorrência, de modo que a sua aplicação deve ser devidamente compatibilizada com a sistemática própria ao diálogo quando a opção for por essa modalidade. Disso resulta que, quando se utilizar o diálogo competitivo para a licitação de contratos de concessão, as regras de licitação previstas naqueles diplomas serão aplicáveis na medida em que compatíveis com a disciplina específica do diálogo competitivo prevista no art. 32 da Lei nº 14.133/2021.

Diante dessas premissas, tem-se que as licitações de contratos de concessão por meio de diálogo competitivo são regidas (1) pelo art. 32 da Lei nº 14.133/2021; (2) pelo regramento das leis próprias aos contratos de concessão (aí incluídas leis setoriais aplicáveis a setores públicos ou atividades econômicas objeto das concessões) de forma compatível com o art. 32; e (3) pela aplicação subsidiária da disciplina geral da Lei nº 14.133/2021, conforme o art. 186 da Lei nº 14.133/2021.

A articulação entre o art. 32 da Lei nº 14.133/2021 e o regramento das Leis de concessão determina, em primeiro lugar, uma adaptação das regras relativas ao conteúdo dos editais. Tal como o próprio art. 18 da Lei nº 14.133/2021 não pode ser observado de forma plena em relação ao diálogo competitivo para contratações sujeitas ao regime daquela lei, também os requisitos de conteúdo do edital previstos nos arts. 18 da Lei nº 8.987/1995 e 10 e 11 da Lei nº 11.079/2004 devem ser compatibilizados. Várias das matérias disciplinadas nessas normas (como a minuta final do contrato, p. ex.) podem vir a constituir o objeto do diálogo, de modo que as respectivas definições só serão alcançadas no decorrer do processo licitatório. Não poderão, portanto, integrar o edital inaugural. Outro ponto que demandará a adequação de regimes diz respeito à regra de inversão da ordem das fases de habilitação e julgamento, que é próprio do formato de concorrência disciplinado por aquelas Leis e incompatível com o procedimento específico do diálogo (arts. 18-A da Lei nº 8.987/1995 e 13 da Lei nº 11.079/2004).

Um tópico que pode despertar controvérsia em relação à forma de articulação da sistemática da Lei nº 14.133/2021 com as da Lei nº 11.079/2004 e de outros diplomas legais que disciplinam contratos de concessão em setores específicos (art. 34-A, §1º, da Lei nº 10.233/2001, por exemplo) diz respeito à usual instauração de consultas ou audiências públicas previamente ao lançamento do certame. No caso das parcerias público-privadas, a submissão da minuta de edital e de contrato à consulta pública constitui etapa inerente ao processo de planejamento anterior à publicação do edital (art. 10, inc. VI, da Lei nº 11.079/2004).

Observe-se que a Lei nº 14.133/2021 não estipula obrigatoriedade de realização de consulta ou audiência pública. Diferentemente do que ocorria com o art. 39 da Lei nº 8.666/1993, que fixava parâmetro objetivo que esclarecia as situações em que a realização de audiência pública constituía providência obrigatória, o *caput* do art. 21 da Lei nº 14.133/2021 limitou-se a estabelecer competência discricionária para realização de audiência pública. O parágrafo único do art. 21 prevê a possibilidade alternativa de adoção de audiência ou consulta pública – dispensando-se, neste caso, a realização de sessão pública, bastando a oportunidade para que sejam apresentadas contribuições, a serem respondidas oportunamente pelo ente público contratante.[136]

[136] "Art. 21. A Administração poderá convocar, com antecedência mínima de 8 (oito) dias úteis, audiência pública, presencial ou a distância, na forma eletrônica, sobre licitação

Diante desse quadro normativo, duas soluções hermenêuticas se apresentam possíveis em tese.

Uma primeira solução aponta para a observância da exigência de consulta pública e se justifica pelo fato de a Lei nº 14.133/2021 ter incorporado ao *caput* do art. 10 da Lei nº 11.079/2004 alteração que determina que a contratação de PPP será feita a partir de concorrência ou diálogo competitivo observando os requisitos previstos naquela norma. De acordo com a nova redação, o *caput* e o inc. VI do art. 10 se conjugam da seguinte forma:

> Art. 10. A contratação de parceria público-privada será precedida de licitação na modalidade concorrência ou diálogo competitivo, estando a abertura do processo licitatório condicionada a: [...]
> VI – submissão da minuta de edital e de contrato à consulta pública, mediante publicação na imprensa oficial, em jornais de grande circulação e por meio eletrônico, que deverá informar a justificativa para a contratação, a identificação do objeto, o prazo de duração do contrato, seu valor estimado, fixando-se prazo mínimo de 30 (trinta) dias para recebimento de sugestões, cujo termo dar-se-á pelo menos 7 (sete) dias antes da data prevista para a publicação do edital.

A segunda interpretação considera que a compatibilização do regramento geral aplicável às licitações de PPPs com o diálogo competitivo justificaria o afastamento da exigência de consulta, por pelo menos três razões.

A primeira é que a própria interpretação literal do inc. VI do art. 10 apontaria a impossibilidade de cumprimento da exigência e o seu consequente afastamento, pois a norma alude ao lançamento de consulta pública contendo "minuta de edital e de contrato" entre as condições prévias à licitação e, no caso do diálogo competitivo, pode-se disponibilizar a minuta do edital, mas não a do contrato em sua versão definitiva.

A segunda é que o diálogo competitivo já é, em si, uma forma específica e concorrente à consulta pública de dialogar com

---

que pretenda realizar, com disponibilização prévia de informações pertinentes, inclusive de estudo técnico preliminar e elementos do edital de licitação, e com possibilidade de manifestação de todos os interessados. Parágrafo único. A Administração também poderá submeter a licitação a prévia consulta pública, mediante a disponibilização de seus elementos a todos os interessados, que poderão formular sugestões no prazo fixado."

o mercado. É certo que as características de ambos os institutos são inconfundíveis entre si e que ambas se prestam a funções similares, mas com vocações distintas. O diálogo permite a interação restrita a determinados agentes, mas muito mais verticalizada. A consulta permite participação popular mais ampla, mas em geral menos aprofundada. Na consulta pública, não haverá propriamente um diálogo, mas apontamentos por escrito que, devendo ser respondidos, serão acatados ou não pelo ente público responsável.

Em todo caso, havendo diversos instrumentos de participação social no planejamento de contratações públicas, devem eles ser escolhidos conforme a melhor adequação de cada qual caso a caso. Na medida em que a própria razão de ser do diálogo corresponde a funcionar como um modelo específico de participação, seria possível concluir que a decisão administrativa que adotou o diálogo definiu a melhor alternativa de participação social, substituindo a necessidade de consulta pública. Por esse prisma, não haveria cabimento em se impor uma redundância (relativa) com o uso de mecanismos com propósitos análogos.

A terceira razão é que o lançamento de uma consulta pública prévia ao diálogo competitivo serviria para propiciar o debate de alcance limitado, parcialmente esvaziado, e que poderia restar prejudicado, na medida em que recairia sobre um projeto contratual em construção, propiciando discussões tendencialmente inócuas ou superficiais.

Em meio a essas alternativas, reputa-se que a consulta pública prevista no art. 10, inc. VI, da Lei nº 11.079/2004 permanecerá exigível para licitações via diálogo competitivo, observando a lógica e os limites impostos por essa modalidade. Em outras palavras, adota-se a interpretação de que o inc. VI não será automaticamente afastado, mas deverá receber interpretação compatível com a operacionalização do diálogo.

Nesse caso, o objeto da consulta será menos abrangente e parcialmente distinto. Não contará com a "minuta de edital" conforme a configuração completa exigida pelo art. 13 da Lei nº 11.079/2004 nem, evidentemente, com a minuta do contrato. Mas aspectos como a "justificativa para a contratação, a identificação do objeto, o prazo de duração do contrato, seu valor estimado", as necessidades a serem satisfeitas e as finalidades pretendidas, assim como a justificativa para a própria adoção do diálogo competitivo, com a exposição das incertezas com as quais o ente público se depara, poderão ser objeto de debate e contribuições na consulta pública de forma adequada. As necessidades e os propósitos coletivos estarão integralmente sujeitos a debate. Também os critérios para participação do certame e a estruturação do diálogo poderão sê-lo.

Essa solução, que já vinha sustentada na primeira edição deste trabalho, veio a ser adotada pelo município de Caxias do Sul: conforme o art. 2º, §2º, do Decreto Municipal nº 60/2024, previu-se que, "a critério da Administração, poderá ser aberto procedimento de audiência ou consulta pública, presencial ou a distância, para fins de auxílio na delimitação do problema, fixação dos critérios para pré-seleção dos licitantes, entre outras questões que recomendem oitiva prévia da sociedade".

Ademais, como indicado no item 5.1, acima, a adoção de mecanismos prévios à instauração do diálogo, que permitam compreender a percepção do mercado a respeito do projeto, integra o rol de boas práticas no emprego do diálogo competitivo, pelo que a consulta pública mostra-se pertinente também por esse ângulo.

Processada dessa forma, a consulta pública prévia ao diálogo dará cumprimento ao art. 10, inc. VI, da Lei nº 11.079/2004 de forma peculiar, à medida que proporcione debate social acerca dos temas afetos à decisão de adotar o diálogo competitivo ao conteúdo do edital que instaurará o certame, aí incluídos as necessidades e os objetivos que nortearão a contratação, sem prejuízo da identificação de outras especificações que já se encontrem definidas. A mesma conclusão se coloca em relação a regras como a do art. 34-A, §1º, da Lei nº 10.233/2001, segundo a qual "as condições básicas do edital de licitação serão submetidas à prévia consulta pública". No caso do diálogo competitivo, tais condições básicas, a serem submetidas à consulta pública, deverão ser compreendidas como aquelas integrantes do conjunto de elementos indispensáveis e suficientes para o lançamento do diálogo competitivo.

Veja-se que outras soluções poderiam ser cogitadas, como a realização de consulta pública apenas após a fase do diálogo e prévia ao edital que lançará a fase final do certame (nesse caso, a consulta já poderia ser instruída com a estruturação definitiva do contrato), ou a realização de duas consultas públicas, prévias a cada um dos editais do diálogo.

A primeira solução é a de ser descartada. Em primeiro lugar, porque não cumpriria o art. 10, inc. VI, da Lei nº 11.079/2004, visto que a licitação já teria andamento segundo definições nucleares que regerão todo o certame e com o engajamento dos interessados sem a realização de consulta pública. Não haveria sentido despender recursos na estruturação de uma solução baseada em premissas que poderiam (deveriam) ser previamente discutidas (e confirmadas ou alteradas) no ambiente de consulta pública.

Em segundo lugar, tal solução não tem fundamento legal, em razão da ausência de regra estipulando a suspensão da licitação para instauração de instrumentos de participação popular. O rito instituído pela Lei nº 14.133/2021 não contempla exigência nesse sentido. Esta última razão também afasta a necessidade de realização de duas consultas públicas, prévias a cada um dos editais do diálogo, a pretexto de se conferir observância rigorosa e irrestrita do art. 10, inc. VI, da Lei nº 11.079/2004. Ainda que não haja impedimento à realização de duas consultas tal como cogitado, o rito instituído pela Lei nº 14.133/2021 não contempla exigência nesse sentido. Confere-se competência à Administração para definir de forma autônoma a formatação final do contrato, sem quaisquer condicionantes ou etapas procedimentais equivalentes à realização de consulta pública (art. 32, §1º, inc. VIII).

Assim, nos casos em que a legislação prever a adoção de mecanismos prévios como a realização de consultas ou audiências públicas, entende-se que tais instrumentos deverão ser empregados, mas de forma adequada às circunstâncias, aos limites e aos propósitos do diálogo competitivo.

6.2 A fase de pré-seleção dos licitantes

Cumpridas as providências relativas à estruturação do edital e à sua divulgação, passa-se à fase em que serão definidos os licitantes aptos a participar do diálogo competitivo.

6.2.1 O processamento da etapa de pré-seleção: estrita vinculação ao edital

Os critérios de seleção e demais parâmetros que orientarão o desenvolvimento da fase de pré-seleção deverão ser definidos de forma exaustiva e objetiva no edital de licitação. Nessa fase inicial, a atuação da comissão será estritamente vinculada ao edital. Por essa perspectiva específica, não há nenhuma diferença entre a pré-seleção do diálogo competitivo e a habilitação das demais modalidades licitatórias: ambas devem ser processadas sob a premissa de que a discricionariedade administrativa foi exaurida no momento de concepção dos requisitos de pré-seleção e das regras processuais tal como publicadas no edital. A seleção dos licitantes que manifestarem interesse em participar do diálogo deve ser estritamente objetiva, sujeita à aplicação dos princípios da vinculação ao edital de licitação e de julgamento objetivo (art. 5º da Lei nº 14.133/2021).

No tocante à disciplina procedimental, o inc. I do §1º do art. 32 impõe a observância de um prazo de 25 dias úteis para permitir que os interessados manifestem interesse em participar do certame. O prazo é mínimo, com a evidente possibilidade de sua ampliação quando o ente contratante reputar necessário, inclusive mediante provocação motivada dos interessados.

6.2.2 O exercício do direito de petição: cabimento de pedido de esclarecimentos e de impugnação ao edital

Aplicam-se ao diálogo competitivo as regras gerais relativas ao direito de manifestação sobre o conteúdo do edital. Assim, é possível que os interessados apresentem pedido de esclarecimentos ou impugnação ao edital, observando o prazo de até três dias úteis antes da data de abertura do certame (*caput* do art. 164). De igual modo, a resposta à impugnação ou ao pedido de esclarecimento deve ser divulgada em até três dias úteis (art. 164, parágrafo único).

6.2.3 O exame da documentação dos interessados e a conclusão da pré-seleção

Recebida a documentação, o ente contratante passará ao seu exame, tal e qual ocorre na fase de habilitação das demais modalidades. Pelo menos três regras especificamente previstas para o processamento da habilitação têm a sua lógica aplicável à fase de pré-seleção.

Em primeiro lugar, ao examinar os documentos, caberá ao ente contratante promover, quando cabível, a realização de diligências e solicitação de novos documentos, de acordo com os inc. I e II do art. 64 da Lei nº 14.133/2021.[137]

Outra regra a ser referida, prevista no §1º do art. 64, autoriza a comissão a "sanar erros ou falhas que não alterem a substância dos documentos e sua validade jurídica, mediante despacho fundamentado registrado e acessível a todos, atribuindo-lhes eficácia para fins de habilitação e classificação".

As regras acima mencionadas têm relação com a aplicação do princípio do formalismo moderado. As mesmas razões que determinam a observância de formalismo moderado na fase de habilitação em geral se aplicam à pré-seleção com igual ou maior razão. De um lado, as exigências atinentes à pré-seleção têm, tal como as de habilitação, caráter instrumental – são meios, não um fim em si. De outro lado, a complexidade e os custos envolvidos no diálogo, ainda mais em estágio tão preliminar do certame, tanto mais recomendam que formalidades menores não comprometam o potencial do diálogo.

Por fim, pode-se mencionar que a lógica norteadora do §2º do art. 64 da Lei nº 14.133/2021 também se estende à fase de pré-seleção do diálogo. De acordo com a norma, "quando a fase de habilitação anteceder a de julgamento e já tiver sido encerrada, não caberá

[137] "Art. 64. Após a entrega dos documentos para habilitação, não será permitida a substituição ou a apresentação de novos documentos, salvo em sede de diligência, para: I - complementação de informações acerca dos documentos já apresentados pelos licitantes e desde que necessária para apurar fatos existentes à época da abertura do certame; II - atualização de documentos cuja validade tenha expirado após a data de recebimento das propostas."

exclusão de licitante por motivo relacionado à habilitação, salvo em razão de fatos supervenientes ou só conhecidos após o julgamento". O mesmo resultado é determinado por regra específica ao diálogo competitivo, contida no art. 32, §1º, inc. VIII, que prevê a admissão de "todos os licitantes pré-selecionados na forma do inc. II deste parágrafo" para as etapas posteriores do diálogo competitivo.

Observadas essas premissas, a Administração avaliará a documentação e então admitirá ao diálogo todos os licitantes que tenham cumprido os critérios previstos em edital (art. 32, §1º, inc. II).

6.2.4 Novamente o exercício do direito de petição: cabimento de recurso

A decisão sobre a pré-seleção será passível de controle e de questionamento por aqueles por ela afetados, tal como ocorreria a propósito da decisão de habilitação. Estando a decisão administrativa estritamente pautada pelos critérios objetivamente definidos pelo edital, o controle sobre ela é pleno. Para tanto, deverá ser observada a sistemática do art. 165. Os recursos interpostos serão dotados de eficácia suspensiva *ex lege*, conforme o art. 168.

6.2.5 A hipótese de seleção de número limitado de licitantes

É possível supor a ocorrência de situações em que a pré-seleção resulte em poucos concorrentes selecionados.

Em princípio, isso não prejudica a continuidade do processo licitatório, ao menos não de forma automática. Deverão ser considerados os diversos aspectos que determinaram esse resultado e se eles se manteriam caso nova licitação fosse promovida sob condições, circunstâncias e regras distintas. Conforme a situação verificada, será possível que a Administração constate e demonstre, de forma devidamente motivada, que o propósito da licitação restou frustrado – tanto porque o alcance do diálogo ficaria reduzido, quanto porque a vantajosidade de uma única proposta a ser obtida (se for esse o caso) também seria limitada.

A respeito do tema, na União Europeia a Diretiva 2014/24 estabeleceu para o diálogo competitivo o limite de três candidatos como patamar mínimo de concorrência adequado para o diálogo competitivo. Essa regra geral não afasta a possibilidade de avaliação casuística da conveniência de dar continuidade ao processo licitatório em situações que não alcancem esse número.[138] O mesmo número mínimo de licitantes selecionados foi adotado como limite inafastável em países como Portugal[139] e Espanha.[140] Já no Reino Unido esse número foi incorporado com a possibilidade de prosseguimento do certame mediante avaliação das circunstâncias concretas, caso a quantidade de três licitantes não seja atingida.[141]

Como se vê, o legislador brasileiro não estabeleceu parâmetros objetivos a esse respeito, de modo que a decisão a propósito da continuidade do certame, para o fim de iniciar a fase do diálogo propriamente dito, será norteada pelas circunstâncias havidas em

---

[138] "Artigo 65º, item 2: [...] Nos procedimentos concorrenciais com negociação, no procedimento de diálogo concorrencial e nas parcerias para a inovação, o número mínimo de candidatos não pode ser inferior a três. Em qualquer caso, o número de candidatos convidados deve ser suficiente para garantir uma concorrência real. As autoridades adjudicantes convidam um número de candidatos pelo menos igual ao número mínimo. No entanto, se o número de candidatos que satisfazem os critérios de seleção e os níveis mínimos de capacidade referidos no artigo 58º, n. 5, for inferior ao número mínimo, a autoridade adjudicante pode prosseguir o procedimento convidando os candidatos com as capacidades exigidas."

[139] Artigo 206º do Código dos Contratos Públicos: "Programa do procedimento de diálogo concorrencial [...] 2 - O número de candidatos a qualificar indicado no programa do procedimento de diálogo concorrencial não pode ser inferior a três".

[140] Ley 9/2017, de 8 de noviembre, de Contratos del Sector Público: "Artículo 174. Apertura del procedimiento y solicitudes de participación. [...] 2. Serán de aplicación en este procedimiento las normas del procedimiento restringido contenidas en el primer párrafo del apartado 2 del artículo 160; en el artículo 161, excepto el segundo párrafo de su apartado primero; y en los apartados 1, 2, 3 y lo relativo a selección de los solicitantes del apartado 4, todos ellos del artículo 162. No obstante, en caso de que se decida limitar el número de empresas a las que se invitará a dialogar, el órgano de contratación en todo caso deberá asegurase de que el número mínimo de candidatos capacitados para ejecutar el objeto del contrato será de tres".

[141] De acordo com as Public Contracts Regulations de 2015: "65. (1) In restricted procedures, competitive procedures with negotiation, competitive dialogue procedures and innovation partnerships, contracting authorities may limit the number of candidates meeting the selection criteria that they will invite to tender or to conduct a dialogue, provided that the minimum nuber of qualified candidates is available, in accordance with the following paragraphs of this regulation. [...] (4) In the competitive procedure with negotiation, the competitive dialogue procedure and the innovation partnership procedure, the minimum number of candidates shall be 3. [...] (7) But where the number of candidates meeting the selection criteria and the minimum levels of ability as referred to in regulation 58(19) is below that minimum number, the contracting authority may continue the procedure by inviting the candidates with the required capabilities".

cada caso. É possível que sejam adotadas soluções similares àquelas verificadas no direito comparado. De forma similar ao regramento britânico, o Decreto nº 60/2024 do município de Caxias do Sul prevê que caberá ao edital definir "o número mínimo de interessados a ser observado pela Administração para que haja o diálogo" (art. 5º, inc. IV). Isso sem prejuízo de que a continuidade do processo seja avaliada caso o número mínimo não seja alcançado: o art. 9º, §2º, dispõe que, "caso haja 2 (dois) ou mais candidatos, porém não tenha sido atingido o número mínimo de qualificados, a comissão especial poderá decidir pela continuidade do procedimento com o início do diálogo".

CAPÍTULO 7

A FASE DO DIÁLOGO PROPRIAMENTE DITO

A segunda etapa do processo é aquela que confere identidade própria ao diálogo competitivo em face das demais modalidades. É nela que a Administração obterá subsídios para compor o melhor projeto contratual a ser objeto das futuras propostas. Essa fase é regida, em particular, pelos inc. III a VIII do §1º do art. 32. Será desenvolvida até que uma solução seja identificada pelo ente contratante como adequada e suficiente para permitir o desfecho do diálogo e permitir a instauração da fase seguinte, em que haverá disputa em torno da solução contratual afinal determinada.

7.1 Ainda o propósito do diálogo e a situação dos licitantes

A fase do diálogo não é pautada pela identidade dos licitantes e por seus atributos subjetivos, mas pelo desenvolvimento de uma solução objetiva. O fim perseguido pela Administração é obter a melhor concepção contratual possível. Bem por isso, uma vez selecionados, os licitantes passarão a dialogar em condições de igualdade. A pré-seleção não promove uma classificação de licitantes mais ou menos qualificados e, portanto, não constitui motivo legítimo para influir nas decisões adotadas pelo ente contratante durante as fases de condução do diálogo competitivo e de elaboração e análise das propostas.[142] Como consequência, o tratamento a ser conferido aos licitantes deve ser isonômico e imparcial.

De outra parte, no diálogo competitivo não há propriamente uma negociação, nem se busca o consenso ou a composição dos interesses dos concorrentes, a não ser de forma reflexa. O propósito do processo é instruir e capacitar a Administração para escolher a solução contratual mais apta a atender às necessidades que se pretende satisfazer e a realizar os fins determinados. Haverá, evidentemente, um esforço dos interessados em obter o convencimento da Administração a respeito de suas respectivas soluções. Mas não há dever de a Administração chegar a um alinhamento de posições. Este será um produto eventual, não necessário do diálogo competitivo, e que, caso obtido, não produzirá nenhum efeito na fase de competição das propostas no sentido de distinguir algum licitante em relação aos demais.

Disso não se segue a conclusão de que a postura dos licitantes ou da própria Administração ao longo do diálogo seja irrelevante. A busca da melhor solução para contratar não é descompromissada. Passa pela discussão organizada e diligente de pontos de vista, que leve em consideração as expectativas geradas a partir das regras e do cronograma postos no edital. A Administração também deve demonstrar o seu engajamento. Isso passa pela demonstração de que o seu corpo técnico está bem-preparado para conduzir o processo e imbuído de postura que reflita a seriedade e o efetivo interesse no certame. De modo a estimular os licitantes a empreender esforços em meio ao elevado nível de riscos que permeia a participação no diálogo, a postura do ente contratante deve ser a de promover um ambiente que amplie os níveis de confiança dos interessados.[143]

---

142 Nesse mesmo sentido, no direito português: "De notar, por último, que os candidatos qualificados passam à fase seguinte em condições de igualdade, o que significa – e não poderia ser de outro modo – que a qualificação feita só releva para efeito de se apurar os operadores económicos que vão ser convidados pela entidade adjudicante a apresentar proposta ou a participar no diálogo, não podendo, em caso algum, aquela qualificação ser tida em conta em sede de avaliação das propostas" (VIANA, Cláudia. A qualificação dos operadores económicos nos procedimentos de contratação pública. *In*: GONÇALVES, Pedro (Org.). *Estudos de Contratação Pública*. Vol. 2. Coimbra: Coimbra Editora, 2010. p. 153-196. p. 191).

143 "It is assumed that important environmental aspects are risk, initial trust levels, outcome expectations and environmental constraints" (HOEZEN, Mieke; VOORDIJK, Hans; DEWULF, Geert. Contracting dynamics in the competitive dialogue procedure. *In*: *Built Environment Project and Asset Management*, v. 2, n. 1, 2012. p. 9).

7.2 A relativa indeterminação e a flexibilidade do procedimento

Se a estrita vinculação ao edital ao longo do processamento da fase da pré-seleção prevalece, o método da atuação administrativa se altera a propósito da fase de diálogo propriamente dito. A flexibilidade procedimental, enquanto decorrência da indeterminação do objeto a ser definido, compõe a lógica subjacente ao diálogo e vem sendo afirmada nos países em que tal modalidade já é aplicada como um ponto-chave para o seu êxito.[144]

Por um lado, esse modelo flexível se justifica porque cada processo licitatório apresentará características próprias. É possível supor que dúvidas menos extensas demandarão poucas rodadas de diálogo, enquanto incertezas mais abrangentes, inclusive quando demandarem análises técnicas, incluindo provas de conceito e eventuais outros tipos de testes pormenorizados de soluções, poderão resultar em desdobramentos e diligências que, embora devam ser previamente estimados pela Administração, não poderão ser predeterminados de forma plena e exaustiva.[145]

---

[144] "The negotiated procedure therefore provides the contracting authorities with a lot of freedom and flexibility, so as to find a solution that addresses all of their needs, without being excessively expensive" (FARLEY, Martin. Directive 2004/18/EC and the Competitive Dialogue Procedure: A Case Study on the Application of the Competitive Dialogue Procedure to NHS LIFT. *In*: *European procurement & public private partnership law review*, n. 60, 2007. p. 62). Na mesma linha: "The keyword is flexibility for the contracting authority to structure this phase of the procedure. This is a marked departure from the rules for the open and restricted procedures that restrict discussions after the start of the procedure (TELLES, Pedro. *Competitive dialogue in Portugal and Spain*. Tese de Doutorado. Nottingham: University of Nottingham, 2011. p. 79).

[145] "4.1 Complex projects tend to have unique features, so there is no absolutely standard way in which the Competitive Dialogue procedure should be undertaken. Contracting Authorities will need to structure the procurement process in a way that ensures their objectives can be met efficiently and effectively. [...] The approach to structuring a dialogue phase, including the number of stages, the types and bases of submissions required and the intention to down-select or not, should depend on the specifics of the project and the wider procurement process. Where the Contracting Authority's needs or requirements are well advanced or where the solution design is more developed or informed, a one-stage process may be appropriate. However, for exemple, where a proof of concept may be needed, more stages may be required as described above" (OFFICE OF GOVERNMENT COMMERCE – HM TREASURY. *Competitive Dialogue in 2008*: OGC/HMT joint guidance on using the procedure. Reino Unido: 2008. p. 11 e 21. Disponível em: https://assets.publishing.service.gov.uk/government/uploads/system/uploads/attachment_data/file/225317/02_competitive_dialogue_procedure.pdf. Acesso em: 10 out. 2021).

Por outro lado, cada solução debatida no curso do diálogo apresentará características e potencial próprios, que devem ser assim reconhecidos. Disso se segue que o tratamento imparcial e isonômico a ser conferido aos concorrentes não implica que as interações com cada qual deverão ser desenvolvidas de forma rigorosamente igual. O diálogo deverá ser pautado pelas contribuições apresentadas e pelo seu potencial de desenvolvimento em prol do que o ente contratante pretende. Em outras palavras, o que importará para o desenvolvimento das interações serão as contribuições e as proposições objetivas apresentadas, o que significa que os desdobramentos do diálogo serão pautados, essencialmente, pelas características de cada solução e pelo seu maior ou menor potencial para ser escolhida pela Administração.

Essas características tornam inviável disciplina legislativa minuciosa e restritiva da atuação administrativa a propósito da condução do diálogo. Não é possível remeter ao gestor público a tarefa de dialogar com agentes privados acerca de soluções com relativa heterogeneidade, dotadas de atributos inconfundíveis entre si, vinculando a sua atuação de forma estrita. A rigor, nem mesmo o próprio edital poderá antecipar de forma rigorosa e exauriente como os diversos diálogos serão desenvolvidos. A mesma incerteza que constitui pressuposto para a adoção do diálogo justifica a autonomia conferida ao ente contratante para modular um procedimento eficiente, inclusive na medida em que este se desenvolve.

Por essas razões, o legislador brasileiro optou por não fixar etapas, prazos e regras procedimentais mais detalhados ao diálogo. A solução foi atribuir à esfera da Administração – em maior grau, no âmbito do edital e, em menor grau, no curso do próprio diálogo – espaços decisórios relativos à condução procedimental. Tem-se na fase de diálogo, então, um procedimento concebido sob medida para a abrangência, complexidade e circunstâncias em que será desenvolvido e essencialmente modulável, apto a comportar interações que serão singulares perante cada licitante. Nesse sentido, a Lei remete ao edital a função de "prever a realização de fases sucessivas, caso em que cada fase poderá restringir as soluções ou as propostas a serem discutidas" (art. 32, §1º, inc. VII).

Destaque-se que a indeterminação procedimental é meramente relativa. Não significa ausência de regras, ou que o ente contratante possa adotar o procedimento que bem entender. Ainda a propósito da estruturação do diálogo no edital, embora a Lei nº 14.133/2021 não tenha determinado que o ato convocatório deva dispor de regras e diretrizes para orientar a forma de desenvolvimento do diálogo, inclusive no tocante ao afunilamento das discussões e eventual interrupção do diálogo com algum licitante, é relevante que regras a esse respeito sejam definidas para orientar a atuação de todos os envolvidos no certame. A Diretiva 2014/25 da União Europeia e a legislação dos países que a observam contêm disposições gerais nesse sentido.[146]

De outra parte, como reflexo dessa lógica procedimental aberta e flexível, se o desenvolvimento do diálogo não será vinculado tanto por regras estritas, deverá observar normas gerais, de ordem material e procedimental, atinentes à transparência, à probidade, à observância de direitos e oportunidades iguais para os interessados e à atuação compatível com os deveres de lealdade e confiança que derivam da boa-fé. A boa-fé, em particular, determinará a observância de uma postura coerente e leal dos agentes públicos ao longo do processo.

Portanto, pode-se afirmar que as definições postas no edital em torno do procedimento apresentarão uma mescla de regras ou diretrizes mais conceituais, orientativas e sujeitas à flexibilização, com regras de caráter vinculante.[147] Será indispensável a existência

---

[146] Conforme a Diretiva 2014/25 da União Europeia: "Artigo 48º [...] 4. Os diálogos concorrenciais podem desenrolar-se em fases sucessivas, de modo a reduzir o número de soluções a debater durante a fase de diálogo, aplicando os critérios de adjudicação previstos no anúncio de concurso ou na memória descritiva. A entidade adjudicante deve indicar, no anúncio de concurso ou na memória descritiva, se irá utilizar esta opção". Na Espanha, o art. 175 da Ley 9/2017, de 8 de noviembre, de Contratos del Sector Público prevê o seguinte: "3. El procedimiento podrá articularse en fases sucesivas, a fin de reducir progresivamente el número de soluciones a examinar durante la fase de diálogo mediante la aplicación de los criterios de adjudicación indicados en el anuncio de licitación o en el documento descriptivo, indicándose en estos si se va a hacer uso de esta posibilidad". No mesmo sentido é a disciplina do Code de la Commande Publique na França: "Article R2361-16. Le dialogue peut se dérouler en phases successives de manière à réduire le nombre de solutions à discuter, en appliquant les critères d'attribution définis dans l'avis de marché ou dans un autre document de la consultation. L'acheteur indique, dans les documents de la consultation, s'il fera usage de cette possibilité. L'acheteur poursuit le dialogue jusqu'à ce qu'il soit en mesure d'identifier la ou les solutions qui sont susceptibles de répondre à ses besoins".

[147] "A Administração se vale de margem de discricionariedade para orientar, ao longo da estruturação do projeto, como o procedimento vai ser desenvolvido. Isto significa que a predefinição do procedimento de elaboração dos estudos é mais conceitual do que

de um nível de pré-compreensão e previsibilidade em relação a como o procedimento será conduzido, como condição para que os interessados possam organizar-se para participar da licitação. Em qualquer caso, o edital deve estabelecer regramento suficiente para garantir a racionalidade do procedimento, nortear o planejamento e o engajamento dos interessados na elaboração de contribuições e sinalizar a sua seriedade.

7.3 Limite à flexibilidade do diálogo: a estabilização de sua abrangência e a observância das premissas definidas no edital

Cabe esclarecer que a flexibilidade se aplica no tocante à forma de desenvolvimento do diálogo, não em relação ao seu alcance material. É devida à observância, pela Administração, dos contornos do diálogo definidos no edital, assim como das necessidades e dos fins inicialmente identificados, que funcionarão como parâmetros norteadores de todas as atividades desenvolvidas no curso do certame.

Já não se trata da observância da isonomia apenas entre os licitantes existentes, mas em relação àqueles potenciais concorrentes que poderiam ter buscado ingressar no certame se as condições originais do edital abrangessem parâmetros distintos daqueles inicialmente estipulados. A observância do princípio da isonomia afasta a possibilidade de o escopo do diálogo ser modificado – ou de as premissas que nortearam o edital de lançamento do diálogo serem alteradas –, ainda que todos os licitantes selecionados venham a concordar com tal solução.[148] Essa conclusão se estende às exigências

executiva. [...] A flexibilidade no procedimento não é defeito, mas condição necessária à estruturação de projetos. Conviver com ela e responder por suas consequências é oportunidade de conferir ao gestor público um papel mais ativo e determinante na aproximação com a iniciativa privada" (REIS, Tarcila; JORDÃO, Eduardo. *A experiência brasileira de MIPs e PMIs*: três dilemas da aproximação público-privada na concepção de projetos. *In*: JUSTEN FILHO, Marçal; SCHWIND, Rafael Wallbach (Org.). *Parcerias público-privadas*: reflexões sobre os 10 anos da Lei 11.079/2004. São Paulo: Revista dos Tribunais, 2015. p. 211).

[148] "Ainda que todos os candidatos possam acordar em alargar o espectro do procedimento [...], não será de admitir a aludida alteração. Com efeito, foi com base numa memória

e aos requisitos previstos para soluções a serem apresentadas. O descarte de exigência que constava do edital inicial apta a influenciar o universo de sujeitos interessados em ingressar no diálogo, se vier a ser reconhecida pela Administração como cabível, ensejará a republicação do edital.

Aplica-se, para as hipóteses acima referidas, o §1º do art. 55 da Lei nº 14.133/2021.[149] Embora a terminologia empregada por essa norma faça referência apenas à "formulação das propostas", o seu propósito consiste em impedir, de modo amplo, modificações na disciplina da licitação aptas a afetar o universo de interessados feitas sem publicidade ou por publicidade em regime diverso daquele estabelecido para propiciar o amplo conhecimento e a possibilidade de participação no certame. Trata-se, afinal, de limite derivado do princípio da isonomia.

7.4 A forma de relacionamento entre o ente contratante e os demais interessados

Nos termos do art. 32, §1º, VI, prevê-se que o diálogo será desenvolvido a partir de "reuniões com os licitantes pré-selecionados...". A interação concreta entre o ente contratante e os licitantes suscita alguns apontamentos.

descrita [...] que os operadores económicos tomaram a decisão de participar, ou não, no procedimento de adjudicação. É, em princípio, impossível de afirmar se, perante o alargamento das necessidades descritas, outros interessados não teriam também conseguido e/ou optado por apresentar uma candidatura. Pelo que, uma negociação das soluções que não respeite as necessidades identificadas na memória descritiva violará, pelo menos, o princípio da concorrência (cfr. art. 1º, n.º 4 do CCP). Falamos aqui de uma *concorrência potencial* que atende aos operadores económicos que, face ao alargamento do objecto do procedimento, teriam apresentado a sua candidatura" (SOUSA, Luís Verde de. *A Negociação nos Procedimentos de Adjudicação*. Uma Análise do Código dos Contratos Públicos. Coimbra: Almedina, 2011. p. 97). Na mesma linha, "A second category of matters which should not, logically, be capable of acting as justification for the use of Competitive Dialogue are uncertainties which relate to the scope or fundamental characteristics of the project, e.g., matters which, if discussed and amended during the dialogue phase, might lead to the award of a contract fundamentally different from that advertised" (BURNETT, Michael. Developing a Complexity Test for the Use of Competitive Dialogue for PPP Contracts. *European Procurement & Public Private Partnership Law Review*, v. 5, issue 4, 2010, p. 221.).

[149] "§1º Eventuais modificações no edital implicarão nova divulgação na mesma forma de sua divulgação inicial, além do cumprimento dos mesmos prazos dos atos e procedimentos originais, exceto quando a alteração não comprometer a formulação das propostas."

7.4.1 Formatos e vias de interação

A Lei não restringe as interações ao formato de reunião. A norma tem propósito de autorizar a realização de reuniões, não de vedar outras vias, como a realização de diligências, testes e quaisquer tipos de atividades necessárias à compreensão das soluções. A forma de interação deverá ser pautada pela eficiência da interlocução em progresso.

No tocante às reuniões, podem elas ser realizadas de forma presencial ou não. Incide a regra geral do art. 17, §2º, da Lei nº 14.133/2021, de acordo com a qual "as licitações serão realizadas preferencialmente sob a forma eletrônica, admitida a utilização da forma presencial, desde que motivada, devendo a sessão pública ser registrada em ata e gravada em áudio e vídeo". De todo modo, prevalecem a flexibilidade e busca pela eficiência: é possível supor que as diversas fases do diálogo demandarão necessidade mais ou menos intensa de interação em tempo real e que discussões sobre aspectos mais complexos, que demandem análise de diversos documentos ou de soluções propriamente ditas, justifiquem reuniões presenciais.[150] Em qualquer caso, outras vias de comunicação, como a disponibilização de plataforma para compartilhamento de dados por escrito, podem perfeitamente reduzir a necessidade de reuniões presenciais ou remotas – e, consequentemente, os custos para os sujeitos envolvidos.

A estruturação das formas de interação pressupõe um exercício de ponderação. O procedimento deve ser concebido para assegurar que o diálogo seja o mais eficiente e eficaz possível para o ente contratante identificar a solução que melhor lhe atende.

---

[150] "Oral presentations engender openness largely because of the opportunity for dialogue between agencies and offerors. In that regard, FAR 15.102 explicitly rejects classifying prerecorded presentations as oral presentations because they lack the 'real-time interactive dialogue' that the oral presentations provision envisions. Use of oral presentations, instead of a more formalistic written approach, can generate significant benefits. Oral presentations should streamline the procurement process by substantially reducing procurement lead times. Moreover, oral presentations often allow the Government to better evaluate an offeror's capabilities. Although streamlining and better evaluations are probably the most obvious benefits, oral presentations also create some benefits in bargaining" (WHITEFORD, David A. *Negotiated Procurements*: Squandering the Benefit of the Bargain. *Public Contract Law Journal*, v. 32, n. 3, 2003. p. 514.).

Ao mesmo tempo, deve-se simplificar e facilitar, na medida do possível, a participação dos interessados, considerando também os custos por eles incorridos.[151] Trata-se de aplicar o art. 2º, parágrafo único, inc. VI, da Lei nº 9.784/1999, de modo que o diálogo seja conduzido observando o critério de "adequação entre meios e fins, vedada a imposição de obrigações, restrições e sanções em medida superior àquelas estritamente necessárias ao atendimento do interesse público".

7.4.2 O diálogo não é mera entrevista unilateral: a reciprocidade das interações

De outra parte, como anteriormente referido, não há razão para restringir o diálogo a uma simples entrevista dos interessados, ou para cercear, de modo formalista, o acesso dos interessados a informações complementares, na medida em que a evolução do diálogo assim recomende.

O diálogo competitivo tem o propósito de promover a redução da assimetria de informações para ambos os polos. Isso contribui não apenas para que cada interessado formule a sua proposta de forma mais adequada, mas para que os licitantes possam auxiliar o ente contratante até mesmo na identificação de inconsistências, riscos ou problemas eventualmente não antevistos.[152] A postura do

[151] Trata-se de ponderação que já se colocava a propósito da Lei nº 8.666/1993: "O texto da Lei nº 8.666 induz obrigatoriedade de colocar-se à disposição dos interessados meios de comunicação à distância (tais como telefone, telex etc.), para evitar a dificuldade de deslocamento ao local em que serão prestadas as informações. Com a evolução tecnológica, tornou-se possível assegurar aos interessados amplo acesso a todas as informações relevantes por meio da internet" (JUSTEN FILHO, Marçal. *Comentários à Lei de Licitações e Contratos Administrativos*: Lei 8.666/1993. 18. ed. São Paulo: Thomson Reuters Brasil, 2019. p. 622).

[152] "In addition, it is in the interest of the procuring entity that interested providers vigorously review bidding documents and bring to the attention of the entity any ambiguities, inconsistencies or errors in the documents. Problems in bidding documents can mean the difference between successful contract performance and serious contract performance problems, claims and disputes. [...] Some procurement systems distinguish between pre-tender communications and post-tender communications in determining the scope of permissible communications between procuring entities and firms. [...] As explained below, there are good policy reasons for permitting a broader scope of communications in the pre-tender stages tan in the post-tender stages, although a strict ban on post-tender communications may not be desirable either" (LINARELLI, John. Methods of Procurement. *In*: ARROWSMITH, Sue *et al*. *Regulating Public Procurement*. The Hage:

ente contratante aberta a compartilhar informações que possam facilitar o progresso do diálogo amplia o potencial do resultado a ser alcançado. Dito de forma mais simples, "uma melhor compreensão conduz a um melhor produto".[153]

A possibilidade de compartilhamento de informações adicionais é admitida no art. 32, §1º, inc. III, segundo o qual "a divulgação de informações de modo discriminatório que possa implicar vantagem para algum licitante será vedada". O compartilhamento de informações disciplinado na norma é aquele posterior à divulgação do edital. Não se veda, portanto, a disponibilização de informações

---

Kluwer Law International, 2000. p. 488). Ainda sobre o tema, retratando discussões concretas em torno das informações disponibilizadas pela Administração: "To be able to make up the maintenance plan for the existing system, candidates asked several questions like "What is the current state of the existing system?"; "Which maintenance activities have taken place in the last 5 years?"; and "When has the Agency performed the last inspections of the existing system and could you make the results of these inspections available to the candidates?" The Agency starts by stating that all information is available in the data room. The candidates do not agree, and start to ask more detailed questions from which it shows that for several elements, especially in the tunnel, the information lacks the details needed. The Agency is not able to answer these questions. It turns out that the Agency's document management system is poor and the Agency has not enough manpower to dig up all the requested information. The information provided to the candidates is incomplete. The candidates do not understand why the Agency cannot provide this information: they are themselves supposed to have this kind of data available any time, if they would gain the contract. The specifications of their document management system are very clear about that. Actual problems of understanding rise, when the actual state of the existing system in the upfront practice seems not to meet the Agency's own demands either. When the Agency arranges that each candidate is given the opportunity to inspect the existing system, it turns out that the state of the existing system is below the Agency's specified demands. So neither the Agency's document management system nor the state of the existing system does meet the Agency's own specifications, whilst the future contractor will be penalized when the system will not meet specifications. A bargaining process starts, which helps to focus and to reduce mutual biases. During this process, the candidates go from being upset about the unreasonable demands to making sense of the situation: the Agency has acknowledged that its asset management is unacceptable and that something has to change in the future. The Agency does also regain understanding of the situation: why would the contractor have to pay for the Agency's poor asset management? At the end both parties agree that a DBFM is needed and that it would not be fair when the lack of maintenance to the existing system would become the contractor's problem. Therefore, both parties agree that the Agency will do its best to hand over the system free of defects. As a result of this informal agreement, the contractor is formally given two times five working days to inspect the state of the existing system when the contract is awarded. Then the contactor could apply for lane closures without being fined, to have the existing system meet the Agency's demands" (HOEZEN, Mieke; VOORDIJK, Hans; DEWULF, Geert. Contracting dynamics in the competitive dialogue procedure. *In*: *Built Environment Project and Asset Management*, v. 2, n. 1, 2012. p. 17).

153 HOEZEN, Mieke; VOORDIJK, Hans; DEWULF, Geert. Towards better customized service-led contracts through the competitive dialogue procedure. *Construction Management and Economics*, v. 28, issue 11, 2010. p. 1184-1185.

por outro meio que não o edital – veda-se apenas o tratamento desigual entre os concorrentes no compartilhamento de informações.

Isso não implica que o ente contratante tenha para si a faculdade de ocultar informações que já poderiam ter sido disponibilizadas por ocasião do lançamento do edital do certame. O ente contratante tem o dever de ser o mais transparente possível desde a instauração do certame, de modo a oferecer um panorama realista e bem instruído sobre a licitação e a contratação pretendida para suscitar o interesse dos potenciais interessados. O que se trata, aqui, é da possibilidade de o ente contratante prestar esclarecimentos ao longo do diálogo em razão de indagações que surjam conforme as discussões sejam refinadas. A disponibilização de novas informações pertinentes é possível e, como regra, devida.

7.5 A isonomia e a evolução do diálogo

A operacionalização do princípio da isonomia nos processos de contratação pública é bem conhecida. Em seu modelo mais típico, o instituto da licitação funciona a partir da estipulação prévia de um conjunto rígido e abrangente de regras, que definirá todos os atos e comportamentos dos envolvidos – incluindo o ente contratante. O edital cristaliza as regras e torna a licitação um processo dinâmico sujeito a regras estáticas.

Um dos desafios em um contexto de flexibilidade diz respeito à preservação da isonomia entre os interessados. O desafio de tratamento paritário e imparcial se amplia quando (1) se tem conhecimento da identidade dos sujeitos envolvidos e (2) a fase do diálogo competitivo não tem um objeto padronizado, uma vez que ele é mecanismo para permitir amplo influxo de dados e informações heterogêneos entre si. Diferentemente do que ocorre com as demais modalidades licitatórias, nessa fase o diálogo não visa padronizar, mas fomentar a apresentação de soluções diversas.

Portanto, o tratamento a ser dado à isonomia não pode ser equivalente ao usualmente aplicado nas demais formas de contratação pública. Uma concepção formalista de igualdade seria até mesmo incompatível com a lógica e os custos envolvidos no diálogo competitivo. Considerando que cada diálogo se traduzirá em uma atividade de cunho incremental e criativo, que se desenvolverá de forma mais ou menos produtiva, não é cabível por uma questão meramente formal a adoção do mesmo formato de reuniões, da mesma quantidade de encontros e do mesmo tempo disponibilizado a todos os interessados.

A pergunta que resta é: qual será a conduta exigível da equipe mobilizada pelo ente contratante para desenvolver esses diversos diálogos?

A igualdade deve ser aplicada de forma atrelada aos objetivos do processo de contratação. Se é assim, cabe identificar uma sistemática de desenvolvimento do diálogo que seja compatível com a isonomia e com a dinâmica própria da modalidade licitatória em questão. Há duas variáveis principais a considerar: os elementos que o ente contratante disponibilizará (*outputs*) e a forma como ele receberá as contribuições dos sujeitos selecionados ao diálogo (*inputs*).

No tocante aos *outputs*, o ente contratante tem o dever de mostrar objetivamente que disponibilizou todas as informações a todos os licitantes, tal como acima se expôs. O ente contratante deve disponibilizar o mesmo conjunto de informações a todos os interessados.[154] Deve também disponibilizá-las em circunstâncias equivalentes, o que pressupõe informá-los de forma concomitante, para evitar que um concorrente assuma vantagem competitiva sobre o outro. Desse modo, se uma determinada informação se mostrou relevante no âmbito do diálogo específico desenvolvido com um determinado licitante, a comissão deve promover a divulgação contemporânea ou imediatamente subsequente da informação aos demais licitantes, independentemente do conteúdo e do estágio de diálogo em que se encontrem, a título de esclarecimento geral sobre a licitação. O fundamental é que a prestação de informações proporcione aos candidatos oportunidades equivalentes para se preparar para reuniões e elaborar os materiais.[155]

---

[154] "One dimension of equality of treatment and non-discrimination in the dialogue phase is in the provision of information to candidates, which should be based on clear guidelines set out at the launch of the dialogue phase. This includes, in particular, the timetable and structure for information flows between candidates and the Contracting Authority and the frequency, length, scope, conduct, recording of meetings etc. [...]" (BURNETT, Michael; ODER, Martin. *Competitive Dialogue*: A practical guide. Maastricht: European Institute of Public Administration, 2009. p. 125-126).

[155] BURNETT, Michael; ODER, Martin. *Competitive Dialogue*: A practical guide. Maastricht: European Institute of Public Administration, 2009. p. 126.

Em relação aos *inputs*, o ente contratante deve assegurar que todos os candidatos tenham a possibilidade de apresentar as suas contribuições e que estas sejam efetivamente apreciadas. Do mesmo modo, é devida a manifestação motivada do ente público a respeito das contribuições apresentadas. Por um lado, a motivação adequada para justificar os atos praticados pela Administração deve nortear a própria decisão de "restringir as soluções ou as propostas a serem discutidas" (art. 32, §1º, inc. VII), como pressuposto de legitimidade do processamento do diálogo. Por outro lado, não será possível a rejeição imotivada das contribuições apresentadas, pois a escolha de determinada solução se dará sempre em termos comparativos, invariavelmente com o apontamento de sua maior adequação em cotejo com as demais alternativas.

Em resumo: o tratamento dado às diversas soluções apresentadas não será uniforme, o que não implica dizer que poderá ser desigual. A flexibilidade atribuída à Administração serve justamente para comportar a possibilidade de que o diálogo em torno de uma solução reconhecida como insatisfatória ou não passível de incremento via diálogo seja encerrado antes de outras cujo desenvolvimento ainda seja promissor. Como já se escreveu a propósito do desenvolvimento do diálogo, "a igualdade de tratamento não impõe à entidade adjudicante que encare todas as soluções apresentadas como se fossem as potencialmente escolhidas".[156] Por esse ângulo, é precisa a afirmação de que "a igualdade de tratamento revela-se sobretudo no acesso dos candidatos à informação".[157] A essa afirmação é possível agregar que a observância da isonomia

---

[156] SOUSA, Luís Verde de. *A Negociação nos Procedimentos de Adjudicação*: Uma Análise do Código dos Contratos Públicos. Coimbra: Almedina, 2011. p. 105; "The actual content of the discussions will depend on the comments made by the candidates (in the initial phase of the dialogue) and the content of the individual interim submissions of candidates (in the latter part of the dialogue" (BURNETT, Michael; ODER, Martin. *Competitive Dialogue* - A practical guide. Maastricht: European Institute of Public Administration, 2009. p. 126).

[157] "Se, após algumas sessões de diálogo, o júri identifica uma solução como a mais apta, nada impede que este canalize os seus esforços no seu desenvolvimento. Por outro lado, não fará sentido que o júri protele a negociação de uma solução que, de forma justificada, não se revela a mais apropriada. Tal como o art. 214.º, n. 2, sugere, a igualdade de tratamento revela-se sobretudo no acesso dos candidatos à informação. Assim, a informação (gerada pela Administração) acerca do contrato, que não esteja prevista na memória descritiva, deve ser disponibilizada a todos os participantes do diálogo" (SOUSA, Luís Verde de. *A Negociação nos Procedimentos de Adjudicação*: Uma Análise do Código dos Contratos Públicos. Coimbra: Almedina, 2011. p. 105).

será integrada pelo exame adequado, racional e fundamentado das diversas soluções, que evidencie um processo decisório pautado por escolhas objetivas, isento de favorecimentos.

7.6 Ainda a isonomia: a possibilidade de interrupção de diálogos infrutíferos e a situação do licitante inerte ou que não cumpre as regras aplicáveis ao diálogo

Como decorrência, a interrupção do diálogo em relação a soluções constatadas como insatisfatórias ou não promissoras, ou em casos nos quais o licitante não manifeste postura favorável ao prosseguimento de um diálogo produtivo, será legítima na medida em que não há sentido em despender recursos para manutenção de interações por razões meramente formais. Não é essa a forma adequada de observância da isonomia.

Em termos práticos, há pouco o que possa ser feito pela comissão diante do diálogo que não se mostre promissor, além de sua interrupção. A Lei nº 14.133/2021 não dispôs sobre instrumentos para lidar com licitantes pouco engajados. No direito português, por exemplo, coloca-se incentivo relevante à participação ativa e útil dos licitantes no diálogo, correspondente à previsão de que poderão participar da fase de apresentação das propostas apenas aqueles licitantes que tenham tido as suas soluções, tal como apresentadas na fase de diálogo, aprovadas em uma decisão inaugural do júri encarregado da condução do procedimento.[158] Além disso, como mencionado anteriormente, prevê-se no direito comunitário europeu que a participação adequada no diálogo pode ser objeto de remuneração, o que constitui incentivo relevante para o engajamento dos interessados.[159]

---

[158] O Código dos Contratos Públicos restringe o convite para participar da fase competitiva aos licitantes que tiveram soluções "admitidas" na fase do diálogo: "Artigo 217.º Convite. 1 - Caso tenha sido identificada uma solução susceptível de satisfazer as necessidades e as exigências da entidade adjudicante, o órgão competente para a decisão de contratar envia a todos os candidatos qualificados cujas soluções tenham sido admitidas, simultaneamente com a notificação referida no artigo anterior, um convite à apresentação de propostas".

[159] Conforme o art. 30º, item 8, da Diretiva 2014/24 da União Europeia, "as autoridades adjudicantes podem prever prémios ou pagamentos aos participantes no diálogo".

Não há, no entanto, previsão de incentivo similar na Lei nº 14.133/2021.

Para tratar dessa problemática, a Advocacia-Geral da União editou em 17.05.2024 a Orientação Normativa nº 82/2024, nos seguintes termos: "No processo licitatório na modalidade do diálogo competitivo é possível estabelecer no edital de pré-seleção critérios de exclusão a serem observados pelos licitantes para participação e durante o desenvolvimento dos diálogos, sob pena de exclusão da fase competitiva".[160]

Se, do ponto de vista prático, a ON nº 82/2024 oferece contributo que se mostra útil para operacionalizar a fase do diálogo, por outro lado a sua aplicação deve ser considerada com cautela em face da Lei nº 14.133/2021. Isso porque o art. 32, §1º, inc. VIII, prevê que a fase competitiva para seleção da proposta mais vantajosa deve comportar abertura de prazo para "*todos* os licitantes pré-selecionados na forma do inciso II deste parágrafo apresentarem suas propostas [...]" (destaque nosso).

O legislador tinha duas grandes alternativas: a primeira era estabelecer incentivo mais claro à participação ativa e mais intensa na fase de diálogo, o que poderia ocorrer, por exemplo, mediante previsão de eventual sanção de exclusão da fase de competitiva, em caso de participação insatisfatória no diálogo. Outra alternativa, mais cautelosa, consistia em privilegiar a ampla competitividade na fase final da licitação, estabelecendo que todos os licitantes pré-selecionados permanecerão aptos a disputar a contratação. A opção legislativa expressa foi esta última. Ela implica admitir que mesmo um licitante com menos destaque na fase do diálogo, ou que apresente uma solução não reconhecida como promissora pelo ente contratante, tem a sua participação na fase de apresentação de propostas assegurada pela lei.

Isso não significa propriamente questionar a lógica subjacente à ON nº 82/2024, pois a previsão do art. 32, §1º, inc. VIII, não impede a adoção de providências pela comissão em situações drásticas, como ocorreria em hipótese de completa inação do licitante. Aliás, deve-se

---

160 Em sentido similar, o art. 13, §3º, do Decreto nº 60/2024 do município de Caxias do Sul prevê a possibilidade de "desqualificação" de licitantes na fase de diálogo e o impedimento à disputa do contrato na fase competitiva. Verifica-se na doutrina posição favorável à instituição de regras infralegais que resultem na exclusão do licitante. Sobre o tema: JUSTEN FILHO, Marçal. *Comentários à Lei de Licitações e Contratações Administrativas*: Lei 14.133/2021. São Paulo: Thomson Reuters Brasil, 2021. p. 466; e OLIVEIRA, Rafael Sérgio Lima de. *O diálogo competitivo brasileiro*. Belo Horizonte: Fórum, 2021. p. 48.

observar que, embora a redação da ON nº 82/2024 seja aberta e abrangente, parece ter sido para situações mais graves, exemplificadas no parecer 00023/2023/CNLCA/CGU/AGU, que ela foi pensada.[161]

Suponha-se o exemplo de licitante que tenha sido selecionado e decida nada fazer durante o diálogo, não apresentando nem mesmo uma solução inicial, ou opte por apresentá-la fora do prazo ou de forma manifestamente incompatível ou insuficiente em vista dos requisitos previstos no edital. Embora a Lei nº 14.133/2021 não preveja expressamente a possibilidade de exclusão desse licitante, esse resultado poderá ser alcançado por meio do regime legal. Nem sequer será necessária a intermediação regulamentar ou editalícia, embora tais regras possam ser úteis, sobretudo pela previsibilidade que propiciam.

Assim, por exemplo, o edital poderá disciplinar em termos mais concretos a sanção aplicável à luz do art. 155, inc. IV, da Lei nº 14.133/2021: na medida em que é da essência do diálogo competitivo que os licitantes tomem a iniciativa de apresentar soluções à Administração na fase do diálogo, a inação caracterizaria, em tese, a infração administrativa de "deixar de entregar a documentação exigida para o certame".

Nesse caso, a exclusão do licitante deverá observar os pressupostos materiais e próprios atinentes à eventual aplicação da sanção de impedimento de licitar e contratar e será uma derivação da aplicação dessa penalidade, tal como prevista no inc. III e no §4º do art. 156 da Lei nº 14.133/2021.

Logo, a previsão de que todos os licitantes pré-selecionados terão direito a participar da fase de propostas não implica conferir salvo-conduto para que eles sejam mantidos no certame a despeito de condutas reprováveis que venham a praticar no decorrer do processo licitatório. Em qualquer caso, a exclusão do licitante não

---

[161] Nos termos do parecer, que embasou a edição da ON nº 82/2024: "27. Nessa linha, sob a ótica do ordenamento jurídico brasileiro, entende-se não ser possível uma restrição de forma genérica, com o único intuito de limitar o quantitativo de participantes da fase competitiva, a exemplo de regra regulamentar ou editalícia que estipulasse número máximo de participantes na fase competitiva. Regra dessa natureza ultrapassaria o caráter inovador possível a atos infralegais. 28. Questão diversa, contudo, é a fixação em regulamento ou até no edital que inaugura a fase de pré-seleção de critérios de exclusão (faltar reuniões sem justificativa, descumprir prazos, não apresentar solução minimamente viável etc.), a serem observados pelos participantes na fase de diálogo, justamente com o intuito de incentivar a sua participação e evitar a existência de meros espectadores aguardando apenas o momento de formulação de propostas".

será automática, pois se sujeitará ao desenvolvimento do regular processo administrativo, na forma prevista no art. 158 e demais regras aplicáveis. Há pelo menos quatro pontos de cautela a serem levados em consideração a propósito da estipulação de critérios para regular a participação e a excepcional exclusão dos licitantes.

Em primeiro lugar, é necessário considerar que a estipulação de critérios de exclusão deve ser clara e objetiva. Ainda assim, pode ampliar a complexidade da licitação e abrir um novo *front* de potencial litigiosidade. Disputas sobre o cabimento ou não da exclusão de um dado licitante podem resultar em atrasos e na própria paralisação do certame.

Em segundo lugar, a eficiência pretendida depende do desenho adequado dos critérios de exclusão. Como esses critérios não foram definidos na legislação, não é possível definir *a priori* se a sua aplicação será vantajosa ou não. O resultado dependerá da construção de boas soluções em concreto.

Em terceiro lugar, como derivação do ponto anterior, a depender de como os critérios sejam definidos, pode ocorrer que o estímulo que eles produzam seja inócuo (neutro) ou produza efeito indesejado, de tornar os licitantes cautelosos e mais ciosos de si do que do diálogo. Licitantes na defensiva poderão produzir material abundante e atuar junto ao ente público não necessariamente com o fim de potencializar o resultado do diálogo, mas para assegurar que não serão excluídos. Em última análise, a ameaça da exclusão pode resultar na ampliação do trabalho do ente público em lidar com contribuições mais amplas, mas não necessariamente mais úteis.

Em quarto lugar, há a questão da competitividade. A ampliação do nível de participação e engajamento na fase do diálogo a partir da possibilidade de exclusão dos licitantes tem o seu custo, que é o de limitar a disputa pelo contrato na fase final e decisiva do certame. A dosagem dos incentivos é um ponto crucial – e o remédio pode virar veneno.

Veja-se, afinal, que a eventual exclusão do licitante na fase do diálogo não importa em relativizar o conteúdo do art. 32, §1º, inc. VIII. Trata-se de resultado da interpretação sistemática da Lei. Mas tal situação é excepcional e deve ser considerada com cautela, para não distorcer a lógica legal.

O art. 32, §1º, inc. VIII, estabelece a vedação de exclusão de licitante em razão da inconveniência ou da inadequação material das soluções propostas. Ao assim dispor, a Lei define que esses fatores não constituirão motivo idôneo para afastar os licitantes da fase subsequente do certame. A solução será outra: interromper o diálogo pouco promissor sem que isso implique promover a exclusão do licitante da fase competitiva. Assim e por exemplo, a existência de simples dúvidas ou a insatisfação sobre o efetivo comprometimento do licitante em relação ao diálogo ou sobre a qualidade de sua solução não permitirão o seu afastamento, muito menos o seu sancionamento. De outro modo, no limite os diálogos passarão tendencialmente a constituir processos de concorrência mitigada ou até de contratação direta, em que apenas o licitante mais ativo ou com a solução mais adequada seria admitido para oferecer proposta para contratar. Não foi essa a solução legislativa. Nem parece ser esse o sentido da própria ON nº 82/2024, referida acima.

7.7 As soluções apresentadas pelos interessados e a forma de tratamento dos dados: a questão do sigilo

Questão relacionada à isonomia e ao controle da legitimidade do desenvolvimento do diálogo diz respeito à transparência da atuação administrativa e à possibilidade de manutenção de dados sob sigilo.

7.7.1 Publicidade nas licitações públicas e o sigilo no diálogo competitivo

A publicidade se estende à generalidade dos atos praticados no âmbito das licitações públicas, sejam eles produzidos pela Administração ou por terceiros (CF/1988, art. 5º, inc. XXXIII, Lei nº 12.527/2011). Os princípios da publicidade e da transparência foram consagrados no art. 5º da Lei nº 14.133/2021.

A publicidade abrange providências da Administração voltadas à divulgação dos "atos, programas, obras, serviços e campanhas dos órgãos públicos" (art. 37, §1º, da CF/1988). Já a transparência impõe à Administração proceder de modo a permitir o pleno entendimento acerca da atividade por ela desenvolvida. A transparência condiciona o próprio desenvolvimento material da atividade administrativa – notadamente, a motivação das decisões administrativas é uma decorrência também do dever de transparência.[162] Da transparência resulta um "dever de a Administração manifestar a sua vontade de modo direto, sem subterfúgios, desvios ou práticas que ocultem a vontade real e a intenção efetiva" e um consequente "impedimento a práticas que impeçam ou dificultem a identificação de ações administrativas e de seu conteúdo".[163]

O diálogo competitivo não foge à regra de ampla transparência que incide sobre os processos de contratação pública em geral. As interações particularizadas com os concorrentes ficam igualmente sujeitas a controle. Para tanto, a Lei nº 14.133/2021 estabeleceu a regra de que o processo deve ser documentado como um todo. Todas as interações devem ser registradas e permanecerão à disposição dos órgãos de controle. As reuniões serão documentadas em ata e gravadas com áudio e vídeo, sendo esses registros juntados aos autos do processo licitatório (art. 32, §1º, inc. VI e VIII).

Ao mesmo tempo, a Lei nº 14.133/2021 prevê para o diálogo competitivo outra hipótese de sigilo. Conforme o art. 32, §1º, inc. IV, "a Administração não poderá revelar a outros licitantes as soluções propostas ou as informações sigilosas comunicadas por um licitante sem o seu consentimento".

7.7.2 As razões que justificam o sigilo no diálogo competitivo

Como ocorre em relação a qualquer espécie de restrição à publicidade que incida sobre o exercício de atividade estatal, a primeira indagação que se põe diante do art. 32, §1º, inc. IV, diz respeito às justificativas que embasam essa disciplina. Elas podem ser consideradas a partir de dois ângulos – dos licitantes e da Administração.

---

[162] VIEIRA DE ANDRADE, José Carlos. *O dever da fundamentação expressa de actos administrativos*. Coimbra: Almedina, 2003. p. 71.

[163] JUSTEN FILHO, Marçal. *Comentários à Lei de Licitações e Contratações Administrativas*: Lei 14.133/2021. São Paulo: Thomson Reuters Brasil, 2021. p. 127.

Por parte dos licitantes, tendo em vista que se espera que sejam trazidas ao conhecimento do ente contratante informações não disponíveis a público, é possível, e em boa medida esperado, que os interessados só se disponham a compartilhar informações privilegiadas com o ente contratante se elas não forem divulgadas aos demais concorrentes. Os segredos industriais e tecnológicos constituem bens não apenas na acepção econômica, mas também em termos jurídicos. O ordenamento jurídico tutela a proteção dos segredos de empresa, "de indústria ou comércio" (art. 206 da Lei nº 9.279/1996). Tipicamente, esses segredos resultam de investimentos significativos em pesquisa e desenvolvimento de soluções.

E o grande problema reside nas características próprias que esses bens apresentam: a sua divulgação equivaleria a compartilhar a sua propriedade com os demais concorrentes. Como observado pela doutrina, o bem econômico *informação* comporta-se como um bem público, que não se transfere – antes, é compartilhado.[164] Dito de outro modo, "a informação tem valor econômico e, por uma característica própria, não pode ser restituída a seu possuidor" em termos de exclusividade, se vier a ser compartilhada com terceiros, significando isso que, "quando a informação é valiosa, se terceiros tomam contato com a mesma, há enriquecimento sem causa de atribuição patrimonial e dano ao patrimônio do proprietário da informação, porque o seu valor econômico diminuirá consideravelmente pelo seu compartilhamento".[165]

As razões que justificam o sigilo se relacionam, ainda, com os valores gerais que orientam o exercício das atividades econômicas. A violação do sigilo pode configurar até mesmo crime de concorrência desleal (art. 195, XI, da Lei nº 9.279/1996). O resguardo desses dados tem a sua lógica pautada pela proteção à livre iniciativa e à

---

[164] CAMELO, Bradson; NÓBREGA, Marcos; TORRES, Ronny Charles L. de. *Análise Econômica das Licitações e* Contratos. Belo Horizonte: Fórum, 2022. p. 51.

[165] Nesse sentido: "A raiz desse problema contornado pelo acórdo de confidencialidade é que a informação tem valor econômico e, por uma característica própria, não pode ser restituída a seu possuidor. Como explicou Rudden, a informação tem características próprias. A primeira delas é que não existe qualquer unidade de medida deste tipo de bem. Sua transferência é muito barata e seu exame já implica sua transferência. Transmitindo-se a informação, perde-se imediatamente a posse [exclusiva, frise-se] da mesma, já que esta pode se reproduzir indefinidamente" (TOMASEVICIUS FILHO, Eduardo. *O princípio da boa-fé no direito civil*. São Paulo: Almedina, 2020. p. 397).

propriedade privada e pela vedação a práticas anticoncorrenciais relacionadas com a violação desses segredos.

Por parte da Administração, o respeito ao sigilo visa criar um ambiente de diálogo efetivamente propício ao compartilhamento de informações de acesso restrito. A articulação da disciplina do diálogo competitivo com o regramento aplicável à proteção de dados empresariais se justifica para ampliar a eficiência da licitação, por meio do fomento do engajamento do diálogo perante o ente contratante. Por esse ângulo específico, evidencia-se que o interesse sobre o sigilo é do licitante, mas não apenas dele. O sigilo opera como um facilitador para a cooperação dos interessados. É observado pela Administração tendo como contrapartida um possível aporte mais amplo de informações e soluções.

Essa sistemática não é propriamente nova no direito brasileiro. Um exemplo que pode ser mencionado é o Regulamento de Licitações e Contratos da Petrobras, que prevê tratamento sigiloso para informações relativas à formação de preços dos proponentes, segredos de negócio e demais documentos resguardados pelo sigilo bancário, estratégico, comercial ou industrial (arts. 7º, 49 e 111).[166] Outro exemplo diz respeito à contratação de encomenda tecnológica, para a qual a Administração consultará, em fase preliminar, potenciais interessados para "obter informações necessárias à definição da encomenda", devendo assim atuar de forma transparente e documentada, mas mantendo sob proteção "informações de natureza industrial, tecnológica ou comercial que devam ser mantidas sob sigilo" (art. 27, §4º, inc. III, Decreto nº 9.283/2018). Este último exemplo revela uma sistemática que combina interações público-privadas prévias à contratação e à preservação de sigilo similar à do diálogo competitivo.

---

[166] "Art. 7º A PETROBRAS pode estabelecer a obrigatoriedade de que os proponentes apresentem o Demonstrativo de Formação de Preços (DFP) referente a sua proposta comercial. Parágrafo único. Será garantido tratamento sigiloso aos DFP apresentados pelos proponentes. Art. 48. Os documentos que formalizam os atos do procedimento licitatório são públicos. São exceções os casos de sigilo decorrente de legislação, as informações declaradas e aceitas pela Comissão de Licitação como segredos de negócio dos Licitantes, bem como as informações classificadas como sigilosas segundo orientações internas da PETROBRAS. Art. 111. É assegurado aos Licitantes obter vista dos elementos dos autos indispensáveis à defesa de seus interesses, respeitado o sigilo do Orçamento e de documentos relativos à formação de preços dos Licitantes, bem como de demais documentos resguardados pelo sigilo bancário, estratégico, comercial ou industrial."

O exame do direito comparado revela que essa lógica passou a constituir uma característica praticamente inerente ao diálogo competitivo. Segundo aponta o Banco Mundial, o tratamento confidencial de dados é um dos elementos essenciais para favorecer o êxito de processos competitivos com o formato do diálogo competitivo. Constitui providência para evitar que o diálogo opere como via de "transferência de informações proprietárias ou similares de um concorrente para outro".[167]

A previsão do sigilo foi consagrada igualmente na União Europeia. A previsão contida no art. 30º, item 3, da Diretiva de 2014 revela a inspiração que norteou o legislador brasileiro quando redigiu o art. 32, §1º, inc. IV: "as autoridades adjudicantes não podem revelar aos outros participantes as soluções propostas nem outras informações confidenciais comunicadas por um candidato ou proponente que participe no diálogo sem o consentimento deste último".

Embora a discussão sobre o sigilo usualmente remeta a um debate de fundo constitucional sobre a validade da solução, não se aprofundará aqui nessa direção. Anota-se apenas que a transparência, como norma geral, não afasta situações em que o sigilo cumpra função juridicamente relevante e proporcional em face dos outros interesses envolvidos. E o sigilo exerce função relevante à Administração no âmbito do diálogo competitivo, enquanto mecanismo que propicia obter informações e conhecimento que o ente contratante não teria como acessar de outra forma.

A esse respeito, já se afirmou que o afastamento do sigilo implicaria "efetivamente esquecer a [possibilidade de] comunicação abertura durante o diálogo, uma vez que o incentivo para os licitantes compartilharem as suas ideias de inovação provavelmente desaparecerá por completo".[168] Observando a questão por essa

---

[167] Sobre o tema: BANCO MUNDIAL. *Guidance Note on Acceptable Procedures for Selection of Private Partners under Public-Private Partnerships (PPPs).* Procurement arrangements applicable to Public-Private Partnerships (PPP) contracts financed under World Bank projects. Set. 2010, p. 20. Disponível em: https://ppp.worldbank.org/public-private-partnership/sites/ppp.worldbank.org/files/ppp_testdumb/documents/GuidanceNote_PPP_September2010.pdf. Acesso em: 10 out. 2021.

[168] "If this is the situation, one can effectively forget open communication during the dialogue, since the incentive for tenderers to share their innovative ideas is likely to disappear

perspectiva, tem-se que a supressão do sigilo não se daria sem prejuízos à Administração – frustraria uma parcela do potencial do diálogo, na contramão da prática internacional.

7.7.3 O objeto do sigilo: as soluções e os dados sujeitos à proteção

O art. 32, §1º, inc. IV, não esclarece de forma precisa a extensão possível do sigilo e o período em que vigorará. A leitura do dispositivo sugere que o sigilo constituirá a regra geral de tratamento dos dados no diálogo competitivo, na medida em que a alusão à expressão "soluções propostas" basicamente sintetiza o objeto do diálogo como um todo. Ao mesmo tempo, verifica-se que a norma trata de outro objeto: "as informações sigilosas comunicadas por um licitante".

A estrutura da norma revela, portanto, que o sigilo alcança não apenas informações efetivamente protegidas por lei (os segredos de empresa – dados efetivamente tratados pelo ordenamento como sigilosos), mas também as contribuições em sentido amplo apresentadas pelos particulares. Rigorosamente, o texto legal qualifica de forma expressa apenas aquelas informações como propriamente sigilosas. As "soluções propostas" não são nominalmente assim qualificadas, embora sejam alcançadas pela norma.

Veja-se que o art. 32, §4º, inc. IV, poderia ter previsto redação similar à do inc. I do §8º do art. 27 do Decreto nº 9.283/2018, que estabelece aplicação meramente pontual do sigilo, restrita a determinados dados submetidos ao ente contratante no casos de contratação por encomenda tecnológica: "a negociação será transparente, com documentação pertinente anexada aos autos do processo de contratação, ressalvadas eventuais informações de natureza industrial, tecnológica ou comercial que devam ser mantidas sob sigilo". Mas não foi essa a opção legislativa.

---

completely" (HOEZEN, Mieke; VOORDIJK, Hans; DEWULF, Geert. Towards better customized service-led contracts through the competitive dialogue procedure. *Construction Management and Economics*, v. 28, issue 11, 2010. p. 1180).

A norma pode ser justificada como facilitador do tratamento do sigilo e do processamento do diálogo. Diante da abrangência do inc. IV, não será necessário que a Administração empreenda o trabalho de separar o que é ou não confidencial no curso do diálogo, podendo focar em desempenhá-lo de forma correta, evitando possíveis litígios com os detentores das informações e com pretensões de terceiros de acesso a elas. Em termos práticos, a solução afasta a necessidade de motivação específica para justificar a atribuição de sigilo a cada solução e informação recebida, eis que o tratamento de sigilo é definido pela própria Lei.

Ademais, a solução normativa afasta prováveis impasses que surgiriam no desenvolvimento material do diálogo: como nem sempre será simples ou mesmo viável isolar as soluções em sentido amplo das informações de caráter sigiloso que as integram ou caracterizam, restringir o alcance do sigilo poderia resultar na frustração do diálogo de forma mais ampla, em caso de o detentor das informações discordar de sua disponibilização a terceiros.

Por esse prisma, o direito brasileiro anda em compasso com o direito comunitário. Ao tratar da modernização das políticas de licitação pública em 2011, a Comissão Europeia aludia ao objetivo de "proteger as soluções inovadoras, mesmo que não se enquadrem nos direitos de propriedade intelectual".[169] Essa orientação foi sucedida pela Diretiva 2014/24, cujo já referido art. 30º, item 3, contempla fórmula similar àquela adotada no direito brasileiro, ao vedar a divulgação tanto das "soluções propostas" quanto de "outras informações confidenciais comunicadas" pelos licitantes.

Isso não significa que o tratamento do sigilo seja absoluto e não comporte variações. O próprio inc. IV prevê que o sigilo poderá ser levantado com o consentimento do licitante. Diante dessa regra, não seria de se descartar hipótese em que a Administração pretendesse submeter as soluções apresentadas ao escrutínio dos demais concorrentes no âmbito do próprio diálogo. Para tanto, dependeria da anuência dos licitantes, devendo dispensar tratamento isonômico a eles.

---

[169] COMISSÃO EUROPEIA. *Livro Verde sobre a modernização da política de contratos públicos da EU*: Para um mercado dos contratos públicos mais eficiente na Europa. Bruxelas: 2011. p. 49.

7.7.4 A compatibilização do sigilo com a publicidade da decisão final do diálogo

Como o término do diálogo pressupõe a escolha de uma solução como satisfatória a ser licitada, ela terá de ser objeto de divulgação a todos os interessados para viabilizar a competição.

Essa é uma decorrência da determinação de que as decisões adotadas pelo ente contratante e a sua posição final a respeito do diálogo serão invariavelmente sujeitas à publicidade. Retome-se o inc. V do §1º do art. 31: "a fase de diálogo poderá ser mantida até que a Administração, em decisão fundamentada, identifique a solução ou as soluções que atendam às suas necessidades".

A *decisão fundamentada* a que alude o dispositivo acima referido ganha particular relevância como instrumento de controle da atividade desenvolvida ao longo do diálogo. A preservação do sigilo sobre informações proprietárias deve ser compensada pela demonstração racional da adequação das decisões administrativas adotadas. A motivação deverá ser observada inclusive em relação às decisões e às solicitações intermediárias adotadas pelo ente contratante frente aos licitantes, como forma de possibilitar que o *iter* racional adotado pelo ente contratante seja acessível e objetivamente compreensível, para ser cotejado com a motivação da decisão final e permitir aferição do tratamento efetivamente isonômico e imparcial dispensado aos sujeitos engajados no diálogo.

Ou seja: o dever geral da Administração de proteger as informações em geral recebidas no curso do diálogo deverá ser compatibilizado com a composição do projeto contratual que será licitado. Como resultado, ao ingressar no certame, os licitantes deverão ter ciência de que as informações necessárias para viabilizar a disputa em torno da solução contratual final terão de ser divulgadas.

Como notado pela Comissão Europeia, o ponto de contato entre a tutela do sigilo e a composição da melhor solução pode ensejar certo desincentivo à apresentação, pelos licitantes, de soluções altamente inovadoras, na medida em que a divulgação destas venha a permitir o seu aproveitamento por concorrentes em outras esferas não relacionadas à licitação em que tais dados foram veiculados.[170] Mas esse mecanismo de conciliação entre sigilo e publicidade é indispensável para a evolução do processo licitatório.

Assim é que os dados sigilosos não aproveitados permanecerão resguardados, mas aqueles imprescindíveis para a realização da licitação e a confirmação da adequação da escolha da Administração deverão ser devidamente publicizados. Isso não implica, em princípio, que seja necessário publicizar todas as informações apresentadas pelo licitante cuja solução foi escolhida. É possível que a estruturação do contrato seja realizada de forma tal que especificações técnicas sobre as quais recaiam o sigilo não sejam previamente delimitadas pela Administração, remetendo aos proponentes autonomia para definir os meios de execução que serão empregados no futuro contrato. Em qualquer caso, a divulgação deverá recair sobre os dados efetivamente adotados pela Administração que sejam imprescindíveis para a adequada estruturação da fase final de licitação e para proporcionar o pleno entendimento, pelos licitantes, do contrato que será licitado.

7.7.5 A disciplina do tema via edital

A eventual omissão do edital a respeito do sigilo não impedirá tal proteção – bastará observar o art. 32, §4º, inc. IV, enquanto norma autoaplicável. A intermediação da disciplina do edital não é necessária, mas será útil para nortear a visão dos interessados sobre o certame e poderá ser complementada com regras acerca da forma

[170] "Embora as regras actuais obriguem a salvaguardar a confidencialidade das informações, a entidade adjudicante fica dividida entre a obrigação de proteger essas informações confidenciais e a necessidade de divulgar parte dessas mesmas informações para identificar as soluções mais adequadas às suas necessidades. As entidades adjudicantes podem ser tentadas a pressionar os proponentes para que aceitem a divulgação. Além disso, o facto de a melhor solução (a seleccionada pela entidade adjudicante) ser inevitavelmente dada a conhecer a todos os participantes que entretanto são convidados a apresentar propostas nela baseadas, pode desincentivar os concorrentes que tenham apresentado soluções altamente inovadoras, dado não lhes ser dada qualquer garantia de virem a ser «recompensados», através da efectiva adjudicação do contrato, por terem apresentado essa solução" (COMISSÃO EUROPEIA. *Livro Verde sobre a modernização da política de contratos públicos da EU*: Para um mercado dos contratos públicos mais eficiente na Europa. Bruxelas: 2011. p. 49).

de proteção dos dados, podendo o edital preestabelecer que o sigilo será levantado em relação aos aspectos que comporão a solução escolhida para ser licitada. Com isso, os licitantes terão ciência de que, para serem efetivamente utilizadas, as suas soluções serão sujeitas à publicidade inerente à fase final do processo licitatório, na medida em que sejam assimiladas na concepção final estabelecida pela Administração.

Poderia surgir discussão sobre se seria possível a disciplina contida no edital determinar que o consentimento previsto no inc. IV do §1º do art. 32 se dê de forma tácita e automática, como reflexo da decisão de ingressar no certame, ou se haverá necessidade de obter do licitante consentimento específico em relação à divulgação dos dados que a Administração pretenda utilizar, visto que não é possível aos concorrentes antecipar, por ocasião do ingresso no certame, a abrangência das informações que poderão ser demandadas durante o diálogo. Se por um lado a solução de estipular um consentimento tácito ou automático no edital oferece vantagens operacionais à Administração, por outro pode resultar no já mencionado desincentivo a uma postura franca por parte dos licitantes em disponibilizar dados no curso do diálogo.

Essa questão foi tratada por diversos enfoques no contexto europeu. Durante a vigência da Diretiva 2004/18, chegou-se a propor a viabilidade de instituir via edital uma regra geral de transparência dos dados apresentados, a ser operacionalizada mediante exigência de consentimento prévio e amplo, que os licitantes dariam para permitir o compartilhamento de seus dados a terceiros. Tal proposta foi recebida com críticas em âmbito doutrinário, no sentido de que essa sistemática desnaturaria a dinâmica do diálogo.[171] Houve proposições para distinguir dados que deveriam ser mantidos

[171] "[...] Arrowsmith (2006) points to another statement in this Explanatory Note: 'It would be possible for contracting authorities to stipulate in the tender notice or in the descriptive document that acceptance of the invitation to participate implies consent [to disclosure]'. In other words, the European Commission seems to allow contracting authorities to get around the principle of treating information as confidential by having the tenderers automatically assent to sharing their ideas with competitors" (HOEZEN, Mieke; VOORDIJK, Hans; DEWULF, Geert. Towards better customized service-led contracts through the competitive dialogue procedure. *Construction Management and Economics*, v. 28, issue 11, 2010. p. 1180).

em sigilo de outros que poderiam ser tratados como "gerais" (públicos)[172] e uma ênfase na necessidade do consentimento como saída para o problema.[173]

A Diretiva 2014/24 conferiu solução mais precisa ao tema, ao estipular, na parte final do item 3 de seu art. 30, que o "consentimento não pode ser dado em termos gerais, mas sim referir-se especificamente à projetada comunicação de informações específicas". A partir de então, passou-se a considerar como indevida a exigência de um consentimento prévio e geral por parte dos licitantes como condição para participação no diálogo.[174] O Código de Contratos Públicos da Itália, por exemplo, consagrou essa orientação de forma expressa, ao determinar que o consentimento não pode ser aplicado para afastamento geral da regra do sigilo. A exigência de consentimento para o levantamento do sigilo pode ocorrer em termos específicos e

---

[172] "As the dialogue stage leads to the development of a common set of specifications and not to tenders based on each candidate's solution, what should happen if confidentiality was raised by the candidate whose solution was considered as the most appropriate? How can that 'confidential' solution be used as basis for technical specifications for all candidates to tender on? When faced with this unintended consequence, one of the interviewees replied saying that if confidentiality had been raised during the dialogue and the candidate was not available to reconsider it at the end of the dialogue, then it was not an appropriate solution and, thus, should be excluded. Considering the actual draft, the author does not agree with this view for two major reasons. One, it would make confidentiality a dead letter protection. Two, the Public Contracts Code does not allow solutions to be excluded after the dialogue has started. A potential way out might be that confidentiality is only applicable to the solutions and that, arguably, the technical specifications are no longer a solution and by definition need to be public. This, however, seems once more as an ingenious way of rendering the protection given by confidentiality as useless and is a consequence of the lack of foresight in the way the procedure was drafted" (TELLES, Pedro. *Competitive dialogue in Portugal and Spain*. Tese (Doutorad) – Nottingham, University of Nottingham, 2011. p. 138-139).

[173] "5.2.14. One potential mechanism for managing the treatment of intellectual property or commercially sensitive information would be for bidders to identify and agree with the Contracting Authority, which parts of their solutions are specific to them and should be treated as confidential, and those that are generic in nature and therefore permissible to share with other bidders. Having an agreed understanding of what constitutes bidder intellectual property allows the Contracting Authority to ensure its protection" (OFFICE OF GOVERNMENT COMMERCE – HM TREASURY. Competitive Dialogue in 2008: OGC/HMT joint guidance on using the procedure. Reino Unido: 2008. p. 19. Disponível em: https://assets.publishing.service.gov.uk/government/uploads/system/uploads/attachment_data/file/225317/02_competitive_dialogue_procedure.pdf. Acesso em: 10 out. 2021).

[174] TELLES, Pedro; BUTLER, Luke. Public Procurement Award Procedures in Directive 2014/24/EU (May 29, 2014). LICHÈRE, F. *et al. Novelties in the 2014 Directive on Public Procurement*. Copenhagen: Djof Publishing, 2014. p. 14. Disponível em: https://ssrn.com/abstract=2443438. Acesso em: 17 out. 2021.

justificados, de forma atrelada a "informações específicas expressamente indicadas".[175]

Parece ter sido justamente a dificuldade de definir uma solução em abstrato que conduziu o direito comunitário europeu – e, bem assim, o direito brasileiro – a incorporar a solução do consentimento.

Dentro desse panorama, considerando a previsão do inc. IV do §1º do art. 32 e a lógica que permeia o diálogo competitivo, norteada pelo incentivo ao aporte de informações sigilosas, tem-se que, sem prejuízo das regras que definirão a publicização dos dados necessários à composição da solução contratual original, o edital não poderá exigir consentimento prévio e aberto dos licitantes em relação à divulgação dos dados disponibilizados durante o diálogo. Exigir o consentimento no edital demandaria fundamento legal para tal exigência – fundamento esse que não existe, porque o consentimento previsto no inciso IV é incondicionado.

Ademais, o próprio tempo verbal utilizado na redação legal confirma que não se trata de consentimento prévio, sobre soluções a propor ou a comunicar, mas sim sobre "as soluções [já] propostas ou as informações sigilosas [já] comunicadas". Portanto, o consentimento deve ser específico e ter objeto determinado, relacionado ao conjunto de dados e conhecimentos já então compartilhados no diálogo.

No caso de ausência de consentimento, o licitante poderá então retirar as informações sigilosas do âmbito do diálogo.[176] Esse expediente não constitui a solução ideal para a administração, mas a solução possível para viabilizar o diálogo.

---

[175] "Art. 64. [...] 7. Conformemente all'articolo 53 le stazioni appaltanti non possono rivelare agli altri partecipanti le soluzioni proposte o altre informazioni riservate comunicate da un candidato o da un offerente partecipante al dialogo, senza l'accordo di quest'ultimo. Tale accordo non assume la forma di una deroga generale ma si considera riferito alla comunicazione di informazioni specifiche espressamente indicate".

[176] Nesse sentido: "Proposers submitting a clarification or query should indicate whether they consider their clarification or query to be commercially confidential to them, and thus the question and answer not to be shared with other Proposers. If the Borrower considers that, in the interest of open and fair competition, the clarification or query cannot be responded to on a confidential basis, the Proposer should be informed and allowed to withdraw the clarification or query if they prefer for it not to be shared with other Proposers" (BANCO MUNDIAL. *Competitive Dialogue*: How to undertake a Competitive Dialogue Procurement Process. 2017. p. 15. Disponível em: https://thedocs.worldbank.org/en/doc/412401507743078456-0290022017/original/CompetitiveDialogueGuidance2017.pdf. Acesso em: 10 out. 2021).

7.7.6 A responsabilidade pela manutenção do sigilo

É recomendável que o edital esclareça, ainda, a forma como as informações confidenciais deverão ser preservadas, incluindo a identificação dos agentes públicos que poderão acessar os dados e que ficarão responsáveis por assegurar o sigilo. Relembre-se que, no caso de agentes externos ao ente contratante que venham a colaborar na condução do certame, o art. 32, §2º, da Lei nº 14.133/2021 prevê que também "os profissionais contratados para os fins do inc. X do §1º assinarão termo de confidencialidade e abster-se-ão de atividades que possam configurar conflito de interesses".

Uma vez assegurado o sigilo, os encarregados pela condução da licitação e os demais sujeitos nela engajados tornam-se responsáveis se houver divulgação dos dados que receberam tratamento de confidencialidade. A quebra indevida do sigilo é apta a gerar responsabilidade administrativa, civil e eventualmente criminal dos envolvidos.

7.8 A consolidação de informações e a decisão final do diálogo

Conforme o que foi acima exposto, a dinâmica do diálogo deve ser pautada pelos resultados práticos progressivamente alcançados pelo ente contratante junto a cada licitante, até culminar na obtenção de definições satisfatórias e suficientes para caracterizar a futura contratação. A evolução do diálogo deve funcionar como um processo de filtragem e produção de soluções cuja lógica se assemelha ao que se denomina como "modelo funil" das contratações concomitantes de encomenda tecnológica,[177] que também é

[177] Alude-se aqui à previsão do art. 20, §5º, da Lei nº 10.973/2014, aplicável a contratações concomitantes e concorrentes entre si voltadas à obtenção de uma mesma "solução de problema técnico específico ou obtenção de produto, serviço ou processo inovador". Sobre o tema, a doutrina escreve que "essa forma de contratação concomitante envolve a adoção de um modelo 'funil'. A encomenda tecnológica é dividida por etapas. Ao final de cada etapa as atividades de cada contratado são avaliadas, e seguem para a etapa subsequente apenas aqueles que alcançarem os requisitos ou metas intermediárias estabelecidas de antemão. Os contratados que não alcançarem tais metas não seguem para a etapa seguinte – o que implicará a rescisão dos respectivos contratos, com o pagamento da remuneração

aplicado em procedimentos de manifestação de interesse.[178] De todo modo, essa concepção geral não impede, em razão de constatação superveniente, que determinados aspectos ou etapas do diálogo considerados como superados sejam revisitados para solução de dúvidas ou aprimoramentos.[179]

De outra parte, conforme o nível de incertezas e os aspectos que se encontrem em indefinição, é natural que o ente contratante não tenha condições de formular estimativa prévia adequada sobre os custos das diversas soluções submetidas ao diálogo. Inclusive para assegurar a utilidade dos atos que serão praticados visando à estruturação da contratação com base nessas soluções, é cabível, no curso do diálogo, a solicitação de informações e esclarecimentos sobre os possíveis custos. Essas solicitações e as estimativas que venham a ser apresentadas não terão relação com a fase competitiva, em que as propostas serão apresentadas para disputar a contratação. Tais estimativas não serão completas e equivalentes a um orçamento propriamente dito. Tomarão em consideração exclusivamente as soluções tal como concebidas, oferecidas e detalhadas por cada concorrente e não serão vinculantes a quaisquer das partes envolvidas, ainda que devam ser apresentadas de forma séria e realista, observando o princípio da boa-fé.[180] As propostas propriamente ditas, apresentadas

---

prevista" (POMBO, Rodrigo Goulart de Freitas. *Contratos Públicos na Lei de Inovação*: transferência de tecnologia, acordo de parceria e encomenda tecnológica. Rio de Janeiro: Lumen Juris Direito, 2020. p. 150).

[178] SCHIEFLER, Gustavo Henrique Carvalho. *Diálogos Público-Privados*. Rio de Janeiro: Lumen Juris, 2018. p. 185.

[179] "O disposto no inc. VII não implica vedação absoluta ao retorno do diálogo a uma etapa anterior. É possível que uma solução reputada como satisfatória quanto a determinado aspecto revele-se como de execução inviável ou inadequada em momento posterior. Se tal ocorrer e se não for o caso de encerrar o processo em vista da inexistência de solução adequada, caberá retomar uma etapa anterior do procedimento e avaliar outras alternativas" (JUSTEN FILHO, Marçal. *Comentários à Lei de Licitações e Contratações Administrativas*: Lei 14.133/2021. São Paulo: Thomson Reuters Brasil, 2021. p. 467).

[180] A esse respeito: "If there are concerns about the likely affordability of the potential solutions, the Contracting Authority might ask bidders to submit indicative costs as part of their ISOS submissions at the end of the first phase of dialogue. These would not be binding and would not normally be evaluated as part of any down selection that may take place at this stage. As with much else, the Contracting Authority needs to balance its desire for indicative costs with the additional burden this will impose on bidders at this point. This dialogue stage is analogous to an Invitation to Submit an Outline Proposal (ISOP), which some Contracting Authorities have used under the Negotiated procedure in the past" (OFFICE OF GOVERNMENT COMMERCE – HM TREASURY. Competitive Dialogue in 2008: OGC/HMT joint guidance on using the procedure. Reino Unido: 2008. p.

na fase competitiva do diálogo, levarão em conta as especificações definitivas do contrato tal como definidas pelo ente contratante.

No que diz respeito ao encerramento do diálogo, o inc. VIII do §1º do art. 32 trata o tema de forma pontual em conjunto com a instauração da fase seguinte, dispondo que, "ao declarar que o diálogo foi concluído, a Administração deverá juntar aos autos do processo licitatório os registros e as gravações da fase de diálogo e iniciar a fase competitiva com a divulgação de edital contendo a especificação da solução que atenda às suas necessidades [...]".

A regra revela grande cuidado com a formalização do diálogo e com a possibilidade de controle sobre os atos praticados e se assemelha à regra do art. 7º, §3º, da Lei nº 12.527/11.[181] Ao mesmo tempo, nada alude quanto ao conteúdo da decisão final sobre o diálogo. Naturalmente, isso não abre espaço para arbítrio: a imposição implícita que se estabelece é que a decisão final deve guardar relação lógica com as interações havidas. Desse modo, a legislação conferiu autonomia à Administração para definir como estruturar a solução final, sempre de forma devidamente justificada. Incide o dever de "abordar todas as considerações técnicas, mercadológicas e de gestão que podem interferir na contratação", levando em consideração todas as "alternativas disponíveis", em consonância com o *caput* do art. 18 e com o inc. V do §1º do mesmo art. 18 da Lei nº 14.133/2021, respectivamente.

A fórmula adotada pela Lei nº 14.133/2021 para regular o tema consistiu em centralizar na pessoa da Administração a escolha de uma única solução a ser contratada, enquanto conjunto de especificações que orientará de modo uniforme a elaboração das propostas finais. Trata-se de solução diversa da adotada em países europeus que admitem o processamento do diálogo competitivo com apresentação de propostas finais baseadas em uma ou mais soluções reputadas como admissíveis e satisfatórias pela Administração na fase do diálogo. Aqui surge relevante diferença entre a sistemática da Lei nº 14.133/2021 e a da Diretiva 2014/24/UE, cujo

---

21. Disponível em: https://assets.publishing.service.gov.uk/government/uploads/system/uploads/attachment_data/file/225317/02_competitive_dialogue_procedure.pdf. Acesso em: 10 out. 2021).

[181] "§3º O direito de acesso aos documentos ou às informações neles contidas utilizados como fundamento da tomada de decisão e do ato administrativo será assegurado com a edição do ato decisório respectivo."

art. 30, item 6, dispõe o seguinte: "depois de declararem encerrado o diálogo e de informarem do facto os participantes apurados, as autoridades adjudicantes solicitam a cada um deles que apresente as suas propostas finais com base na solução ou soluções apresentadas e especificadas durante o diálogo". Com base nessa redação, a legislação espanhola, por exemplo, admite que os licitantes que tiveram as suas soluções escolhidas possam apresentar proposta tendo em vista a sua própria solução ou outra das soluções que tenham sido aceitas pela Administração no diálogo.[182]

Embora uma única solução contratual deva ser delimitada, o espaço de autonomia administrativa previsto no regime legal admite que essa solução seja composta por contribuições de licitantes diversos. Trata-se da prática de *cherry picking*,[183] que compreenderá a conjugação de alternativas apresentadas pelos licitantes naquilo que há de melhor nelas, sob a evidente condição de que os aspectos

---

[182] Na Ley 9/2017, de 8 de noviembre, de Contratos del Sector Público: "Artículo 175. Diálogo con los candidatos. [...] 5. La mesa proseguirá el diálogo hasta que se encuentre en condiciones de determinar, después de compararlas, si es preciso, la solución o soluciones presentadas por cada uno de los participantes durante la fase de diálogo, que puedan responder a sus necesidades. [...] Tras declarar cerrado el diálogo por el órgano de contratación e informar de ello a todos los participantes, la mesa invitará a los participantes cuyas soluciones hayan sido ya adoptadas a que presenten su oferta definitiva, basada en su solución o soluciones viables especificadas durante la fase de diálogo, indicando la fecha límite, la dirección a la que deba enviarse y la lengua o lenguas en que puedan estar redactadas".

[183] O Código dos Contratos Públicos de Portugal prevê que, "concluída a fase do diálogo, o júri elabora um relatório fundamentado, no qual propõe, clara e distintamente, a solução susceptível de satisfazer as necessidades e as exigências da entidade adjudicante" (Artigo 215.º, item 1). Diante dessa previsão, instaurou-se controvérsia acerca da possibilidade de conjugação de soluções: "Possibility of cherry picking parts of different solutions. A trend in responses can be identified (with important deviations): 15 of the respondents, including two contracting authorities have used the procedure, have said clearly that cherry-picking of solutions to create the specifications is acceptable, even though the Public Contracts Code states that the 'best solution' must be identified at the end of the dialogue. Respondents said the procedure made no sense if the contracting authority could not create the best framework to have tenders on. Furthermore, if the technical specifications reflected only the best solution, the other candidates would lose out and probably feel a decision had been already made about who would end up winning the contract. Three respondents have said, though, that cherry-picking was illegal since the Public Contracts Code makes the contracting authority identify the best solution to fulfill its needs. If allowed, cherry-picking would render this legal imposition useless. Furthermore, for one of these respondents (a contracting authority) it could also jeopardise competition, by sending the wrong messages to prospective candidates that may decide then not to participate at all in the dialogue. Two interviewees stated that while they did not know if cherry picking was legal or illegal, they rhetorically challenged anyone to use it as they felt it would increase the risk of a judicial review and problems with the Audit Court. (TELLES, Pedro. *Competitive dialogue in Portugal and Spain*. Tese de Doutorado. Nottingham: University of Nottingham, 2011. p. 178-179).

colhidos sejam compatíveis entre si. É o que se extrai tanto do art. 6º, inc. XLII, que define o diálogo competitivo como mecanismo para o ente público "desenvolver uma ou mais alternativas capazes de atender às suas necessidades", quanto do art. 32, §1º, inc. V, que alude à identificação da "solução ou [d]as soluções" contratuais.

Ainda de acordo com a autonomia decisória conferida à Administração, a decisão final não constituirá uma simples derivação das contribuições nem se limitará a elas. É possível que, ao término do diálogo, a Administração tenha identificado alternativas não consideradas pelos licitantes e as considere na composição do objeto que será licitado.[184]

Note-se, por fim, que a composição da solução contratual que será objeto de disputa na fase derradeira do certame constitui decisão que não competirá à comissão de contratação. Cabe à comissão instruir o processo de contratação com todos os subsídios pertinentes. A Lei nº 14.133/2021 atribui à comissão de contratação a competência para condução do diálogo competitivo (inc. XI do §1º do art. 32), de modo a possibilitar que a tomada da decisão acerca da solução final, que aperfeiçoará o planejamento do certame e da contratação, seja feita pela "Administração" (inc. V). Essa sistemática se justifica porque a decisão final do diálogo não constitui deliberação com efeitos meramente internos ao certame. Consiste em decisão que abrange considerações globais relacionadas à conveniência e oportunidade da contratação ao ente público contratante, inclusive no que diz respeito aos aspectos orçamentários, quando aplicáveis, e à compatibilização com o plano de contratações anual (art. 18 da Lei nº 14.133/2021) – e que, de resto, deverá reger a atuação da própria comissão de contratação na fase subsequente da licitação.

É bem verdade que, ao dispor de competências discricionárias para a condução do diálogo competitivo, a comissão acabará, de certo modo, por atuar quase que como copartícipe da decisão final, na

[184] Nesse sentido: "a *finalidade* do diálogo é a de permitir à entidade adjudicante construir, com os potenciais interessados na execução do contrato, o caderno de encargos que melhor satisfaça as necessidades e exigências identificadas na memória descritiva e não a de determinar qual das soluções em discussão é a melhor. [...] é o júri do procedimento que compõe a solução final susceptível de satisfazer as necessidades e exigências da entidade adjudicante, não estando limitado à hipotética versão final de uma das soluções apresentadas" (SOUSA, Luís Verde de. *A Negociação nos Procedimentos de Adjudicação*: Uma Análise do Código dos Contratos Públicos. Coimbra: Almedina, 2011. p. 110).

medida em que os atos e as decisões por ela praticados em relação à condução, à restrição e à eventual interrupção das interações com os licitantes orientarão de forma determinante a deliberação final. Isso não afeta a conclusão de que a decisão final deverá ser remetida aos agentes imbuídos da competência de concluir o planejamento da contratação, em conformidade com o art. 18 da Lei nº 14.133/2021, e recomenda que o ente contratante disponha sobre mecanismos de comunicação entre a comissão de contratação e tais agentes ainda durante o diálogo, especialmente no que diz respeito a decisões da comissão que possam restringir o conjunto de elementos que norteará a decisão final.

7.9 Problemática relacionada à margem de discricionariedade da decisão final: recurso, fracasso do diálogo e eventual situação de inexigibilidade de licitação

A decisão final a respeito do resultado do diálogo competitivo suscita outras três questões de relevância.

Uma primeira diz respeito às possibilidades em torno da impugnação dessa decisão. O inc. VIII do art. 32, §1º, contém redação cuja leitura literal parece afastar o cabimento do recurso. Some-se que o art. 165, inc. I, apresenta rol de decisões recorríveis e a decisão sobre a conclusão do diálogo não se enquadra em nenhuma das hipóteses ali retratadas.

Diante dessas regras, o exercício do direito de petição em face da decisão de encerramento do diálogo permanece viável, mas em princípio se desenvolverá fora do regime recursal, podendo as manifestações vindas dos licitantes serem recebidas na condição de pedido de reconsideração. Nada impede, no entanto, a definição de regras procedimentais específicas. A título de ilustração, o Decreto nº 60/2024 do município de Caxias do Sul prevê o cabimento de recurso em relação às decisões finais de cada uma das três fases do diálogo competitivo.[185]

[185] "Art. 16. Eventuais impugnações e recursos relativos ao diálogo competitivo devem ser apresentadas no prazo de 5 (cinco) dias úteis a contar da respectiva publicação do último ato de cada uma das fases dispostas no art. 6º."

Nesse âmbito, aspectos formais e materiais da decisão podem ser abordados. Os licitantes poderão utilizar "os registros e as gravações da fase de diálogo", que a Administração deve juntar aos autos do processo licitatório "ao declarar que o diálogo foi concluído" (inc. VIII). Há interesse jurídico por parte dos licitantes à observância das regras do certame e à adequada resposta acerca das soluções apresentadas, mas disso não resulta um direito subjetivo a que uma determinada solução técnica prevaleça. A escolha técnica ficará a cargo da Administração e a sua decisão permanecerá sujeita ao controle como qualquer outra deliberação administrativa que envolva conteúdo discricionário.

A segunda questão diz respeito à hipótese de o diálogo restar fracassado, em razão da ausência de solução reputada como satisfatória e suficiente para embasar uma contratação. Embora a Lei nº 14.133/2021 não tenha tratado dessa situação, isso poderá ocorrer quando a Administração não tenha êxito em identificar solução apta a atender às suas necessidades de forma satisfatória, ou quando, excepcionalmente, as soluções satisfatórias disponíveis se tenham mostrado incompatíveis com as possibilidades orçamentárias previamente identificadas no ato convocatório do diálogo. Na hipótese em que o quanto produzido na fase do diálogo não seja apto a viabilizar a contratação esperada, será cabível a revogação do certame, nos termos do art. 71, §2º, da Lei nº 14.133/2021, assegurada a prévia oitiva dos interessados, conforme o §3º da mesma norma.[186]

Evidentemente, trata-se de situação excepcional e não pretendida. Embora haja inegável margem de discricionariedade no tocante à decisão final sobre a fase do diálogo, o processo licitatório não é pautado por meras declarações de intenção administrativa. Há um dever administrativo de estruturar solução adequada, inclusive em vista dos recursos despendidos, de modo que qualquer outro resultado deve ser tratado como anômalo, assim devidamente justificado.

Por fim, surge uma terceira questão, atinente à possibilidade de, no diálogo competitivo, identificar-se uma única solução cabível,

[186] O Código dos Contratos Públicos de Portugal contém previsão a respeito da questão: "Artigo 79.º - Causas de não adjudicação 1 - Não há lugar a adjudicação, extinguindo-se o procedimento, quando: [...] f) No procedimento de diálogo concorrencial, nenhuma das soluções apresentadas satisfaça as necessidades e as exigências da entidade adjudicante".

que, por sua vez, seja passível de ser implementada somente por um único sujeito. Seria cabível o diálogo dar lugar a um processo de contratação direta por inexigibilidade? Em tese, a resposta é positiva, considerando a regra geral contida no art. 74, inc. I, da Lei nº 14.133/2021. Embora tal decisão seja igualmente dotada de excepcionalidade,[187] a sua admissibilidade decorre do caráter instrumental da licitação. A licitação não é um fim em si mesmo; deverá ser observada na medida em que estejam presentes os seus requisitos. Se eventualmente o fornecimento da solução mais adequada apresentar características de singularidade que afastem a viabilidade da competição, não fará sentido priorizar um aspecto formal (prosseguimento do certame) em detrimento da melhor satisfação das necessidades estatais e coletivas.

[187] "Art. 74. É inexigível a licitação quando inviável a competição, em especial nos casos de: I - aquisição de materiais, de equipamentos ou de gêneros ou contratação de serviços que só possam ser fornecidos por produtor, empresa ou representante comercial exclusivos". Sobre a possibilidade de o diálogo não resultar em solução frutífera ou, eventualmente, conduzir à contratação direta da solução afinal escolhida, conferir HEINEN, Juliano. *Comentários à Lei de Licitações e Contratos Administrativos – Lei nº 14.1333/2021*. Salvador: Editora JusPodivm, 2021. p. 205. A propósito do direito português, Pedro Telles escreve que seria possível admitir a conversão do diálogo em processo de contratação direta: "Two lawyers raised the question of what should happen if at the end of the dialogue stage a preferred solution is found but due to the aforementioned patent issues only one candidate can actually implement it. Can the contract be awarded directly without competition? The Public Contracts Code in its article 24h(b) only allows the transition from a competitive dialogue to the direct award procedure if all tenders (though not the solutions) have been excluded. In the same article 24 however, paragraph I(e), if only an entity can perform a contract, then awarding the contract directly is possible" (TELLES, Pedro. *Competitive dialogue in Portugal and Spain*. Tese de Doutorado. Nottingham: University of Nottingham, 2011. p. 179).

CAPÍTULO 8

A ETAPA FINAL: A "FASE COMPETITIVA" DA LICITAÇÃO, A DEFINIÇÃO DA MELHOR PROPOSTA E O ENCERRAMENTO DO CERTAME

Como resultado da conclusão da fase de diálogo, o ente contratante deve finalizar o planejamento do contrato e preparar o edital que regerá a fase derradeira do processo licitatório.

Como o art. 32, §1º, inc. VIII, dispõe, surgirá aqui um segundo edital para o certame – desta vez, voltado a regulamentar a parte final do processo licitatório, denominada como "fase competitiva". Conforme a parte final do inc. VIII, o edital deverá conter "a especificação da solução que atenda às suas necessidades e os critérios objetivos a serem utilizados para seleção da proposta mais vantajosa e abrir prazo, não inferior a 60 (sessenta) dias úteis, para todos os licitantes pré-selecionados na forma do inc. II deste parágrafo apresentarem suas propostas, que deverão conter os elementos necessários para a realização do projeto".

A razão para elaboração das propostas após o diálogo consiste em permitir uniformidade suficiente para possibilitar a comparação das propostas em bases equivalentes, em conformidade com um projeto contratual específico, que restará delimitado apenas nessa fase do certame. Todos os licitantes pré-selecionados – e não apenas aquele(s) que teve(tiveram) a sua solução escolhida – poderão formular propostas em vista do contrato afinal definido pela Administração.

O segundo edital terá a função de complementar as regras previstas no edital original. Se o primeiro edital não precisava –

nem poderia – cumprir todos os requisitos da fase preparatória do processo licitatório previstos no art. 18 da Lei nº 14.133/2021, é o segundo edital que terá a função de dar pleno cumprimento às diversas regras contidas nesse dispositivo (ou com os artigos 18 da Lei nº 8.987/1995 e 10 e 11 da Lei nº 11.079/2004, conforme o objeto licitado), de modo coerente com o objeto e as características da contratação pretendida. Desse modo, as previsões contidas no novo edital concluem e fixam em definitivo o planejamento da contratação pelo ente contratante, assim como exaurem a disciplina do certame.

Para todos os efeitos, com a publicação do segundo edital (que será divulgado conforme as mesmas regras aplicáveis ao primeiro), já não haverá mais autonomia para o ente contratante inovar em relação ao conteúdo do futuro contrato ou às regras para a sua disputa. A partir desse momento aplica-se o princípio da vinculação ao instrumento convocatório (art. 5º da Lei 14.133) em medida e modo análogos ao que ocorre nas demais modalidades licitatórias.

A densidade e o grau de objetividade das disposições contidas no segundo edital devem ser suficientes para: (1) propiciar aos interessados identificar o objeto licitado, confirmar a viabilidade de sua execução e formular as propostas no prazo – não inferior a 60 dias úteis (art. 32, §1º, inc. VIII), bem como (2) estabelecer uma pauta uniforme de parâmetros que possibilitem ao ente contratante a seleção e o controle das propostas. É a estipulação concreta de critérios de seleção das propostas e de definição dos aspectos essenciais da contratação em relação aos fins e resultados a ser atingidos que viabilizará a ampla competição. Esses dois conjuntos de regras são examinados a seguir.

8.1 Os elementos relativos ao contrato

Em primeiro lugar, o edital deve identificar a solução que será contratada. Para tanto, deverá descrever o objeto contratual propriamente dito, o seu regime de contratação e as condições de execução do contrato, com a necessária disponibilização da minuta do contrato.

A estruturação desses diversos aspectos foi remetida à definição no caso concreto. O ente contratante poderá optar por uma modelagem mais aberta do contrato, que remeta a um conjunto mais amplo de definições ao âmbito de sua execução. É o que ocorre na generalidade das licitações de contratos de concessão[188] e nos casos de contratação integrada e de contrato de eficiência, quando se trata dos regimes de contratação previstos na Lei nº 14.133/2021. Nesses regimes, as definições contratuais focarão mais os indicadores de resultado e os fins a serem atingidos pelo contratado, bem como os incentivos (sanções negativas e premiais) adequados a propiciar a boa execução do contrato. Trata-se de a Administração especificar o que quer obter e os resultados a serem atingidos pelo futuro contratado, remetendo ao particular maior autonomia (e os riscos correspondentes) para definição dos meios de execução do contrato.

Em tese, nada impede que o ente contratante opte por desenvolver por conta própria maior detalhamento do objeto licitado, a ponto de conceber o projeto básico que norteará a futura contratação. Esse projeto poderá ter elementos meramente indicativos, como ocorre no regime de contratação semi-integrada.[189] [190] Os inconvenientes dessa alternativa dizem respeito às chances de insucesso no tocante à elaboração dos projetos sobre soluções ainda marcadas por incerteza e elevado grau de risco, bem como ao tempo necessário – em meio a uma modalidade licitatória já morosa – para a conclusão desses materiais.

De todo modo, não há uma solução única. De forma congruente com a lógica subjacente ao diálogo competitivo, o legislador não estipulou parâmetros de contratação ou um nível

---

[188] Conforme o art. 18, inc. XV, da Lei nº 8.987/1995, o edital de licitação de concessão deve dispor sobre "[...] os dados relativos à obra, dentre os quais os elementos do projeto básico que permitam sua plena caracterização [...]".

[189] Conforme o art. 46, §5º, da Lei nº 14.133/2021: "Na contratação semi-integrada, mediante prévia autorização da Administração, o projeto básico poderá ser alterado, desde que demonstrada a superioridade das inovações propostas pelo contratado em termos de redução de custos, de aumento da qualidade, de redução do prazo de execução ou de facilidade de manutenção ou operação, assumindo o contratado a responsabilidade integral pelos riscos associados à alteração do projeto básico".

[190] Uma solução distinta, mas com resultados práticos próximos, consistiria em se admitir a formulação de propostas variáveis – algo cogitado no direito estrangeiro, mas não comportado na Lei nº 14.133/2021: "As a way to bring flexibility into this phase of the procedure, two interviewees have suggested the possibility of drafting regular technical specifications but with the possibility of tenderers submitting variant bids" (TELLES, Pedro. *Competitive dialogue in Portugal and Spain*. Tese (Doutorado) – Nottingham, University of Nottingham, 2011. p. 178-179).

mínimo de densidade da descrição do objeto contratual e das suas condições de execução, o que reafirma a conclusão de que o diálogo competitivo oferece ampla flexibilidade no tocante à concepção do contrato. Não se alude à necessidade de projetos específicos. A obrigatoriedade desses requisitos deverá ser aferida em conjunto com os regimes de contratação e as demais regras adotadas no edital da etapa final do diálogo.

8.2 O procedimento para julgamento e classificação das propostas

Em segundo lugar, o edital deverá dispor sobre os elementos gerais necessários para o processamento da fase competitiva, o que abrange as regras procedimentais e os critérios para julgamento e classificação das propostas.

Também aqui a Lei nº 14.133/2021 não estabeleceu um modelo próprio para julgamento e classificação das propostas que se pudesse qualificar como típico do diálogo competitivo. O diploma restringe-se a indicar que "a Administração definirá a proposta vencedora de acordo com critérios divulgados no início da fase competitiva" (art. 32, §1º, inc. X). Logo, a solução aplicada dependerá do objeto e do nível de detalhamento acerca do futuro contrato que venha previsto no edital da fase final do certame.

Diante da possibilidade de remeter ao futuro contratado a execução de prestações complexas, tem-se que, quanto maiores forem as incertezas, ou a dependência das especificações contratuais da qualidade técnica das propostas e do sujeito responsável por executá-las, tanto mais claro restará o cabimento do emprego do critério de técnica e preço para o diálogo competitivo.

A experiência internacional revela a adequação desse critério com a lógica do diálogo.

Nos Estados Unidos, essa conclusão pode ser extraída do item 15.101 do FAR, de acordo com o qual a importância do critério de menor preço, isoladamente considerado, depende da maior ou menor incerteza no tocante à execução do contrato. Situações em que não seja possível ou conveniente à Administração delimitar de forma plena os requisitos contratuais, ou nas quais a execução do contrato apresente complexidade relevante, são mais propícias a justificar a aferição de elementos de ordem técnica e de performance anterior dos interessados para a seleção da melhor proposta.[191]

Na União Europeia, as Diretivas 2014/24 e 2014/25 preveem que o diálogo concorrencial deverá ter a competição das propostas orientada "exclusivamente com base no critério melhor relação qualidade/preço" (arts. 30, item "i", e 48, respectivamente). O critério qualidade/preço abrange considerações relativas às qualidades técnicas da solução oferecida e aos atributos do proponente, no que se inclui a verificação da "organização, qualificações e experiência do pessoal encarregado da execução do contrato em questão, caso a qualidade do pessoal empregue tenha um impacto significativo no nível de execução do contrato" (art. 67, item 2, "b", da Diretiva 2014/24).

Dentro da sistemática da Lei nº 14.133/2021, o art. 36, §1º, prevê que o critério da técnica e preço "será escolhido quando estudo técnico preliminar demonstrar que a avaliação e a ponderação da qualidade técnica das propostas que superarem os requisitos mínimos estabelecidos no edital forem relevantes aos fins pretendidos pela Administração". Isso ocorrerá, de acordo com os incisos que compõem o referido parágrafo, para serviços técnicos especializados (inc. I), para serviços "majoritariamente dependentes de tecnologia sofisticada e de domínio restrito, conforme atestado por autoridades técnicas de reconhecida qualificação" (inc. II), para bens e serviços especiais de tecnologia da informação e comunicação (inc. III), obras e serviços especiais de engenharia (inc. IV), ou objetos que admitam, ainda, "soluções específicas e alternativas e variações de execução, com repercussões significativas e concretamente mensuráveis sobre sua qualidade, produtividade, rendimento e durabilidade, quando essas soluções e variações puderem ser adotadas à livre escolha dos licitantes, conforme critérios objetivamente definidos no edital de licitação" (inc. V).

É nítida, em maior ou menor medida, a correlação entre essas previsões e as próprias hipóteses de cabimento do diálogo

---

[191] Nos termos do item 15.101: "[...] In different types of acquisitions, the relative importance of cost or price may vary. For example, in acquisitions where the requirement is clearly definable and the risk of unsuccessful contract performance is minimal, cost or price may play a dominant role in source selection. The less definitive the requirement, the more development work required, or the greater the performance risk, the more technical or past performance considerations may play a dominant role in source selection".

competitivo, tal como descritas nos inc. I e II do art. 32. Em qualquer caso, a Lei nº 14.133/2021 não impõe uma solução específica – e, portanto, não há impedimento à adoção de outros critérios previstos na Lei nº 14.133/2021, ou dos critérios previstos nos arts. 15 e 12 das Lei nº 8.987/1995 e nº 11.079/2004, respectivamente.

No âmbito federal, a Secretaria de Gestão e Inovação do Ministério da Gestão e da Inovação em Serviços Públicos editou instruções normativas que admitem para o diálogo competitivo o uso dos critérios de *técnica e preço* (art. 4º, inc. II, da Instrução Normativa SEGES/MGI nº 2/2023), de *menor preço* ou *maior desconto* (art. 4º, inc. III, da Instrução Normativa SEGES/MGI nº 73/2022) e de *maior retorno econômico* (art. 4º, inc. II, da Instrução Normativa SEGES/MGI nº 96/2022).

Quanto à apresentação das propostas e à forma de processamento da disputa, se por um lado o diálogo competitivo conta com prazo mínimo específico de 60 dias úteis para a apresentação das propostas, por outro a definição do modo de disputa seguirá as regras peculiares ao critério de julgamento que venha a ser adotado em cada caso.

8.3 Ainda a hipótese de técnica e preço e suas peculiaridades: avaliação de atestados próprios ou de terceiros para aferir a capacitação do licitante

Sendo adotado o julgamento por técnica e preço, será aplicada regra que merece destaque quanto à sua utilidade potencial no âmbito do diálogo competitivo. O art. 37, inc. I, da Lei nº 14.133/2021 prevê que, no "julgamento por melhor técnica ou por técnica e preço", o ente contratante "deverá" promover a "verificação da capacitação e da experiência do licitante", o que ocorrerá por meio da "apresentação de atestados de obras, produtos ou serviços previamente realizados".

A norma chama atenção porque translada típico requisito de habilitação para a fase de análise das propostas. É nítida a simetria entre essa previsão e aquela que rege a aferição da capacidade técnica operacional dos licitantes na fase de habilitação, tal como contida no art. 67, inc. II, da Lei nº 14.133/2021.[192] O regime legal evidencia que a fase de exame das propostas não se limitará à consideração dos aspectos objetivos inerentes ao conteúdo da proposta (e das prestações contratuais a serem contratadas), mas alcançará também a aferição (objetiva e de acordo com regras preestabelecidas) de aspectos subjetivos, relativos às características dos licitantes.

A norma tem razão de ser, sobretudo no tocante ao diálogo competitivo. Na fase de pré-seleção do diálogo, o ente contratante não tem condições de prever as características técnicas exatas do objeto. Estas serão definidas apenas posteriormente, à luz de informações inicialmente desconhecidas pelo ente público. É perfeitamente possível que a identificação da melhor solução na fase do diálogo conduza o ente contratante a especificações que demandem experiência e capacitação específicas que não poderiam ser cogitadas originalmente. O art. 37, inc. I, oferece uma solução à questão. Permite ao ente contratante averiguar a qualificação dos concorrentes sem ter de retornar a uma fase de habilitação propriamente dita.

Vale notar que os requisitos referidos no inc. I do art. 37 recebem tratamento distinto daquele reservado aos inc. II e III. O requisito do inc. I tem caráter não meramente classificatório, mas eliminatório. O seu descumprimento implica a desclassificação da proposta. Alude-se à atribuição de notas apenas para os requisitos previstos nestes dois últimos incisos, que abrangem "a demonstração de conhecimento do objeto, a metodologia e o programa de trabalho, a qualificação das equipes técnicas e a relação dos produtos que serão entregues" e "desempenho do licitante em contratações anteriores", respectivamente. Isso se justifica porque, conforme observado pela doutrina, "os incisos do art. 37 versam sobre questões inconfundíveis. O inc. I dispõe sobre 'capacitação e experiência' do licitante, enquanto os incs. II e III versam sobre

[192] "Art. 67. A documentação relativa à qualificação técnico-profissional e técnico-operacional será restrita a: [...] II - certidões ou atestados, regularmente emitidos pelo conselho profissional competente, quando for o caso, que demonstrem capacidade operacional na execução de serviços similares de complexidade tecnológica e operacional equivalente ou superior, bem como documentos comprobatórios emitidos na forma do §3º do art. 88 desta Lei."

a atribuição de notas às propostas. Ou seja, o art. 37, inc. I, trata dos requisitos de habilitação, enquanto os demais versam sobre o julgamento propriamente dito das propostas".[193]

Esse regramento conduz à conclusão de que a comprovação da capacitação e da experiência do licitante será obrigatória e o seu descumprimento sujeitará o licitante à eliminação do certame.

Há, no entanto, um risco evidente nessa sistemática, consistente na possibilidade de ela ser aplicada para cercear a competição, em um contexto no qual os licitantes (e as respectivas qualificações técnicas) já são, de antemão, conhecidos. Uma forma de neutralizar ou mitigar esse risco seria articular o art. 37, inc. I, com a sistemática do §9º do art. 67 da Lei nº 14.133/2021, de modo a admitir que o futuro contratado tenha condições de demonstrar a sua qualificação técnica a partir de acervo de terceiros que serão empregados na execução do contrato, quando isso for compatível com as características do contrato. O referido §9º dispõe que "o edital poderá prever, para aspectos técnicos específicos, que a qualificação técnica seja demonstrada por meio de atestados relativos a potencial subcontratado, limitado a 25% (vinte e cinco por cento) do objeto a ser licitado, hipótese em que mais de um licitante poderá apresentar atestado relativo ao mesmo potencial subcontratado".

Essa sistemática admite a subcontratação como fenômeno normal nas contratações públicas – e não como prática reprovável. Estabelece que o licitante não precisa deter, isoladamente, as condições técnicas necessárias para a execução do futuro contrato, desde que demonstre a possibilidade de dispor de recursos técnicos terceirizados para suprir a qualificação exigida. Admite-se, assim, que a subcontratação possa produzir efeitos desde a licitação para viabilizar a demonstração da qualificação exigida a partir de atributos próprios de sujeito que não terá vínculo contratual direto com o ente público. O recurso a essa alternativa lança luzes sobre questão ainda pouco explorada no direito brasileiro: os efeitos concorrenciais decorrentes da proibição ou da admissão da subcontratação, o que deve ser objeto de análise e ponderação por parte do ente contratante especialmente em contratações complexas,

[193] JUSTEN FILHO, Marçal. *Comentários à Lei de Licitações e Contratações Administrativas*: Lei 14.133/2021. São Paulo: Thomson Reuters Brasil, 2021. p. 502.

próprias a mercados mais restritos, como aquelas, em geral, que podem ser viabilizadas por meio de diálogo competitivo.[194] Trata-se de medida que tende a favorecer a ampliação da competição, na medida em que viabiliza o acesso de mais interessados (não completamente) qualificados a disputas que, de outro modo, ficariam restritas a um menor número de concorrentes.

A solução não é propriamente inovadora e já vinha defendida durante a vigência da Lei nº 8.666/1993 pela doutrina,[195] assim como já era aplicada em licitações de concessão, sob a denominação de *subcontratação qualificada*.[196] Observe-se que o fato de o art. 67, §9º,

---

[194] O que é tratado em outros países, inclusive com lógica inversa à prevalente no direito brasileiro. Enquanto a Lei nº 14.133/2021 trata a subcontratação como um dado excepcional, sempre contido pelo "limite autorizado, em cada caso, pela Administração" (art. 122), Pedro Gonçalves observa em Portugal que se admite "a proibição ou a limitação da subcontratação, desde que, nas circunstâncias concretas, a entidade adjudicante (ou o contraente público) se assegure de que uma tal proibição ou limitação não tem o efeito de limitar, restringir ou falsear a concorrência (*v.g.*, diminuindo ou excluindo, por essa via, a possibilidade de participação de determinadas entidades e 'reservando' o acesso a um procedimento, em princípio, com prévia qualificação, a entidades de maior peso e capacidade técnica e/ou financeira" (GONÇALVES, Pedro. *Reflexões sobre o Estado Regulador e o Estado Contratante.* Coimbra: Coimbra Editora, 2013. p. 90).

[195] "A questão está em saber se um edital de licitação pode admitir, como forma de comprovação da capacidade técnico-operacional (da empresa e não do seu pessoal), a apresentação de atestados por parte de empresa não licitante nem integrante de consórcio, que na condição de subcontratado especialista assuma compromisso com a execução do empreendimento sob a responsabilidade do licitante, na hipótese de sagrar-se ele vencedor da disputa. Mais do que admissível, tal prescrição me parece ser absolutamente recomendável à luz do regime público das licitações" (MARQUES NETO, Floriano de Azevedo. A Admissão de Atestados de Subcontratada Nomeada nas Licitações para Concessões de Serviços Públicos. *Revista Trimestral de Direito Público*, n. 53, São Paulo: Malheiros, 2011. p. 122). Marçal Justen Filho também reconhecia a possibilidade de habilitação com acervo de subcontratados: "Admite-se que os requisitos de qualificação técnica sejam atendidos mediante a consideração conjunta dos atributos de diversas empresas no caso da participação de consórcios. Portanto, não haveria lógica em admitir a participação de consórcios e negar a possibilidade de que um licitante invocasse os requisitos de qualificação técnica de um subcontratado" (JUSTEN FILHO, Marçal. *Comentários à Lei de Licitações e Contratos Administrativos*: Lei 8.666/1993. 18. ed. São Paulo: Thomson Reuters Brasil, 2019. p. 519). Em sentido similar, acentuando os efeitos competitivos deletérios decorrentes de exigência de atestação para parcelas contratuais que podem ser terceirizadas: DANTAS, Renata; CAMPOS, Rodrigo Pinto de; MONTEIRO, Vera. Atestação nas licitações de concessão de saneamento. *In*: GUIMARÃES, Bernardo Strobel *et al.* (coord.). *Novo marco legal do saneamento.* Belo Horizonte: Fórum, 2021. p. 67-79.

[196] Como exemplo mais antigo, nos termos do Edital do Leilão nº 001/2004 da ANEEL, admitiu-se a pré-qualificação técnica com documentação (inclusive atestados) de empresa "contratada", assim entendida como "empresa com a qual a PROPONENTE tenha celebrado contrato ou termo de compromisso para prestação de serviços de construção, montagem, operação e manutenção para atendimento da capacitação técnica visando o cumprimento do objeto deste LEILÃO" (item 2, XI do edital – conferir, ainda, item 7.10.2, "a", "b" e "f") – documento disponível em: http://www2.aneel.gov.br/aplicacoes/

estar inserido no capítulo da Lei nº 14.133/2021 que rege a habilitação não impede a sua utilização para os fins previstos no art. 37, inc. I. A lógica é rigorosamente a mesma, pois, como acima referido, a matéria disciplinada no art. 37, inc. I, é efetivamente a de habilitação, ainda que posicionada na fase de exame das propostas. É nesse sentido que se pode afirmar que "o inc. I do art. 37 não apresenta autonomia em face do art. 67. Quando muito, é cabível realizar a interpretação conjunta entre os dispositivos".[197]

Por outro lado, a par da comissão de contratação encarregada de processar o diálogo competitivo prevista no art. 32, §1º, inc. XI, as notas a quesitos de natureza qualitativa das propostas técnicas deverão ser dadas por banca de pelo menos três membros, prevista no art. 37, inc. II. Essa banca deverá ser composta por servidores efetivos ou empregados públicos, ou ainda por profissionais com qualificação compatível contratados especificamente para esse fim (art. 37, §1º, inc. I e II), que necessariamente deverão ser distintos daqueles servidores efetivos, empregados públicos ou profissionais contratados para conduzir o diálogo competitivo. Essa conclusão se justifica tanto pelo princípio da segregação de funções, que se afigura aplicável a essa situação diante da relevância e do nível de criticidade das competências diversas envolvidas (art. 7º, §1º)[198], quanto pela redação específica do art. 37, inc. II, que alude a "banca designada para esse fim" – atribuição de notas às propostas –, o que a difere da comissão anterior ou dos profissionais que a assessoravam. Tal

---

editais_transmissao/documentos/ EDITAL_001_2004_FINAL_Internet.pdf). Exemplos mais recentes são as licitações de concessões rodoviárias promovidas pela Agência de Transporte do Estado de São Paulo – ARTESP. Na concorrência internacional nº 03/2016, por exemplo, previu-se a noção de "subcontratação qualificada", consistente na "hipótese facultada ao LICITANTE para a comprovação da QUALIFICAÇÃO TÉCNICA para a realização de investimentos, mediante a celebração de contrato com entidade que detenha a QUALIFICAÇÃO TÉCNICA pertinente ao empreendimento, conforme requisitos definidos neste EDITAL DE LICITAÇÃO". O edital admite que o responsável técnico pela concessão seja "pessoa física indicada para se responsabilizar pelos serviços de ampliação, operação e manutenção a serem prestados pela SOCIEDADE DE PROPÓSITO ESPECÍFICO, mediante vínculo direto ou indireto, neste caso por intermédio de terceiro contratado mediante SUBCONTRATAÇÃO QUALIFICADA, quando possível".

[197] JUSTEN FILHO, Marçal. *Comentários à Lei de Licitações e Contratações Administrativas*: Lei 14.133/2021. São Paulo: Thomson Reuters Brasil, 2021. p. 503.

[198] De acordo com o dispositivo, "a autoridade referida no *caput* deste artigo deverá observar o princípio da segregação de funções, vedada a designação do mesmo agente público para atuação simultânea em funções mais suscetíveis a riscos, de modo a reduzir a possibilidade de ocultação de erros e de ocorrência de fraudes na respectiva contratação".

banca deverá observar de forma irrestrita a disciplina do edital, dispondo de autonomia em face da comissão para exercer as suas atribuições.[199]

8.4 A questão da vinculação dos licitantes ao novo edital

Em linha com a experiência observada em outros países, a Lei nº 14.133/2021 alude à participação na fase de propostas apenas de licitantes pré-selecionados, de modo que a divulgação de novo edital não constituirá oportunidade para ingresso de novos concorrentes na licitação. No regime da Lei nº 14.133/2021, todos os licitantes selecionados para o diálogo terão direito a participar da fase de apresentação das propostas, ainda que as suas soluções não tenham sido acolhidas. A esse respeito, pode-se indagar se os licitantes terão (apenas) um direito propriamente dito ou um verdadeiro dever de oferecer propostas. Poderiam desistir de disputar o certame após tomarem conhecimento das regras e das condições previstas no segundo edital a propósito da contratação?

A resposta à questão é afirmativa. Não há como vincular os licitantes a participar da fase de propostas relativas a um contrato que pode revelar-se a eles inconveniente, tal como definido pela administração no segundo edital. A lógica que se verifica no diálogo competitivo é distinta daquela existente na generalidade das licitações. Em outras modalidades licitatórias, o programa contratual é conhecido de antemão. Na generalidade dos casos, desde a publicação do edital o particular dispõe de condições para avaliar de forma plena a conveniência de oferecer proposta antes mesmo de praticar qualquer ato na condição de licitante. Dito de outro modo, estão presentes os elementos necessários para que o licitante compreenda a contratação como um todo.

As características peculiares ao diálogo competitivo tornam diversa a situação no âmbito dessa modalidade licitatória. No diálogo ainda haverá a concepção do contrato e de regras específicas

---

[199] Nesse sentido, conferir JUSTEN FILHO, Marçal. *Comentários à Lei de Licitações e Contratações Administrativas*: Lei 14.133/2021. São Paulo: Thomson Reuters Brasil, 2021. p. 507.

inclusive no que diz respeito às propostas. Não há como caracterizar uma situação de prévia vinculação dos licitantes a regras ainda inexistentes – e a Lei, de fato, não estipula essa vinculação. Bem por isso, a ausência de apresentação de proposta não implicará a infração tipificada no art. 155, inc. IV, da Lei nº 14.133/2021, consistente em "deixar de entregar a documentação exigida para o certame".

Dúvida poderia surgir, em particular, no que diz respeito à possibilidade de retirada do licitante que teve a sua solução escolhida como base para a licitação. Em princípio, a resposta será positiva também nesse caso. De forma coerente com o princípio da isonomia, também esse licitante deveria ter o direito de se retirar da licitação após conhecer os termos definitivos da contratação. Não havendo determinação legal em sentido diverso, não se poderia admitir que o particular ficasse pré-vinculado a requisitos que nem sequer conhece. Acresça-se que o aproveitamento da solução de um determinado particular não se traduzirá necessariamente na estruturação do contrato que o licitante considere viável ou vantajosa, o que confirma a impossibilidade de estipular um regime de vinculação prévia, às cegas.

Em síntese, a participação nas etapas anteriores do diálogo competitivo não impõe uma obrigação de formular proposta na fase derradeira do certame, mas um direito a tanto. No entanto, uma vez publicado o segundo edital e apresentada a proposta, a esta o licitante se vincula, assim como aos termos do segundo edital, sujeitando-se a sancionamento se não mantiver o quanto houver proposto (art. 155, inc. V, da Lei nº 14.133/2021).[200]

8.5 O direito de petição em relação ao novo edital

A propósito do conteúdo do segundo edital, é cabível a abertura do prazo de impugnação e de pedidos de esclarecimento em relação às novas regras que sejam incorporadas ao certame por meio do novo edital, conforme o art. 164 da Lei nº 14.133/2021. A

---

200 "Art. 155. O licitante ou o contratado será responsabilizado administrativamente pelas seguintes infrações: [...] V - não manter a proposta, salvo em decorrência de fato superveniente devidamente justificado."

impugnação será cabível em relação ao regramento inédito incorporado ao segundo edital, mantendo-se, como regra, estabilizadas as regras postas no edital original, que deflagrou o certame e que o regeu desde aquele momento.

O controle sobre as novas regras comportará a aferição de sua compatibilidade com as regras anteriormente postas. O novo edital se vincula ao ato convocatório anterior e constitui um desdobramento daquele. Regras e conteúdo inéditos que serão previstos no novo edital não podem conflitar com o conteúdo do primeiro. Assim, o novo edital não poderá, por exemplo, apresentar inovações aptas a modificar o universo dos interessados tal como determinado no primeiro edital. Incide aqui, com a devida adaptação, a previsão do §1º do art. 55, da Lei nº 14.133/2021: "Eventuais modificações no edital implicarão nova divulgação na mesma forma de sua divulgação inicial, além do cumprimento dos mesmos prazos dos atos e procedimentos originais, exceto quando a alteração não comprometer a formulação das propostas".

Em outras palavras, caberá ao segundo edital detalhar as regras aplicáveis à fase de seleção das propostas sem descaracterizar as condições substanciais que orientaram a disposição ou o desinteresse dos potenciais licitantes em ingressar no certame.

8.6 O conteúdo exigível para as propostas

Nos termos do art. 32, §1º, VIII, o prazo para apresentação das propostas – "não inferior a 60 (sessenta) dias úteis" – deve ser suficiente para a elaboração de propostas, que deverão conter "os elementos necessários para a realização do projeto".

Evidentemente, a definição sobre o conteúdo das propostas não ficará a cargo dos licitantes. Cabe ao edital definir o que se espera das propostas e os seus requisitos mínimos, como condição, inclusive, para viabilizar a avaliação uniforme das propostas. Sobre a previsão de que as propostas devem ser suficientes "para a realização do projeto", é devido esclarecer que a locução "projeto" é empregada pela norma não em sentido técnico e estrito (como nos conceitos de projetos básico e executivo constantes dos incisos XXV e XXVI do art. 6º da Lei nº 14.133/2021), mas como sinônimo do próprio objeto a ser contratado, aqui entendido como "projeto contratual".[201]

A celebração do contrato, especialmente no caso de objetos complexos, não pressupõe a delimitação prévia de todas as especificações necessárias à sua execução. O bem conhecido fenômeno de incompletude contratual é um dado presente nas contratações administrativas. O detalhamento de aspectos contratuais pode – e muitas vezes deve – ser remetido à fase de execução contratual, com a atribuição a uma ou a outra parte (ou a ambas) de obrigações, riscos e responsabilidades correspondentes aos diversos elementos envolvidos.

Não é cabível que a previsão corresponda à exigência de que os licitantes apresentem desde logo todas as especificações necessárias para a execução do contrato, ou um projeto básico pronto e acabado. A exigência possível abrange apenas os elementos suficientes para "a realização" dos projetos propriamente ditos (básico e executivo), o que se concretizará apenas no âmbito do futuro contrato, isso se tais projetos não tiverem sido executados pela própria Administração. Esse entendimento é confirmado pelos regimes de contratação integrada e semi-integrada (art. 6º, inc. XXXI e XXXII), que incorporam a elaboração dos projetos básico e executivo, respectivamente, como prestações contratuais a cargo do contratado, e o regime da generalidade dos contratos de concessão, no âmbito dos quais os projetos necessários são elaborados igualmente na condição de prestações contratuais a cargo e risco do contratado.

Recorde-se, afinal, a diretriz geral de restringir as exigências estabelecidas para os licitantes apenas às providências indispensáveis para a comparação das propostas e da seleção da mais vantajosa. Essa diretriz implica afastar a exigência de elaboração de projetos técnicos propriamente ditos no curso do certame.[202] Demandar a

---

[201] De forma similar ao que consta, por exemplo, na Lei nº 11.079/2004, que contém diversas referências ao contrato de parceria público-privada como "projeto" (arts. 4º, inc. VII, 5º, inc. XI, §2º, inc. II e III, art. 14, §§2º e 3º, inc. I).

[202] A propósito de contratos de concessão: "Não há fundamento jurídico para exigir que a administração abra a possibilidade de quaisquer interessados aptos a fazerem e apresentarem estudos para aquilo que estamos aqui chamando de estruturação completa da concessão. O árduo trabalho de estruturação completa e definitiva não pode ser feito em processo no qual diversos interessados disputem igualitariamente, desenvolvendo estruturações simultâneas. Esse tipo de trabalho exige parceiro único (SUNDFELD, Carlos Ari; MONTEIRO, Vera; ROSILHO, André. A estruturação das concessões por meio de parceria com particulares

apresentação de propostas condicionadas à construção de soluções preliminares sofisticadas produziria elevados encargos aos licitantes (com a multiplicação desnecessária de trabalhos e desperdício dos gastos incorridos em projetos não escolhidos), ampliaria sobremaneira a dificuldade que o ente contratante teria para examinar os documentos e a litigiosidade em torno do exame desse material. É pertinente, a esse respeito, o entendimento do Tribunal de Contas da União de que é "vedada a inclusão em editais de licitação de quesitos de pontuação técnica para cujo atendimento as empresas licitantes tenham de incorrer em despesas que sejam desnecessárias e anteriores à própria celebração do contrato ou frustrem o caráter competitivo do certame".[203]

8.7 Solicitação de esclarecimentos e ajustes nas propostas

Seguindo adiante, prevê-se a propósito do exame das propostas que "a Administração poderá solicitar esclarecimentos ou ajustes às propostas apresentadas, desde que não impliquem discriminação nem distorçam a concorrência entre as propostas" (art. 32, §1º, inc. IX). Essa norma evidencia como o legislador brasileiro acompanhou a experiência europeia também nesse ponto, visto que a regra guarda semelhança com a do item 6 do art. 30º da Diretiva 2014/24.[204]

---

autorizados (art. 21 da Lei nº 8.987/1995). *RDA – Revista de Direito Administrativo*, Rio de Janeiro, v. 275, p. 41-66, maio/ago. 2017. p. 54). No direito comparado: "Whether these documents are qualified as "outline solutions", "project proposals", "tenders" or other is not specified in the Directive – it is in any case clear that even if considered to be "tenders", they cannot be required to contain "all the elements required and necessary for the performance of the project" given that this requirement only applies to tenders that are submitted in the final stage of the competitive dialogue (cf. Article 29(6))" (COMISSÃO EUROPEIA – Directorate General Internal Market and Services. *Public Procurement Policy Explanatory Note – Competitive Dialogue – Classic Directive*, p. 8. Disponível em: https://ec.europa.eu/docsroom/documents/15473/attachments/1/translations/en/renditions/native. Acesso em: 10 out. 2021). Ainda a respeito do tema: "As soluções apresentadas pelos candidatos – o objecto do diálogo – são uma espécie de pré-projectos contratuais que respondem às necessidades e exigências tornadas públicas pela entidade adjudicante" (SOUSA, Luís Verde de. *A Negociação nos Procedimentos de Adjudicação*. Uma Análise do Código dos Contratos Públicos. Coimbra: Almedina, 2011. p. 80).

203 Tribunal de Contas da União, Acórdão 165/2009-Plenário, Rel. Min. Raimundo Carreiro, julgado em 11.2.2009. DOU 16.2.2009.

204 "A pedido das autoridades adjudicantes, essas propostas podem ser clarificadas, precisadas e otimizadas. Todavia, estas especificações, clarificações, ajustamentos ou

A previsão deve ser lida em harmonia com o art. 59 da Lei nº 14.133/2021, que trata das hipóteses de desclassificação das propostas. Isso ocorrerá quando elas contiverem "vícios insanáveis" ou "desconformidade" insanável (inc. I e V), preços inexequíveis ou acima do orçamento estimado (inc. III e IV), ou, ainda, quando não obedecerem às "especificações técnicas pormenorizadas no edital" (inc. II).

No entanto, o art. 32, §1º, inc. IX, não constitui simples repetição do art. 59. Esta última norma trata das hipóteses de desclassificação e da possibilidade de saneamento de vícios na proposta. Já o referido inc. IX revela um escopo mais amplo, que abrange a discussão sobre ajustes sem que necessariamente esteja em causa um defeito propriamente dito. Considerada de tal forma, a norma poderia constituir fundamento para certo espaço de flexibilidade na fase final da licitação, introduzindo uma espécie de diálogo residual tendo por objeto as propostas. A disposição tem particular sentido diante da complexidade do objeto licitado e da autonomia atribuída aos licitantes. O formalismo moderado traduzido na disposição em questão representa um meio de levar em consideração os esforços de todos os envolvidos e o possível universo mais restrito de licitantes, no qual a exclusão de um deles tende a ter impacto mais significativo sobre o resultado da licitação.

Mas essa flexibilidade que a leitura isolada do inc. IX é limitada. Considerando a redação legal, a possibilidade de realização de alterações nas propostas não pode resultar na alteração da ordem de classificação. As alterações também não podem desconsiderar a disciplina do art. 59, que enumera as hipóteses que ensejam a desclassificação da proposta. Esses limites indicam que o inc. IX não pode ser utilizado como meio de saneamento irregular das propostas nem para modificar a classificação já estabelecida. Tal dispositivo abre, no entanto, possibilidade de a Administração obter melhorias nas propostas, ainda que de forma limitada.[205]

---

informações complementares não podem alterar elementos fundamentais da proposta ou do concurso público, incluindo as necessidades e os requisitos estabelecidos no anúncio de concurso ou na memória descritiva, quando as variações relativamente a estes aspetos, necessidades e requisitos sejam suscetíveis de distorcer a concorrência ou de ter um efeito discriminatório."

[205] "A ausência de cumprimento das exigências da lei e do edital pode envolver uma conduta incompatível com a competição. Tal se passará nos casos em que o particular envolvido

8.8 A conclusão do processo licitatório

Superadas a análise e a classificação das propostas, a Administração definirá a proposta vencedora (art. 32, §1º, inc. X). Poderá, ainda, buscar negociar condições mais vantajosas com o primeiro colocado – mas a negociação é residual, visto que a Administração não detém poder de barganha relevante e as suas iniciativas não podem resultar no exercício de coação sobre o proponente mais bem-classificado (art. 61).

Observadas essas etapas, restarão os atos finais para concluir o certame. Não há aqui maiores peculiaridades. A Lei nº 14.133/2021 não traz regramento específico para os atos finais relativos ao diálogo competitivo, pelo que, após a definição da proposta vencedora (art. 32, §1º, inc. X) e o processamento da fase recursal (art. 165, inc. I, *d*), haverá o encaminhamento do processo licitatório à autoridade superior na forma do art. 71, tal como ocorre nas demais modalidades licitatórias, ou na forma dos arts. 18-A, inc. IV, da Lei nº 8.987/1995 e 13, inc. IV, da Lei nº 11.079/2004, quando forem estas as leis de regência do contrato licitado.

obtiver uma vantagem que compromete a seriedade da disputa. Isso afetará não apenas os interesses dos demais competidores, mas também a própria possibilidade de a Administração obter um resultado satisfatório. Se fosse cabível assegurar o saneamento de todo e qualquer defeito, a licitação passaria a ser um arremedo de competição. Cada licitante formularia uma proposta destituída de seriedade e não alicerçada na documentação indispensável. Os sujeitos aguardariam para verificar se a disputa conduziria a um potencial benefício para, ao longo do procedimento, corrigirem os defeitos e as insuficiências de suas propostas. Como decorrência, a Administração teria de gerenciar um número elevado de propostas, com a perspectiva de um longo período para obter a correção dos defeitos e sem eliminar o risco de selecionar como vencedora uma proposta construída durante o certame. Portanto, a ausência de rigor no tocante aos vícios acabaria por gerar efeitos negativos quanto à própria Administração" (JUSTEN FILHO, Marçal. *Comentários ao RDC*: Lei 12.462/11 e Decreto 7.581/11. São Paulo: Dialética, 2013. p. 442).

CAPÍTULO 9

NOTA FINAL ACERCA DO CONTROLE INCIDENTE SOBRE O DIÁLOGO COMPETITIVO

As peculiaridades da atividade administrativa desenvolvida ao diálogo competitivo não podem ser desconsideradas pelos órgãos de controle. Algumas notas a respeito do tema são expostas abaixo, com apontamento de aspectos em comum com as demais modalidades licitatórias e outros mais característicos do diálogo.

No âmbito do controle interno, aplicam-se as mesmas linhas de defesa a que se refere o art. 169 da Lei nº 14.133/2021, implementadas no âmbito do órgão ou da entidade envolvida. No diálogo competitivo, o controle prévio de legalidade sobre o edital, conforme o art. 53 da Lei nº 14.133/2021, será desdobrado em dois momentos distintos. De modo geral, o §3º do art. 53 condiciona a publicação do edital à prévia instrução técnica e jurídica, o que se aplicará a ambos os editais do diálogo.[206]

No tocante ao controle externo, uma primeira observação relevante diz respeito ao veto ao inc. XII, do §1º do art. 32, que se encontrava assim disposto: "órgão de controle externo poderá acompanhar e monitorar os diálogos competitivos, opinando, no prazo máximo de 40 (quarenta) dias úteis, sobre a legalidade, a legitimidade e a economicidade da licitação, antes da celebração do contrato".

[206] "Art. 53. Ao final da fase preparatória, o processo licitatório seguirá para o órgão de assessoramento jurídico da Administração, que realizará controle prévio de legalidade mediante análise jurídica da contratação. [...] §3º Encerrada a instrução do processo sob os aspectos técnico e jurídico, a autoridade determinará a divulgação do edital de licitação conforme disposto no art. 54."

Como se vê, essa norma previa um período de paralisação do certame até a emissão do posicionamento formal pelo órgão de controle externo, que, não obstante, não teria caráter vinculante, na medida em que caberia a ele "opinar" sobre o processo licitatório. Em termos práticos, tratava-se da introdução de uma nova etapa dentro do processo do diálogo competitivo. A justificativa do veto fez alusão específica ao limite das atribuições dos tribunais de contas para sustentar a inconstitucionalidade da norma, por "extrapola[r] as competências a eles conferidas pelo constituinte, por intermédio do art. 71 da Carta Magna, e também viola[r] o princípio da separação dos poderes, inscrito no art. 2º da Constituição Federal".

Por evidente, o veto a essa previsão não afasta o controle externo durante o certame, mas resulta no afastamento de um dever de ofício, por parte do órgão ou ente licitante, de remessa do certame à manifestação pelo tribunal de contas responsável como condição prévia à celebração do contrato.

Não obstante, o art. 171, §1º, da Lei nº 14.133/2021 produz, ainda que com sistemática diversa, efeitos práticos similares aos que o inc. XII do §1º do art. 32 produziria, ao definir que o tribunal de contas poderá suspender cautelarmente o processo licitatório. Essa norma também fixa limites temporais à intervenção do órgão de controle externo sobre o processo licitatório, ao estipular que, após decisão de suspensão cautelar do processo licitatório, deverá haver deliberação definitiva "sobre o mérito da irregularidade que tenha dado causa à suspensão no prazo de 25 (vinte e cinco) dias úteis". Esse prazo, passível de prorrogação por igual período uma única vez, será contado a partir da data de recebimento das informações prestadas pelo órgão ou ente licitante.

Pode-se indagar se o sigilo previsto no art. 32, §1º, inc. IV, da Lei nº 14.133/2021 seria oponível aos órgãos de controle, tendo em vista que, no tocante ao sigilo do orçamento estimado, a Lei ressalvou expressamente ser ele inoponível a órgãos de controle (art. 24, inc. I), sem dispor de regra semelhante em relação ao sigilo do diálogo. Entende-se que o sigilo aplicável ao diálogo competitivo não será oponível aos órgãos de controle, considerando que a norma que disciplina o sigilo o estabelece especificamente em relação aos demais licitantes: "a Administração não poderá revelar a outros licitantes as soluções propostas ou as informações sigilosas comunicadas por um licitante sem o seu consentimento". Essa previsão comporta interpretação ampliativa para estender, por equiparação, o sigilo ainda a outros agentes de mercado em geral, que poderiam ter interesse nas informações de acesso restrito, mas não impõe óbice à possibilidade de os órgãos de controle terem acesso aos dados submetidos a tratamento privilegiado. De resto, a regra que dispõe sobre a devida documentação das interações com os licitantes (art. 32, §1º, inc. VI) se justifica precisamente para possibilitar o controle externo sobre as soluções discutidas.

De qualquer modo, ao passarem a custodiar tais dados, também esses órgãos deverão tratá-los de forma estritamente sigilosa.

Um ponto relevante diz respeito à incompatibilidade entre o processamento do diálogo competitivo e normas como a Instrução Normativa 81/2018 do Tribunal de Contas da União, que se aplica ao controle incidente sobre licitação de contratos de concessão. A IN 81/2018 prevê aos órgãos gestores o dever de encaminhar informações como a "previsão do valor dos investimentos" (art. 2º, §2º), "os estudos de viabilidade e as minutas do instrumento convocatório e respectivos anexos, incluindo minuta contratual e caderno de encargos" (art. 3º) e "estudo contendo descrição exaustiva de todos os elementos que compõem a matriz de repartição de riscos do empreendimento, fundamentando a alocação de cada risco mapeado para cada uma das partes envolvidas no contrato a ser firmado" (art. 5º, inc. V).

Como se vê, os diversos elementos que a IN 81/2018 prevê como sujeitos à disponibilização prévia obrigatória podem ser submetidos ao diálogo, o que resultará em impossibilidade de cumprimento prévio dessas regras, ao menos tal como aplicadas em relação às concorrências tipicamente utilizadas nesses casos.

A rigor, é aplicável a orientação fixada pelo Supremo Tribunal Federal no Recurso Extraordinário 547.063, de acordo com a qual compete privativamente ao legislador ordinário estipular eventuais hipóteses de controle prévio dos editais de licitação por órgão externo. A ementa do caso resume o raciocínio empregado pelo Supremo:

> Tribunal de Contas estadual. Controle prévio das licitações. Competência privativa da União (art. 22, XXVII, da Constituição Federal). Legislação federal e estadual compatíveis. Exigência indevida feita por ato do

> Tribunal que impõe controle prévio sem que haja solicitação para a remessa do edital antes de realizada a licitação. 1. O art. 22, XXVII, da Constituição Federal dispõe ser da União, privativamente, a legislação sobre normas gerais de licitação e contratação. 2. A Lei federal nº 8.666/1993 autoriza o controle prévio quando houver solicitação do Tribunal de Contas para a remessa de cópia do edital de licitação já publicado. 3. A exigência feita por atos normativos do Tribunal sobre a remessa prévia do edital, sem nenhuma solicitação, invade a competência legislativa distribuída pela Constituição Federal, já exercida pela Lei federal nº 8.666/1993, que não contém essa exigência. 4. Recurso extraordinário provido para conceder a ordem de segurança.[207]

Não obstante, deve-se reconhecer, à luz da realidade efetivamente verificada, que são grandes as chances de a praxe de observância de regras como aquelas dispostas na IN 81/2018 prosseguir. Nesse caso, uma alternativa será considerar o envio dos dados disponíveis previamente ao lançamento do primeiro edital e após a realização de consulta pública. Outra alternativa seria remeter todos esses dados à corte de contas no momento em que a Administração venha a definir a formatação final do contrato a ser licitado, ao término da fase de diálogo. No entanto, o próprio veto ao controle prévio obrigatório e vinculante, previsto originalmente no inc. XII, sinaliza para o afastamento desta última sistemática. Isso não porque o veto tenha eficácia normativa própria, mas porque, na ausência de regra vinculante, devem prevalecer a lógica e o procedimento especificamente resultantes da disciplina do diálogo competitivo, tal como definidos pelo legislador. Isso não afasta o controle externo caso a caso e sobre a integralidade da atuação administrativa desenvolvida, mas impede determinações regulamentares que imponham a introdução de etapa específica dentro do processo licitatório que não é prevista em lei.

---

[207] Supremo Tribunal Federal, recurso extraordinário 547063, Relator Min. Menezes Direito, 1ª Turma, julgado em 07.10.2008. Também nesse sentido, no âmbito doutrinário: "De acordo com a legislação constitucional e a infraconstitucional, a Corte de Contas não tem competência para atuar na chamada fase interna da licitação, isto é, antes da formalização e publicação de projetos de contratações públicas. Além disso, as normas constitucionais e legais só o autorizaram a determinar correções em editais já publicados na hipótese de vir a identificar ilegalidades; não lhe foi facultado dar ordens à Administração Pública escorado nos parâmetros de controle 'legitimidade' e 'economicidade'" (ROSILHO, André. *Tribunal de Contas da União*. Competências, jurisdição e instrumentos de controle. São Paulo: Quartier Latin, 2019. p. 251).

Por fim, deve-se observar que a forma e a intensidade do controle são dados que se relacionam também com a própria viabilidade e efetividade do diálogo competitivo, enquanto instituto disponibilizado pelo legislador à Administração Pública para assegurar espaço de autonomia discricionária na formatação e na condução do processo licitatório, para o fim de obter contratações em condições que possivelmente não seriam obtidas por meio de outras vias. A lógica do diálogo competitivo pressupõe, em relevante medida, a aceitação de que o gestor público assuma maiores riscos, com o propósito de obter soluções inovadoras e mais eficientes do que ele poderia cogitar isoladamente.

Essa realidade de maior indeterminação e incertezas é incompatível com a racionalidade de controle aplicável a licitações por menor preço. O controle, particularmente sobre a escolha do diálogo e as definições contidas no primeiro edital, deverá ter em perspectiva que o ambiente e os pressupostos que norteiam a utilização do diálogo são caracterizados por elevado grau de riscos e incertezas. Especificamente no tocante ao cabimento do diálogo, a aplicação da Lei nº 14.133/2021 pressupõe a compreensão dos conceitos indeterminados nela contidos e o seu enquadramento em circunstâncias complexas, envolvendo um processo decisório desenvolvido em ambiente de assimetria de informações, que sujeita os decisores a riscos significativos.

A esse respeito, é útil a referência à observação feita por Eduardo Jordão sobre o controle incidente sobre editais de licitação de projetos complexos. Nas palavras de Jordão,

> [...] esta fase prévia ou interna dos projetos envolve uma série de decisões complexas, tomadas num contexto de forte incerteza. Assim, é pouco razoável falar-se em soluções corretas e incorretas. Esta circunstância impacta fortemente o controle que se dá posteriormente sobre estas escolhas. Intui-se que, nestes casos, o controle deve ser moderado, para evitar que as prognoses realizadas pelo administrador sejam substituídas por prognoses igualmente incertas do fiscalizador.[208]

---

[208] JORDÃO, Eduardo. A intervenção do TCU sobre editais de licitação não publicados: controlador ou administrador? *Revista Brasileira de Direito Público – RBDP*. Belo Horizonte, ano 12, n. 47, out./dez. 2014. p. 211.

No contexto de que aqui se trata, a deferência à decisão administrativa – seja no tocante à escolha do diálogo, seja em relação à solução final definida para a contratação – é fator que tanto favorece a eficiência da atuação estatal,[209] como constitui pressuposto para que o diálogo competitivo passe a ser efetivamente utilizado.

Com isso não se ignoram os parâmetros da fiscalização tal como previstos no art. 70, *caput*, da Constituição Federal, que incluem o exame da legalidade e da economicidade das soluções adotadas. No entanto, para além de observar a autonomia administrativa – tal como definida por lei, à qual os tribunais de conta devem igualmente observância –, será necessário que o exercício do controle sobre o diálogo competitivo (e sobre contratações administrativas complexas em geral) leve em consideração os arts. 20 e 22 da LINDB.

O art. 20 implica a necessária ponderação acerca das consequências práticas de decisão que impeça a atuação administrativa ou implique a sua revisão. Já o art. 22 determina a consideração dos "obstáculos e [d]as dificuldades reais do gestor" (*caput*), bem como das "circunstâncias práticas" da decisão. Como notado pela doutrina, espaços de indeterminação na aplicação dos textos jurídicos são abrangidos (ou abrangíveis) pelo conceito de "dificuldades reais" consagrado na LINDB.[210] Tal questão será relevante não apenas para a análise da validade da atuação administrativa, mas também para a apuração de responsabilidade pessoal dos agentes envolvidos – aqui também a incerteza terá de ser tomada em conta, conforme o art. 28 da LINDB.[211]

---

[209] Em observação de caráter geral, a doutrina aponta que, "[...] no caso das questões tecnicamente complexas a atribuição da palavra final às autoridades administrativas revela uma preocupação com a eficiência administrativa e regulatória" (JORDÃO, Eduardo. *Controle judicial de uma administração pública complexa*: a experiência estrangeira na adaptação da intensidade do controle. São Paulo: Malheiros, 2016. p. 655).

[210] JORDÃO, Eduardo. Art. 22 da LINDB. Acabou o romance: reforço do pragmatismo no direito público brasileiro. *RDA - Revista de Direito Administrativo*, ed. esp.: Direito Público na Lei de Introdução às Normas de Direito Brasileiro, Rio de Janeiro, nov. 2018, p. 77.

[211] "A incerteza envolvida no processo decisório pode funcionar como um terceiro critério a orientar a avaliação da responsabilidade pessoal do agente público por erro. A probabilidade do surgimento de equívocos é proporcional ao nível de incerteza da escolha administrativa a ser realizada. Desse modo, ao menos como regra, a culpa do agente em sua ocorrência será tanto menor, a ponto de se tornar inexistente, quanto maior for a dificuldade de sua previsão. Além de sua utilidade na apreciação da culpa, o parâmetro da incerteza pretende evitar que o controle do erro seja um embaraço a inovações. Decisões inovadoras no setor público são naturalmente mais propensas a equívocos, justamente

Há de se observar que o ineditismo do diálogo e a margem discricionária conferida ao gestor público para a sua adoção criam verdadeiro ambiente de experimentalismo. Não há precedentes nem histórico de boas práticas em âmbito nacional para guiar o gestor. Os pioneiros, em especial, assumirão mais riscos. E isso deve ser levado em consideração pelos órgãos de controle, como a LINDB determina.

Essas considerações – e as consequências práticas relacionadas à forma e ao alcance do controle desenvolvido – têm a ver com própria efetividade (na acepção de utilização efetiva, na prática) do instituto do diálogo competitivo. Não parece excessivo dizer que um dos aspectos mais cruciais para a introdução bem-sucedida do diálogo competitivo no direito brasileiro terá a ver com o controle que se aplicará às iniciativas adotadas. Um controle fortemente repressivo tende a tornar a inovação da Lei nº 14.133/21 uma mera hipótese legal, sem correspondência com a prática. Se os órgãos de controle não assumirem postura de deferência à escolha do gestor efetivamente competente para a tomada da decisão, poucos se aventurarão em um processo licitatório que demandará aplicação de recursos consideráveis, engajamento de equipe substancial e meses de maturação, sob o risco de essa atividade restar frustrada pela revisão ou pela incerteza em torno das escolhas administrativas. Os riscos sobre os agentes públicos nessas circunstâncias inviabilizariam a implementação de uma das soluções mais inovadoras da Lei nº 14.133/2021.

Em última análise, prestigiar a autonomia administrativa pressuposta no diálogo competitivo significa valorizar o próprio instituto da licitação. Isso porque o diálogo competitivo vem justamente renovar e ampliar a utilidade do processo licitatório. Ele se traduz em uma solução que compatibiliza a competição com ambientes de complexidade tais que, na ausência de regramento equivalente, conduziriam a Administração Pública a contratações

em razão do alto grau de incerteza envolvida. A maior tolerância a equívocos em decisões inovadoras estimula que agentes públicos testem novas alternativas e soluções para os múltiplos problemas da administração" (BINENBOJM, Gustavo; DIONISIO, Pedro de Hollanda. Os três passos do controle do erro administrativo: as diferentes etapas e objetivos na construção de parâmetros de controle. *RDA - Revista de Direito Administrativo*, Rio de Janeiro, v. 280, n. 2, maio/ago. 2021, p. 130-131).

limitadas (sem o mesmo potencial que poderiam ter via diálogo) ou a remeteriam a soluções de contratação direta para lidar com situações que não comportem competição por meio das modalidades licitatórias tradicionais.

REFERÊNCIAS

AMONYA, Fred. Parsing Competitive Dialogue in Public-Private Partnerships: Emergence of Capability Search. *Transportation Research Procedia,* n. 25, p. 5291-5306, 2017.

ARAGÃO, Alexandre Santos de. O diálogo competitivo na nova lei de licitações e contratos da Administração Pública. *RDA – Revista de Direito Administrativo,* Rio de Janeiro, v. 280, n. 3, p. 41-66, set./dez. 2021.

BANDEIRA DE MELLO, Celso Antônio. *Curso de Direito Administrativo.* 35. ed. São Paulo: Malheiros, 2021. p. 551-552.

BANDEIRA DE MELLO, Celso Antônio. Obra pública a custo zero [instrumentos jurídicos para a realização de obras públicas a custo financeiro zero]. *Revista Trimestral de Direito Público,* n. 3. São Paulo: Malheiros, 1993.

BANCO MUNDIAL. *Competitive Dialogue*: How to undertake a Competitive Dialogue Procurement Process. 2017. Disponível em: https://thedocs.worldbank.org/en/doc/412401507743078456-0290022017/original/CompetitiveDialogueGuidance2017.pdf. Acesso em: 10 out. 2021.

BANCO MUNDIAL. *Guidance Note on Acceptable Procedures for Selection of Private Partners under Public-Private Partnerships (PPPs).* Procurement arrangements applicable to Public-Private Partnerships (PPP) contracts financed under World Bank projects. Set./2010. Disponível em https://ppp.worldbank.org/public-private-partnership/sites/ppp.worldbank.org/files/ppp_testdumb/documents/GuidanceNote_PPP_September2010.pdf. Acesso em: 10 out. 2021.

BINENBOJM, Gustavo. *Poder de polícia, ordenação, regulação.* Transformações político-jurídicas, econômicas e institucionais do direito administrativo sancionador. Belo Horizonte: Fórum, 2016.

BINENBOJM, Gustavo; DIONISIO, Pedro de Hollanda. Os três passos do controle do erro administrativo: as diferentes etapas e objetivos na construção de parâmetros de controle. *RDA - Revista de Direito Administrativo,* Rio de Janeiro, v. 280, n. 2, p. 109-135, maio/ago. 2021.

BURGER, Philippe; HAWKESWORTH, Ian. How To Attain Value for Money: Comparing PPP and Traditional Infrastructure Public Procurement. *OECD Journal on Budgeting,* v. 11, n. 1, 2011.

BURNETT, Michael. Developing a Complexity Test for the Use of Competitive Dialogue for PPP Contracts. *European Procurement & Public Private Partnership Law Review,* v. 5, issue 4, 2010.

BURNETT, Michael. PPP and EU Public Procurement Reform Time to Change the Rules for Competitive Dialogue. *European Procurement & Public Private Partnership Law Review,* v. 61, n. 6, 2011.

BURNETT, Michael. Using Competitive Dialogue in EU Public Procurement – Early Trends and Future Developments. EIPAScope, 2009, p. 17-23. Disponível em http://aei.pitt.edu/12381/1/20100114121857_Eipascope_2009_2_Article2.pdf. Acesso em: 10 out. 2021.

BURNETT, Michael; ODER, Martin. *Competitive Dialogue*: A practical guide. Maastricht: European Institute of Public Administration, 2009.

CAMELO, Bradson; NÓBREGA, Marcos; TORRES, Ronny Charles L. de. *Análise Econômica das Licitações e Contratos*. Belo Horizonte: Fórum, 2022.

COMISSÃO EUROPEIA. *Livro Verde sobre a modernização da política de contratos públicos da UE*: Para um mercado dos contratos públicos mais eficiente na Europa. Bruxelas: 2011.

COMISSÃO EUROPEIA. Directorate General Internal Market and Services. *Public Procurement Policy Explanatory Note – Competitive Dialogue – Classic Directive*. Disponível em: https://ec.europa.eu/docsroom/documents/15473/attachments/1/translations/en/renditions/native. Acesso em: 10 out. 2021.

CYRINO, André; TOLEDO, Renato. Desenhos de mercado, licitações e três apostas da Lei n.º 14.133/2021. *Revista Eletrônica da Procuradoria Geral do Estado do Rio de Janeiro - PGE-RJ*, Rio de Janeiro, v. 5 n. 3, set./dez. 2022.

CREA-SP e TCE/SP. Orientações para o exercício das atividades de Engenharia e Agronomia em serviços e obras públicas. São Paulo, 2012. Disponível em https://www.creasp.org.br/arquivos/diversos/Modulo_unico_revisto_pelo_TCE-15_08_2012.doc. Acesso em: 10 out. 2021.

DANTAS, Renata; CAMPOS, Rodrigo Pinto de; MONTEIRO, Vera. Atestação nas licitações de concessão de saneamento. *In*: GUIMARÃES, Bernardo Strobel *et al.* (coord.). *Novo marco legal do saneamento*. Belo Horizonte: Fórum, 2021. p. 67-79.

DI PIETRO, Maria Sylvia Zanella. O regime das licitações para os contratos de concessão. *In*: SUNDFELD, Carlos Ari; JURKSAITIS, Guilherme Jardim (org.). *Contratos Públicos e Direito Administrativo*. São Paulo: Malheiros, 2015.

EUROPEAN PPP EXPERTISE CENTRE - EPEC. *Procurement of PPP and the use of Competitive Dialogue in Europe*. A review of public sector practices across the EU. Disponível em: http://www. https://www.eib.org/attachments/epec/epec_procurement_ppp_competitive_dialogue_en.pdf, 2010. Acesso em: 10 out. 2021.

FARLEY, Martin. Directive 2004/18/EC and the Competitive Dialogue Procedure: A Case Study on the Application of the Competitive Dialogue Procedure to NHS LIFT. *In: European procurement & public private partnership law review*, n. 60, 2007.

FIUZA, Eduardo P. S. Licitações e Governança de Contratos: a Visão dos Economistas. In SALGADO, Lucia Helena e FIUZA, Eduardo (Org.). *Marcos Regulatórios no Brasil: é tempo de rever regras?* Rio de Janeiro: Ipea, 2009.

GONÇALVES, Pedro. *Reflexões sobre o Estado Regulador e o Estado Contratante*. Coimbra: Coimbra Editora, 2013.

HAUGBØLLE, K.; PIHL, D.; GOTTLIEB, S. C. *Competitive dialogue*: Driving innovation through procurement? In *Procedia Economics and Finance*, n. 21, p. 555-562, 2015.

HEINEN, Juliano. *Comentários à Lei de Licitações e Contratos Administrativos – Lei nº 14.1333/21*. Salvador: Editora JusPodivm, 2021.

HM Treasury. *HM Treasury Review of Competitive Dialogue*. Reino Unido, 2010. Disponível em: https://assets.publishing.service.gov.uk/government/uploads/system/uploads/attachment_data/file/225318/03_ppp_competitive_dialogue.pdf. Acesso em: 10 out. 2021.

HOEZEN, Mieke; HILLIG, Jan-Bertram. The Competitive Dialogue Procedure: Advantages, Disadvantages, and its Implementation into English and Dutch Law. In Proceedings COBRA RICS Construction and Building Research Conference, Dublin Set./2008, p. 10. Disponível em https://www.irbnet.de/daten/iconda/CIB14508.pdf. Acesso em: 10 out. 2021.

HOEZEN, Mieke; VOORDIJK, Hans; DEWULF, Geert. Contracting dynamics in the competitive dialogue procedure. *In*: *Built Environment Project and Asset Management*, Emerald Group, v. 2, n. 1, p. 6-24, 2012.

HOEZEN, Mieke; VOORDIJK, Hans; DEWULF, Geert. Towards better customized service-led contracts through the competitive dialogue procedure. *Construction Management and Economics*, v. 28, issue 11, p. 1177-1186, 2010.

INSTITUTO BRASILEIRO DE AUDITORIA DE OBRAS PÚBLICAS. Orientação Técnica OI-IBR 001/2006. Projeto Básico. 2006. Disponível em: https://www.ibraop.org.br/wp-content/uploads/2013/06/orientacao_tecnica.pdf. Acesso em: 10 out. 2021.

JORDÃO, Eduardo. Art. 22 da LINDB. Acabou o romance: reforço do pragmatismo no direito público brasileiro. *RDA - Revista de Direito Administrativo*, ed. esp.: Direito Público na Lei de Introdução às Normas de Direito Brasileiro, Rio de Janeiro, nov. 2018.

JORDÃO, Eduardo. A intervenção do TCU sobre editais de licitação não publicados: controlador ou administrador? *Revista Brasileira de Direito Público – RBDP*. Belo Horizonte, Fórum, ano 12, n. 47, p. 209-230, out./dez. 2014.

JORDÃO, Eduardo. *Controle judicial de uma administração pública complexa*: a experiência estrangeira na adaptação da intensidade do controle. São Paulo: Malheiros, 2016.

JUSTEN FILHO, Marçal. *Comentários à Lei de Licitações e Contratos Administrativos*: Lei 8.666/1993. 18. ed. São Paulo: Thomson Reuters Brasil, 2019.

JUSTEN FILHO, Marçal. *Comentários à Lei de Licitações e Contratações Administrativas*: Lei 14.133/2021. São Paulo: Thomson Reuters Brasil, 2021.

JUSTEN FILHO, Marçal. *Comentários ao RDC*: Lei 12.462/11 e Decreto 7.581/11. São Paulo: Dialética, 2013.

JUSTEN FILHO, Marçal. Concessões Urbanísticas e Outorgas Onerosas. *In*: WAGNER JUNIOR, Luiz Guilherme da Costa (org.). *Direito Público*: Estudos em Homenagem ao Professor Adilson Dallari. Belo Horizonte: Del Rey, 2004.

KIRKBY, Mark. O diálogo concorrencial. *In*: GONÇALVES, Pedro (org.). *Estudos de Contratação Pública*. v. 1. Coimbra: Coimbra Editora, 2008.

LAWTHER, Wendell. Flexible procurement approaches that facilitate relationship change and negotiation: the use of the invitation to negotiate. *Journal of Public Procurement*, v. 7, n. 2, p. 173-193, 2007.

LINARELLI, John. Methods of Procurement. *In:* ARROWSMITH, Sue *et al*. *Regulating Public Procurement*. The Hage: Kluwer Law International, 2000.

LOVE, P.E.D.; SKITMORE, M.; EARL, G. Selecting a suitable procurement method for a building project. *Construction Management and Economics*, v. 16, p. 221-233, 1998.

MARQUES NETO, Floriano de Azevedo. A Admissão de Atestados de Subcontratada Nomeada nas Licitações para Concessões de Serviços Públicos. *Revista Trimestral de Direito Público*, n. 53, São Paulo: Malheiros, 2011.

MARQUES NETO, Floriano de Azevedo. Do contrato administrativo à Administração contratual. *Revista do Advogado*, n. 107, AASP, dez./2019.

MENEZES CORDEIRO, António. *Contratos Públicos*: subsídios para a dogmática administrativa, com exemplo no princípio do equilíbrio financeiro. Coimbra: Almedina, 2007.

MENEZES DE ALMEIDA, Fernando Dias. Contratos administrativos. In PEREIRA JR., Antônio Jorge; JABUR, Gilberto Haddad (Coord.). *Direito dos Contratos II*. São Paulo: Quartier Latin, 2008. p. 200-201.

MENEZES DE ALMEIDA, Fernando Dias *et al*. Parcerias empresariais do Estado para a inovação tecnológica. *In:* JUSTEN FILHO, Marçal; SCHWIND, Rafael Wallbach (Org.). *Parcerias público-privadas*: reflexões sobre os 10 anos da Lei 11.079/2004. São Paulo: Revista dos Tribunais, 2015. p. 609-626.

MONTEIRO, Vera. *Concessão*. São Paulo: Malheiros, 2010.

MOREIRA, Egon Bockmann; GUIMARÃES, Fernando Vernalha. *Licitação Pública*. A Lei Geral de Licitação – LGL e o Regime Diferenciado de Contratação – RDC. São Paulo: Malheiros, 2012.

MORENO, Maís. *A participação do administrado no processo de elaboração dos contratos de PPP*. Belo Horizonte: Fórum, 2019.

MOTA PINTO, Carlos Alberto. *Teoria Geral do Direito Civil* (atual. António Pinto Monteiro e Paulo Mota Pinto). 4. ed. Coimbra: Coimbra Editora, 2012.

MOURÃO, Carolina Mota; MONTEIRO, Vera. Procedimento de manifestação de interesse como instrumento de fomento à inovação: o artigo 81 da Lei nº 14.133, de 2021. *In*: RAUEN, André Tortato (org.). *Compras públicas para inovação no Brasil*: novas possibilidades legais. Brasília: Instituto de Pesquisa Econômica Aplicada (Ipea), 2022.

NÓBREGA, Marcos; ALBUQUERQUE, Romero Paes Barreto de. *O BNDES e as inovações nas contratações públicas*: como mudar incentivos pode maximizar a eficiência. Disponível em: https://www.jota.info/opiniao-e-analise/artigos/bndes-inovacoes-contratacoes-publicas-05032022. Acesso em: 10 mar. 2022.

OCDE/EUROSTAT. *Oslo Manual 2018*. Guidelines for collecting, reporting and using data on innovation. 4. ed. 2018.

OFFICE OF GOVERNMENT COMMERCE – HM TREASURY. *Competitive Dialogue in 2008*: OGC/HMT joint guidance on using the procedure. Reino Unido: 2008. Disponível em: https://assets.publishing.service.gov.uk/government/uploads/system/uploads/at tachment_data/file/225317/02_competitive_dialogue_procedure.pdf. Acesso em: 10 out. 2021.

OLIVEIRA, Eva Aparecida. A técnica, a techné e a tecnologia. *Itinerarius Reflectionis*. Revista Eletrônica Gradução/Pós-Gradução em Educação UFG/REJ (Online), v. 2, jul./dez. 2008. Disponível em https://www.revistas.ufg.br/rir/article/view/20417/. Acesso em: 10 out. 2021.

OLIVEIRA, Rafael Sérgio Lima de. *O diálogo competitivo brasileiro*. Belo Horizonte: Fórum, 2021.

PALMA, Juliana Bonacorsi de. Quem é o 'administrador médio' do TCU? Disponível em https://www.jota.info/opiniao-e-analise/colunas/controle-publico/quem-e-o-administrador-medio-do-tcu-22082018. Acesso em: 10 out. 2021.

POMBO, Rodrigo Goulart de Freitas. *Contratos Públicos na Lei de Inovação*: transferência de tecnologia, acordo de parceria e encomenda tecnológica. Rio de Janeiro: Lumen Juris Direito, 2020.

RAUEN, André Tortato. *Nota Técnica*: compras públicas de inovações segundo o texto final do PL n. 4.253/2020. n. 80. Diset - Diretoria de Estudos e Políticas Setoriais de Inovação e Infraestrutura. Brasília, IPEA, fev. 2021. Disponível em: https://www.ipea.gov.br/portal/images/stories/PDFs/nota_tecnica/210209_nt_diset_80_compras_publicas.pdf. Acesso em: 10 out. 2021.

RAUEN, André Tortato. Racionalidade e primeiros resultados das Políticas de Inovação que atuam pelo lado da demanda no Brasil. *In:* RAUEN, André Tortato (Org.). *Políticas de inovação pelo lado da demanda no Brasil*. Brasília: Ipea, 2017.

REIS, Tarcila; JORDÃO, Eduardo. *A experiência brasileira de MIPs e PMIs*: três dilemas da aproximação público-privada na concepção de projetos. *In:* JUSTEN FILHO, Marçal; SCHWIND, Rafael Wallbach (Org.). *Parcerias público-privadas*: reflexões sobre os 10 anos da Lei 11.079/2004. São Paulo: Revista dos Tribunais, 2015.

REISDORFER, Guilherme F. Dias; MÜLLER, Nicole Mendes. As hipóteses de cabimento do diálogo competitivo e o seu uso para contratação de projetos de infraestrutura. *In*: NIEBUHR, Karlin Olbertz; POMBO, Rodrigo Goulart de Freitas (org.). *Novas questões em licitações e contratos (Lei 14.133/2021)*. 1. ed. Rio de Janeiro: Lumen Juris, 2023.

ROSILHO, André. *Licitação no Brasil*. São Paulo: Malheiros, 2013.

ROSILHO, André. *Tribunal de Contas da União*: Competências, jurisdição e instrumentos de controle. São Paulo: Quartier Latin, 2019.

SCHIEFLER, Gustavo Henrique Carvalho. *Diálogos Público-Privados*. Rio de Janeiro: Lumen Juris, 2018.

SCHIRATO, Vitor Rhein. *As empresas estatais no direito administrativo econômico atual*. São Paulo: Saraiva, 2016.

SCHMIDT-ASSMANN, Eberhard. *La Teoría General del Derecho Administrativo como Sistema*. Madrid: Marcial Pons, 2003.

SOUSA, Luís Verde de. *A Negociação nos Procedimentos de Adjudicação*: Uma Análise do Código dos Contratos Públicos. Coimbra: Almedina, 2011.

SUNDFELD, Carlos Ari. Apresentação. *In:* CARVALHO, André Castro; CASTRO, Leonardo F. de Moraes e (Coord.). *Manual de Project Finance no Direito brasileiro*. São Paulo: Quartier Latin, 2006.

SUNDFELD, Carlos Ari. Como reformar as licitações? *In:* SUNDFELD, Carlos Ari (Org.). *Contratações Públicas e seu Controle*. São Paulo: Malheiros, 2013.

SUNDFELD, Carlos Ari. Guia jurídico das parcerias público-privadas. *In:* SUNDFELD, Carlos Ari (Coord.). *Parcerias público-privadas*. São Paulo: Malheiros, 2005.

SUNDFELD, Carlos Ari. Processo Administrativo: um diálogo necessário entre o Estado e cidadão. *Revista de Direito Administrativo & Constitucional – A&C*, Belo Horizonte, n. 23, p. 39-51, 2006.

SUNDFELD, Carlos Ari; MONTEIRO, Vera; ROSILHO, André. A estruturação das concessões por meio de parceria com particulares autorizados (art. 21 da Lei nº 8.987/1995). *RDA – Revista de Direito Administrativo*, Rio de Janeiro, v. 275, p. 41-66, maio/agosto 2017.

TÁCITO, Caio. O retorno do pêndulo: serviço público e empresa privada. O exemplo brasileiro. *In:* TÁCITO, Caio. *Temas de Direito Público* (estudos e pareceres). v. 1. Rio de Janeiro: Renovar, 1997.

TELLES, Pedro. *Competitive dialogue in Portugal and Spain*. Tese de Doutorado. Nottingham: University of Nottingham, 2011.

TELLES, Pedro; BUTLER, Luke. Public Procurement Award Procedures in Directive 2014/24/EU (May 29, 2014). LICHÈRE, F. *et al. Novelties in the 2014 Directive on Public Procurement*. Copenhagen: Djof Publishing, 2014. Disponível em: https://ssrn.com/abstract=2443438. Acesso em: 17 out. 2021.

TOMASEVICIUS FILHO, Eduardo. *O princípio da boa-fé no direito civil*. São Paulo: Almedina, 2020.

TRIBUNAL DE CONTAS DA UNIÃO. *Trilha Diálogo Competitivo*. Disponível em: https://portal.tcu.gov.br/lumis/portal/file/fileDownload.jsp?fileId=8A81881E7FF0EF4B0182824 7BA090887. Acesso em: 03 abr. 2024.

UNCITRAL. *UNCITRAL Model Legislative Provisions on Privately Financed Infrastructure Projects*. Nova Iorque: Nações Unidas, 2004.

VARGAS, Milton. Técnica, Tecnologia e Ciência. *Revista Educação & Tecnologia*. Periódico Técnico-Científico dos Programas de Pós-Graduação em Tecnologia dos CEFETs- PR/MG/RJ, n. 40, Curitiba, UTFPR, março/1999.

VIANA, Cláudia. A qualificação dos operadores económicos nos procedimentos de contratação pública. *In:* GONÇALVES, Pedro (Org.). *Estudos de Contratação Pública*. vol. II. Coimbra: Coimbra Editora, 2010. p. 153-196.

VIEIRA, André Luís. Inovação tecnológica e contratos de interesse da defesa nacional: convergência de políticas públicas. *In*: CORRÊA, Lenilton Duran Pinto; MARINHO, Bruno Costa; VIEIRA, André Luís (org.). *Inovação e Contratos de Tecnologia*: temas de interesse da defesa nacional. Rio de Janeiro: Lumen Juris, 2019.

VIEIRA DE ANDRADE, José Carlos. *O dever da fundamentação expressa de actos administrativos*. Coimbra: Almedina, 2003.

VOßKUHLE, Andreas; WISCHMEYER, Thomas. The 'Neue Verwaltungsrechtswissenschaft' against the backdrop of traditional administrative law scholarship in Germany. *In:* ROSE-ACKERMAN, Susan *et al* (Ed.). *Comparative administrative law*. 2. ed. Cheltenham: Edward Elgar, 2019.

WHITEFORD, David A. Negotiated Procurements: Squandering the Benefit of the Bargain. *Public Contract Law Journal*, v. 32, n. 3, p. 509-562, 2003.

YUKINS, Christopher R. The U.S. Federal Procurement System: An Introduction. *GWU Law School Public Law Research*. Paper n. 2017-75. Disponível em: https://ssrn.com/abstract=3063559. Acesso em: 10 out. 2021.

Esta obra foi composta em fonte Palatino Linotype, corpo 10,5
e impressa em papel Super Snowbrigt 70g (miolo) e Supremo 250g (capa)
pela Rona Editora, em Belo Horizonte/MG.